本书由国家社会科学基金项目：基于第三方风险动态监控平台的知识产权质押融资模式研究（项目号：14BGL034）资助出版

企业财务困境预警：
方法与应用

鲍新中 刘 澄 赵 可 著

经济管理出版社
ECONOMY & MANAGEMENT PUBLISHING HOUSE

图书在版编目（CIP）数据

企业财务困境预警：方法与应用/鲍新中，刘澄，赵可著. —北京：经济管理出版社，2015.2

ISBN 978-7-5096-3536-0

Ⅰ.①企… Ⅱ.①鲍…②刘…③赵… Ⅲ.①企业管理—财务管理—研究 Ⅳ.①F275

中国版本图书馆 CIP 数据核字（2014）第 288807 号

组稿编辑：张　艳
责任编辑：张　艳　范美琴
责任印制：黄章平
责任校对：赵天宇

出版发行：经济管理出版社
　　　　　（北京市海淀区北蜂窝8号中雅大厦A座11层　100038）
网　　址：www.E-mp.com.cn
电　　话：（010）51915602
印　　刷：北京晨旭印刷厂
经　　销：新华书店
开　　本：720mm×1000mm/16
印　　张：15.75
字　　数：251千字
版　　次：2015年3月第1版　2015年3月第1次印刷
书　　号：ISBN 978-7-5096-3536-0
定　　价：49.00元

·版权所有　翻印必究·
凡购本社图书，如有印装错误，由本社读者服务部负责调换。
联系地址：北京阜外月坛北小街2号
电话：（010）68022974　邮编：100836

前 言

随着公司经营的日益国际化和市场竞争的日益激烈,由公司内外部原因产生的各种危机,如公关危机、营销危机、人力资源危机、速度危机、创新危机、信用危机等,时时会给公司的经营带来风险。这种风险的爆发,最终都会表现为公司财务困境,因为财务状况是公司状况的"晴雨表",公司各方面的状况都可以在财务报表数据上体现出来。因此,建立公司的财务困境预警系统,及早识别或化解公司可能出现的各种风险,对于公司的健康快速发展,具有重大现实意义。

"冰冻三尺,非一日之寒",一个公司发生财务困境,是一个循序渐进的过程,具有累积性,也就是说一个企业发生危机是长期累积的结果,在财务困境发生之前的会计期间已经存在了相关特征。正是由于企业财务困境发生的渐进性和预兆性,给财务困境预警提供了可能性。公司的经营管理者、债权人和投资者作为重要的利益相关者,往往要通过一些工具来对发生财务困境的可能性进行预测,以及时采取相应的措施来维护自身的利益。

一般财务困境预测研究的基本思路是:确定需要的指标体系;选择合适的研究方法;构建模型;搜集并运算数据;检验模型的使用效率与正确率;做出评价。一套财务预警系统的优劣,取决于两个关键点:一是预警指标体系的建立;二是所选择的建模方法。在确定恰当预警指标体系的基础上,选择合理的建模方法对于财务预警的效果是至关重要的。

针对财务困境预警指标体系的建立问题,除了主观确定指标体系之外,目前国内外学者的研究思路主要可以分为两种:重要性约简法和相关性约简法。财务报表中可以衍生出许多财务比率。在进行企业财务困境预警时,如果将这些财务指标全部囊括,不仅工作量太大,而且还可能出现诸如因指标共线性太强而导致所用模型失效等问题。相关性约简法和重要性约简法一般就是单独考虑指标之间的相关性或者指标对于财务困境决策的重要性来选择指标体系。本书第二章从指标的重要性和相关性两个方面出发，提出一种新的指标约简方法。

对于财务预警模型的建立方法问题，国内外学者的研究经历了从趋势分析、判别分析到人工智能技术应用的过程。在本书中，作者分别应用偏最小二乘 Logistic 方法、粗糙集与神经网络结合方法、决策树理论、粒子群 K 均值算法、面板离散选择模型、Kalman 滤波理论、EWMA 控制图理论等方法，对公司的财务困境预警问题展开了分析，并运用上市公司数据进行了实证研究。

作者近年来在公司财务困境预警问题上开展了系列研究，本书的内容是围绕财务困境预警问题进行的多项碎片化研究成果的整合。因此，在个别章节中可能会有少许重复，如预警指标体系的选择、企业样本的选择等，但是为了保持章节内容的完整性，只针对局部内容进行了部分调整，并没有对每个研究内容的整体进行改写。此项研究中，北京联合大学、北京科技大学的多位学生做了大量的工作，他们是于利军同学、王彦芳硕士、何思婧硕士、周雨硕士、程林远硕士、胡光烁硕士、武鹏博士、胡巧红博士，在此对他们为这项研究付出的努力，表示真挚的感谢。非常有幸能够在几位同学的求学道路上，陪伴他们一路前行，经历春夏秋冬，共度青春年华。他们聪颖、善良、努力、乐观，有时爱幻想，有时会默然，在默然中沉思，在幻想中寻觅。现在这些同学都已经毕业，走上各自的工作岗位，假如生活是一条河流，愿他们成为一叶执着向前的小舟；假如生活是一叶小舟，愿他们成为风雨无阻的水手，绽放笑容，绘制梦想！

目 录

绪 论 ··· 1

第一章 企业财务困境预警技术的发展 ································· 5

第一节 关于财务困境的界定 ··· 5
一、国外对财务困境的界定 ··· 5
二、国内对财务困境的界定 ··· 6

第二节 财务困境预警技术的发展历程 ······························ 8
一、传统的财务预警技术 ··· 10
二、基于人工智能技术的财务预警技术 ··························· 14
三、传统方法的改进及前沿技术 ···································· 17

第三节 本章小结 ·· 23

第二章 财务困境预警指标的选择 ······································ 25

第一节 常用的财务困境预警指标 ·································· 25
一、财务指标 ·· 25
二、非财务指标 ··· 26

第二节 财务预警指标选择的常用方法 ···························· 28

第三节 基于聚类—灰色关联分析的财务预警指标选择思路设计 ······ 32
一、灰色关联分析 ·· 32
二、聚类分析理论 ·· 34
三、基于聚类—灰色关联分析的指标综合约简方法设计 ······· 35

第四节　实证分析 …………………………………………… 36
　　　一、财务指标体系的初步构建与样本选取 ………………… 36
　　　二、基于离差平方和思想的聚类分析 ……………………… 37
　　　三、基于灰色关联分析的指标筛选 ………………………… 39
　　第五节　本章小结 …………………………………………… 43

第三章　基于偏最小二乘 Logistic 方法的财务困境预警 …… 45

　　第一节　偏最小二乘 Logistic 模型介绍 …………………… 45
　　　一、Logistic 回归模型及其特征 …………………………… 45
　　　二、偏最小二乘 Logistic 回归模型及其特征 ……………… 47
　　第二节　指标体系及样本的选择 …………………………… 48
　　　一、预警指标体系 …………………………………………… 48
　　　二、样本选择 ………………………………………………… 49
　　第三节　实证分析 …………………………………………… 50
　　　一、Logistic 回归模型实证分析过程 ……………………… 50
　　　二、偏最小二乘 Logistic 回归模型实证分析过程 ………… 54
　　第四节　本章小结 …………………………………………… 56

第四章　基于粗糙集与神经网络的财务困境预警 …………… 57

　　第一节　粗糙集与神经网络基本原理 ……………………… 57
　　　一、粗糙集理论 ……………………………………………… 57
　　　二、神经网络基本原理 ……………………………………… 60
　　　三、粗糙集理论与神经网络的结合应用 …………………… 64
　　第二节　指标体系及样本选择 ……………………………… 66
　　　一、样本数据的选择 ………………………………………… 66
　　　二、指标体系的建立 ………………………………………… 67
　　　三、研究方法的组合设计 …………………………………… 69
　　第三节　实证分析 …………………………………………… 70
　　　一、数据预处理 ……………………………………………… 70

二、层次聚类分析 ·················· 72

三、粗糙集属性约简 ·················· 75

四、神经网络训练 ·················· 77

第四节 本章小结 ························ 82

第五章 基于决策树理论的财务困境预警 ············ 85

第一节 决策树模型原理 ···················· 85

一、CHAID 决策树模型 ·················· 85

二、基于变精度加权平均粗糙度建立决策树模型 ······ 87

第二节 指标体系及样本选择 ·················· 88

一、数据选取 ························ 88

二、原始指标体系构建 ·················· 89

三、变精度加权平均粗糙度预警技术路线 ·········· 91

第三节 实证分析 ························ 92

一、数据标准化 ······················ 92

二、指标约简 ························ 93

三、公司财务状况等级划分 ················ 97

四、基于 CHAID 模型的实证分析 ·············· 98

五、基于变精度加权平均粗糙度决策树的实证分析 ····· 100

第四节 本章小结 ························ 103

第六章 基于粒子群 K 均值算法的财务困境预警 ········ 105

第一节 算法原理 ························ 105

一、粒子群算法 ······················ 105

二、基于 PSO 的 K 均值算法 ················ 106

第二节 指标体系及样本选择 ·················· 107

一、样本公司选取 ···················· 107

二、财务指标选取 ···················· 108

第三节 实证分析 ························ 109

一、数据预处理 ·· 109
　　二、分类预警 ·· 110
　　三、综合评价及检验 ·· 113
第四节　本章小结 ··· 115

第七章　基于面板离散选择模型的财务困境预警 ·················· 117

第一节　面板离散选择模型原理 ··· 117
第二节　指标体系及样本选择 ··· 119
　　一、样本公司选择 ·· 119
　　二、指标的初选 ·· 124
　　三、确定指标体系 ·· 128
第三节　实证分析 ··· 134
　　一、基于制造业的实证分析 ······································ 134
　　二、基于其他门类行业的实证分析 ································ 141
　　三、基于制造业次类行业的实证分析 ······························ 145
第四节　本章小结 ··· 149

第八章　基于 Kalman 滤波的财务困境动态预警 ·················· 153

第一节　状态空间模型和 Kalman 滤波原理 ······························· 153
　　一、状态空间模型 ·· 153
　　二、Kalman 滤波 ··· 155
　　三、Kalman 滤波的国内外相关研究 ······························· 156
　　四、财务状况预警状态空间模型的建立 ···························· 158
第二节　指标体系及样本选择 ··· 160
　　一、样本数据的选择 ·· 160
　　二、特征指标选取 ·· 164
　　三、动态数据的描述性统计及检验 ································ 164
第三节　实证分析 ··· 168
　　一、全局主成分分析动态财务数据 ································ 168

二、预警阈值的确定 …………………………………………… 174
　　三、基于 Kalman 滤波财务预警模型的运用 ………………… 175
　　四、模型检验结果分析 ………………………………………… 179
　第四节　本章小结 ………………………………………………… 180

第九章　基于 EWMA 控制图模型的财务困境动态预警 ……… 183
　第一节　EWMA 控制图模型相关理论 ………………………… 183
　　一、向量自回归移动平均模型 ………………………………… 183
　　二、EWMA 控制图模型基本原理 …………………………… 185
　第二节　指标体系及样本选取 …………………………………… 189
　　一、研究思路设计 ……………………………………………… 189
　　二、样本数据的选取 …………………………………………… 191
　　三、指标体系的建立 …………………………………………… 193
　第三节　实证分析 ………………………………………………… 195
　　一、数据预处理 ………………………………………………… 195
　　二、指标数据的差异性检验 …………………………………… 197
　　三、粗糙集属性约简 …………………………………………… 199
　　四、模型的建立 ………………………………………………… 200
　　五、模型的检验 ………………………………………………… 206
　第四节　本章小结 ………………………………………………… 208

第十章　考虑集团化经营特征的企业财务困境预警 …………… 209
　第一节　集团化经营企业及其财务风险特征 …………………… 209
　　一、集团化经营企业的界定 …………………………………… 209
　　二、集团化经营企业的财务风险特征分析 …………………… 210
　　三、考虑集团化经营特征的企业财务预警指标体系 ………… 212
　第二节　研究方法与建模 ………………………………………… 216
　　一、信用事件计量模型 ………………………………………… 216
　　二、Logistic 回归模型 ………………………………………… 218

三、基于 KMV – Logistic 模型的财务预警模型 ················ 219
第三节 实证研究 ··· 221
　　一、样本描述 ·· 221
　　二、数据预处理 ··· 223
　　三、实证分析 ·· 227
第四节 本章小结 ··· 232

参考文献 ··· 233

绪 论

财务困境预警是在企业发生财务困境之前，根据以往总结的规律推测企业陷入财务困境的可能性，并向其利益相关者发出警示信号，从而最大限度地避免造成损失的行为。

对于上市公司而言，不良的财务状况将对公司产生诸多不利影响。以股票交易为例，《上海证券交易所股票上市规则》规定，当上市公司出现财务状况或其他状况异常，致使投资者难于判断公司前景，权益可能受到损害时，交易所将对股票交易进行特别处理，即 ST（Special Treatment），并且对 ST 股票的日涨跌幅限制确定为 5%。我国自 1998 年 4 月 22 日实施 ST 制度，沪深两市每年被特别处理的股票绝对数量在波动中呈逐年上升态势，说明财务状况异常或其他状况异常的公司数在逐年增加。在 2007 年前，ST 股票数占上市股票数的比重呈现增加的趋势，最高时达到 2007 年的 9.80%，几乎每十家公司中就有一家因财务状况异常或其他状况异常而被特别处理。这个比例从 2008 年开始回落，但仍保持在 7% 以上。不管出于何种原因，对投资者而言，公司被特别处理都会使他们的利益在一定程度上受到威胁。如果不能及时发现和消除异常状况，不仅上市公司可能出现运营困难，投资者信心降低，还可能影响经济和社会的稳定运行。因此，不管是从防范公司 ST 风险的角度来看，还是从促进经济健康稳定发展的角度来看，进行上市公司财务困境预警都很有必要。

另外，目前企业集团化经营的趋势越来越明显。企业集团因其资产规模大、经营范围广泛、股权结构复杂等原因，它财务风险的来源和特征均与单一企业的财务风险存在一定的差异。企业集团在其发展经营过程中会面临多方面的风险，导致企业集团不仅需要承担单一企业所具有的偿债风险、经营风险、营运风险等常规财务风险，还需承担因其复杂股权结构、频繁关联交易、内部相互担保以及投资多元化所带来的企业集团特有财务风险。因此，对集团化经营环境下的企业以及整个企业集团的财务困境风险进行分析和预警，具有非常重要的理论价值和现实意义。

每个公司都根植于整个社会环境中，并因种种契约与许多利益相关者形成了一个有机整体。这些利益相关者包括债权人、所有者、经营者、供应商、客户、政府部门等。进行上市公司财务困境预警对于这些利益相关者来说具有现实意义，具体体现在以下几个方面：

首先，对公司经营者有良好的警示作用。随着我国经济的快速发展，公司在经营发展过程中所面临的不确定性和风险日益增加。经济全球化使得国内公司在相互竞争的同时，还要承受来自国际竞争者的压力。如何在全球化市场中占得一席之地是摆在每个公司面前的严峻问题。进行公司财务困境预警能帮助经营者预测公司财务状况，认清公司发展趋势；避免盲目乐观，及时采取预防措施防范财务状况进一步恶化，降低公司陷入财务困境的可能性；有助于经营者履行经济责任，提高绩效水平，从而提高自身的经济利益，并增加公司价值，提高回报率水平。

其次，有利于投资者和上下游企业保护自身权益。相比健康运转的公司而言，投资于财务困境公司的风险更大。因此，股权投资者和债权人在识别公司财务困境风险的前提下，应当提高必要报酬率，以弥补承担的额外风险。从供应链来看，上游企业如果不能及时发现下游企业的财务警情，合理制定生产计划和收账措施，有可能导致生产过剩、存货相关成本和坏账损失增加。下游企业如果不能及时发现上游供应商可能出现违约风险，并采取风险降低和规避措施，就容易导致生产停顿，引起不必要的损失。可见，无论是公司内部的投资人，还是外部的供应商和客户，都需要良好的财务困境预警机制以及时发现财务困境信号，分析投资风险，采取应对措施避免损失。另外，通过比较不同公司的财务状况，这些利益相关者还可以发现更好的投资机会，优化自身资源配置，增加自身价值。

最后，有利于政府部门监管上市公司，合理调控经济，增加社会财富。良好的公司财务预警机制能帮助政府部门分析公司财务状况，监管上市公司质量以及证券风险；提前协调各方面关系，调整投资政策；合理调配社会资源，优化资源配置；减少公司失败的概率和成本以及因工人失业而增加的社会成本，提高社会生产效率，创造更多财富。

  西方学者早在20世纪初就已开始对财务困境预警领域进行研究。我国对这个问题的研究则开始于20世纪80年代。各国在经济体制、经济制度、政策法规等诸多方面的差异决定了对财务困境预警领域的研究必须结合各国实情，而绝不能盲目照搬他国经验。因此，不管是从完善财务预警理论体系出发，还是从保护利益相关者权益、促进我国经济发展的角度出发，进行上市公司财务困境预警研究均具有重要意义。

第一章 企业财务困境预警技术的发展

第一节 关于财务困境的界定

财务困境也可称为财务危机,公司陷入财务困境是一个动态连续的过程,通常是由一个健康的财务状况逐渐转化到极度危机的财务状况。但是,我们很难将财务状况的各个阶段严格区分开来,而且财务困境判别的标准与角度也不同。因此,国内外学者对财务困境有不同的定义。

一、国外对财务困境的界定

Beaver(1966)认为财务困境不仅包括发生破产的情形,银行超支、债务拖欠不履行以及无法支付优先股股利等也是企业发生财务困境的情形。他对79家财务困境公司进行了研究,其中包括59家已经破产公司、4家拖欠债务的公司和16家拖欠优先股股利的公司。同时他也阐述了影响一个公司财务状况的主要因素包括:公司现金流量大小、到期应支付的债务额大小、资产净利率大小和从外部获得融资能力。

Dekani(1972)研究认为企业发生财务困境仅包括以下三种情形:破产、无力偿债以及为债权人利益而已经进行破产清算的公司。

Wruck(1990)认为财务困境是企业迫于现实压力而必须采取改善措施的一种状况,其主要表现就是到期债务无法以企业的经营性现金流量来满足,使企业处于入不敷出的尴尬境地。

ROSS等人（1999）从四个方面定义企业的财务困境，分别是：①会计破产即企业的账面净资产出现了负数，出现资不抵债的情形；②企业失败即企业破产清算后仍无力支付债权人债务的情形；③法定破产即债权人和企业向法院申请企业破产的情形；④技术破产即上市公司无法按照合约内容履行付息还本的义务。从防范财务困境的角度来看，财务困境是指一个企业经营性现金流量不足以抵偿现有到期债务，导致企业无法按期履行债务合约付息还本的情形。

因此，一般来说，国外学者对财务困境的界定主要包括以下几种情形：

（1）法定破产。即企业因为无法偿还到期债务，而被债权人申请破产，经法院判决并宣告破产之后，将债务人的全部资产分配给债权人，从而免除债务人不能清偿的其他债务。股份有限公司被宣告破产以后，由清算组接管破产公司，主要负责对破产企业的财产进行清算、评估、处理以及分配。

（2）企业无力支付到期的债务，被债权人申请破产。但是债权人申请破产并不意味着公司肯定会破产，企业的破产须由法院成立小组进行调查之后，然后判决并认定企业破产。法院在宣告被申请公司破产前，如果债权人与债务人之间能够达成破产和解协议，经人民法院认定后，可终止其破产程序。

（3）无法按时履行到期合约，进行付息还本。如果债权人向法院提交企业破产申请，公司将陷入破产危机。

（4）企业账面净资产为负。这意味着公司股东权益小于负债，公司资产负债率较高，至少在账面上资产不足以还债。但这也并不意味着公司财务状况出现严重危机，许多经营状况比较好的企业也会出现账面净资产为负的情形。一些资产没有被合理地评估，这些资产的实际价值有时候会大大超过账面价值，这就会导致公司账面净资产为负。一般情况下，只要出现股东权益为负，就会认为公司财务状况不健康，财务风险较大。

二、国内对财务困境的界定

国内学者对于财务困境定义也是各自持有不同的意见。通过借鉴国外优秀研究成果，他们也提出了自己的观点。大多数学者认为财务困境是一个过程。它既包括轻微的财务困难，也包括企业破产清算以及介于两者之间的各个财务阶段。

谷祺和刘淑莲（1999）将财务困境定义为"企业无力支付到期债务或费用的一种经济现象，包括从资金管理技术性失败到破产以及处于两者之间的各种情况。由于资金管理技术性失败而引发的支付能力不足，通常是暂时的和比较次要的困难，一般可以采取一定的措施加以补救，如通过协商，求得债权人的让步，延长偿债期限，或通过资产抵押等借新债还旧债"。而陈文浩和郭丽红（2001）将财务困境定义为：企业出现偿还到期债务困难和危机，最极端情况会发生破产。赵爱玲（2000）研究认为财务困境是企业因无法支付到期债务或费用而发生的一种经济现象。并按照企业失败的程度和处理的程序差异，将财务困境分为技术性清算和破产两种情况。

一般来说，将公司被ST作为上市公司陷入财务困境的标志，这也是公司陷入财务困境最直接的表现。

ST（Special Treatment），也就是通常所说的被"特别处理"。ST制度针对的对象是出现异常财务状况或其他异常状况的上市公司。

1998年4月22日，沪深交易所宣布将对财务或其他状况出现异常的上市公司股票进行特别处理。被特别处理的公司简称前冠以ST，同时，这类股票被称为ST股。

根据当天沪深交易所宣布内容以及《证券法》、《公司法》规定，异常财务状况主要是出现以下几种情况：

（1）企业最近两个会计年度的审计结果显示净利润为负值（公司连续两年亏损），此时，该公司就要予以特别处理。公司简称前冠以＊ST，如果在ST前加"＊"表示该公司不仅仅会被特别处理，还是退市预警。如果该公司下一会计年度审计结果显示的净利润仍为负（连续3年亏损），公司将终止上市。

（2）公司最近一个会计年度的审计结果显示：每股净资产低于股票面值，就要予以特别处理，同时上市公司简称前冠以ST。

（3）注册会计师对被审计公司最近一个会计年度的财产报告出具了无法表示意见或者否定意见的审计报告，该上市公司简称前冠以ST。

（4）公司最近一个会计年度经审计的股东权益，减去有关部门以及注册会计师不予确认的部分，最终股东权益低于公司注册资本。该上市公司简称前冠以ST。

（5）公司最近一份经审计的财务报告通过调整上年度利润，导致公司连续两个会计年度亏损。该上市公司简称前冠以＊ST。

（6）被中国证监会或者交易所认定为财务状况异常的公司。而"其他状况异常"通常指由于重大事故或者自然灾害等原因导致的公司面临可能赔偿金额超过公司净资产的诉讼或者生产经营活动基本中止等情况。此时，上市公司简称前冠以ST。

上市公司的股票一旦被实行特别处理，其交易应遵循一些规则：①原股票名前需加ST以表明公司财务状况；②股票报价日涨跌幅限制在5%以内；③公司的中期报告必须经过相关人员审计。

一般而言，上市公司被ST的原因是经营性亏损，所以在短期内它们很难通过加强管理或者其他措施实现扭亏为盈。但是如果该企业被ST是由于特殊原因造成的，或者有些ST股正在经历资产重组，这些企业实现扭亏为盈的潜力较大。

特别处理是对上市公司目前所处的财务状况进行客观评价或者揭示，并不是对公司的惩罚。对公司实施特殊处理的根本目的在于向投资者提示市场的风险，并引导投资者进行理性投资，保护投资者的利益，这对资本市场的稳定有一定贡献。如果公司异常状况消除，股票即可以恢复正常交易。

第二节　财务困境预警技术的发展历程

企业财务困境的出现是一个逐步发展的过程，过程缓慢并且不易被察觉。但是其发展过程中的每个阶段都会表现出各种各样的征兆，如果能够及时识别这些征兆并采取相应的措施便可以有效地控制企业发生财务困境的概率。因此，财务困境的预测便成为了国内外学者广泛关注的领域。

一般财务困境预测研究的基本思路是：确定需要的指标体系；选择合适的研究方法；构建模型；搜集并运算数据；检验模型的使用效率与正确率；

做出评价。一套财务预警系统的优劣,决定于两个关键点:一是指标体系的建立;二是所选择的研究方法。在确定恰当预警指标体系的基础上,选择合理的研究方法对于财务预警的效果是至关重要的。本章就是针对财务预警理论被提出以来国内外专家学者所采用的各种研究方法展开分析和评述。往往而言,因为财务指标具有其固定的经济意义,企业在发生财务困境前后,指标的变化趋势一般不会发生实质性的改变。另外,因为不同研究方法具有不同的特点,需要使用不同的指标体系,才能发挥所选用研究方法的最大效能。因此,决定一个财务预警系统优劣的关键点可以认为是研究者所选用的研究方法,表1-1为20世纪30年代以来按照发展阶段总结的国内外学者研究方法概览。

表1-1 国内外学者研究方法的演变

时　期	主要技术基础	代表学者	主要研究方法
20世纪30~60年代	趋势分析	Fitzpatrick P. A.、Ramser J.、Smith、Merwin C.	财务指标的特征和趋势分析
20世纪60年代至20世纪末	判别分析	Beaver W. H.	单变量判别分析
		Altman E. I.、Beynon M. J.、吴世农、陈静	线性多元判别分析
		Martin D.、Ohlson J. A.、Laitinen E.	Logistic回归分析
		Zmijewski M. E.、Skogsvik、Theodossiou P.	Probit回归分析
20世纪末至21世纪初	人工智能技术	Odom M.、Tam K.、Altman E. I.、Boritz、Back、Atiya、吴德胜	人工神经网络
		Stephanie M. Bynt、Jo H.、Yip A. Y. N.	案例推理分析
		Lane、Luoma M.、Laitinen E. K.	生存分析
		何源、黄庆	基于概率的随机游走估计

续表

时　期	主要技术基础	代表学者	主要研究方法
21世纪初至今	传统方法的改进和前沿技术	周敏、王新宇	系统模糊优选、神经网络
		李晓峰、徐玖平	粗糙集、神经网络
		Kidong Lee、David Booth、Pervaiz Alam	BP 神经网络
		张玲、陈收	多元判别分析、神经网络
		庞素琳	基于概率论的神经网络
		冯征	粗糙集、模糊技术、神经网络
		周辉仁、唐万生	递阶遗传算法、BP 神经网络
		Sung－Hwan Min、Zhongsheng Hua、Melek Acar Boyacioglu、Zijiang Yang	支持向量机
		柯孔林、冯宗宪	粗糙集、遗传算法
		Esteban Alfaro、Jie Sun	集成学习算法 Adaboost
		Sungbin Cho、Jinhwa Kim	Logit 回归、决策树、神经网络
		郭德仁、王培辉	模糊聚类、模糊模式识别
		Javier De Andrés、Pedro Lorca	多元自适应回归、模糊 C 均值聚类
		韩建光、惠晓峰、孙洁	多特征子集组合分类器
		蔡岩松	仿真技术
		任若恩、陈磊	指数加权平均控制图模型
		孙晓琳、田也壮、王文彬	滚动时间窗口支持向量机

一、传统的财务预警技术

1. 趋势分析

财务困境预测始于20世纪30年代，Fitzpatrick（1931）最早对财务预警问题进行了研究。Fitzpatrick在其研究中使用19组破产和非破产公司作为研究样本，结果表明发生财务困境的企业和财务状况健康企业之间的财务比率显著不同，其中，净利润/股东权益和股东权益/负债这两个指标在对企业财务状况进行分类的过程中，具有最高的预测能力。在这之后，Ramser 和 Foster（1931）、Smith 和 Winakor（1935）、Merwin（1942）均运用财务比率指标对企业的经营失败与否进行预测，他们的研究重点在于观察公司的财务比率变化趋势，以期找出失败公司财务比率指标的特征和趋势。但因为当时种种原因的限制，在接下来的几十年里财务预测领域没有得到有效的发展。

2. 单变量判别分析

20 世纪 60 年代开始至 20 世纪末，财务预警模型被不断建立和改进，这个时期的学者主要是利用统计学的判别分析模型进行财务预警。线性判别技术又分为单变量判别分析和多变量判别分析。

在早期的单变量预测模型研究中，最有影响力的是 1966 年 Beaver 的研究。Beaver 在研究中不仅仅将财务困境狭义地界定为破产，还包括了拖欠优先股股息、银行透支和不能偿付债券。他使用 1954~1964 年 79 家破产企业和与之相对应的 79 家非破产企业作为研究的样本企业，选取了 30 个财务指标进行研究。通过对这 30 个指标进行单个检验，并以配对抽样法、验证区别能力以及采用二分类检验法寻求最佳分界点，研究结果认为现金流量与负债总额的比率能够最好地判定公司的财务状况，其次是资产负债率，并且距离经营失败日期越近，误判率越低，预见性越强。通过实证研究发现，Beaver 的研究成果简单易行且具有较高的预测能力，因此得到了企业的广泛使用。

单变量预测模型仅仅以一个财务比率作为分析指标。由于该模型的前提条件是认为财务比率与企业财务状况存在严格线性关系，但实际中并不存在这种严格的函数关系，而且该模型另一缺点是单一区别变量无法涵盖整体特质，不能反映出企业的总体财务状况，所以单变量模型的实际应用中还是存在很大缺陷的。尽管如此，作为财务困境预测领域的研究先驱，对该领域内的后续发展起到了不可磨灭的作用。但是，不同财务比率指标的预测方向和能力常有相当大的差异甚至矛盾。

3. 多变量判别分析

针对单变量判别模型的种种缺陷，多变量判别模型逐渐成为该领域的研究中心。常用的多变量判别模型包括 Logistic 回归、Fisher 判别、Bayes 判别、违约距离判别等。该研究方法使用多个自变量对因变量进行描述分类，并建立预测方程。预测方程的一般形式为：$Y = \omega_1 x_1 + \omega_2 x_2 + \cdots + \omega_n x_n = \sum_{i=1}^{n} \omega_i x_i$。其中，因变量 Y 也称作判别指标，根据使用研究方法的不同，Y 可以表示得分，也可以表示概率。ω_i 为第 i 个指标的权重，x_i 为第 i 个指标。

（1）线性多元判别分析。Altman 在 1968 年首次将多元判别分析方法引入财务困境预测领域。研究选取了 1946～1965 年经法院宣告破产的 33 家公司为失败样本，另外选取产业类别和规模相似的 33 家未破产公司为配对样本，以 22 个财务比率指标为解释变量，经多元逐步差别分析建立判别函数。该模型确定了以运营资本/总资产、留存收益/总资产、息税前利润/总资产、股票价值/债务面值、销售收入/总资产这五个变量作为判别变量，产生了一个总的概率值来判别公司财务状况恶化的程度，即 Z – Score。企业便可以通过计算自身的 Z 值，判断其现阶段财务情况。结果发现该判别模型在破产前 1 年的预测准确性较 Beaver 的模型有较大提高，超过 2 年以上则不适用。若在破产前 5 年进行预测，其准确性不如 Beaver 的模型。随后 Altman、Haldema、Narayanan 在 1977 年开发出了 ZETA 模型，完善了第一代 Z 分模型的不足之处，使多元判别分析在财务困境预测领域取得了长足发展。

应用线性多元判别分析的还有我国学者吴世农和黄世忠（1986），陈静（1999），张玲（2000）。在我国，由于违约企业的财务数据很难搜集，在很大程度上制约了对企业财务预警的研究，因此企业财务预警研究起步较晚。陈静在研究中以 1998 年的 27 家 ST 公司和 27 家非 ST 公司为样本，使用了其 1995～1997 年的财务报表数据，进行了单变量判定分析和二类线性判定分析。在单变量判定分析中，发现在负债比率、流动比率、总资产收益率和净资产收益率这 4 个财务指标中，流动比率与负债比率的误判率最低。在多元线性判定分析中，发现由负债比率、净资产收益率、流动比率、营运资本比、总资产和总资产周转率这 6 个指标构建的模型，在 ST 发生的前 3 年能较好地预测是否被 ST。张玲在研究中以 120 家公司为研究对象，使用其中 60 家公司的财务数据估计二类线性判别模型，并使用另外 60 家公司进行模型检验。经过判别分析过程，从原来的 15 个特征财务比率变量推导出只有 4 个变量的判别函数并得出判定法则。研究发现该模型具有超前 4 年的预测结果，前 4 年的预估正确率达 60%。

线性判别模型对预测变量有着严格的联合正态分布要求，或者要求协方差矩阵相等，然而实证研究发现大多数财务比率并不满足这一要求，且一旦出现虚拟变量，联合正态分布的假设就完全不成立，产生的 Z 值没有明确的含义。当差别分析的常态性假设无法满足时，会导致显著性检验和归类正确率估计的偏差。

此外，Beynon 和 Peel（2001）等学者均采用多变量判别模型，在企业财务困境预测领域做出了一定的贡献。

（2）Logistic 回归模型。为了克服线性多元判别模型的局限性，Martin 将 Logistic 回归引入财务困境领域。他将 Logistic 回归模型应用到银行破产预测中，其研究结果认为总资产净利率、费用/营业收入、商业贷款/总贷款量、坏账/营业净利、总资产/风险性这五个指标具有很强的预测能力。但是引用的最为广泛的 Logistic 回归模型是 1980 年由 Ohlson 建立的。Ohlson 选取制造业上市公司作为研究样本，采用的解释变量为：log（总资产/CPI）、负债比率、营运资金/总资产、流动比率、总资产报酬率、营业现金流量/总资产、虚拟变量 1（负债大于资产为 1，否则为 0）、虚拟变量 2（税后净利小于 0 为 1，否则为 0）。其研究结果不仅证实了其建立的回归模型的高效预测能力，同时证明了虚拟指标在财务困境预警方程中的显著性同样明显。自 Ohlson 之后，西方学者纷纷采用 Logistic 回归模型建立财务困境预测模型，但都有其各自的优缺点。

逻辑回归模型建立在累积概率函数的基础上，一般运用最大似然估计，不需要满足自变量服从多元正态分布和两组间协方差相等的条件。逻辑回归模型具有更广泛的适用性，但是仍存在自身的缺陷，诸如线性、非线性的传统统计学的严格假设条件，以及要求预测变量之间、函数形式关系之间相互独立，然而在实证研究中这些函数关系以及预测变量都不是完全独立的，而是彼此相关的。此外，Logistic 回归只能适用于二分类选择模式，且模型在使用前必须经数据转换，计算程序较复杂。Laitinen（2000）指出即使经过 Logit 转换，判别方法仍难以摆脱线性定式的缺陷。更为重要的是，由于财务比率之间具有很强的相关性，模型无法避免多元共线性问题。

（3）Probit 回归模型。由于 Probit 模型不要求自变量必须满足正态分布的条件，所以得以被引入到财务困境预测领域的研究中。1984 年 Zwijewski 首次使用 Probit 模型进行样本的分类研究。随后 1990 年 Skogsvik，1993 年 Theodossiou 使用 Probit 模型进行研究。随着研究的深入，研究人员发现 Probit 最大缺陷是使用过程复杂，实务上缺乏证明，并且该模型在提升模型预测能力上没有显著提高，因此，Probit 模型逐渐被后续的新方法淘汰。

二、基于人工智能技术的财务预警技术

20 世纪末到 21 世纪初是西方财务困境预测理论发展的高峰期。随着社会经济和计算技术的急速发展和不断完善，财务困境预测方法也不仅仅使用传统的统计方法。为了开发一种更为精确、更为通用的预测方法来解决逻辑回归存在的问题，以人工智能技术为主的一些具有非线性、分布式运算能力的新方法也被引入到财务困境预测领域的研究中来，这些方法包括人工神经网络、案例推理分析、生存分析模型、随机游走估计等。

1. 人工神经网络

人工神经网络力图构建"人造"的生物神经细胞（神经元）和神经网络，在不同程度和不同层次上实现人脑神经系统在信息处理、学习、记忆、知识的存储和检索方面的功能。人工神经网络方法是一种稳健的、非参数的方法，其最大特点是具有非线性映射能力，学习经验的能力强，分类和识别精度高；容错能力强，并且具有鲁棒性。神经网络能不断接受新样本、新经验并不断调整模型，自适应能力强，具有动态特性。鉴于此，国外一些学者开始尝试将神经网络的方法引入到企业财务困境预警领域的研究中来。1990 年，Odom 和 Sharda 首次将神经网络模型引入到财务困境预测领域。在他们的研究中选取了 65 家破产公司和 64 家财务状况健康的公司为研究样本，并使用了 Altman 提出的 5 个财务指标作为解释变量，使用企业破产前 1 年的数据，构建神经网络模型。研究结果表明，按照以上方法构建的神经网络模型对检验样本的预测准确率达到了 79.5%。相对传统单变量或多变量预测模型具有显著的优越性。

随着神经网络研究的深入，1992 年，Tam 和 Kiang 在研究银行破产时，同样适用了人工神经网络模型，但他们独创性地将解释变量的权重影响值加

入到神经网络的学习过程，从而显著地提高了神经网络预测的准确性。1994年 Altman，1995 年 Boritz，1996 年 Back，2001 年 Atiya 等众多学者在随后的十几年里对神经网络在财务困境预测领域的不断完善，做出了重大的贡献。

近年来，我国学者也不断地尝试使用神经网络模型针对我国企业的特点，建立财务困境预测模型，不少学者也取得了一定的成就。吴德胜等人（2004）在其研究中比较了不同预警模型——Logistic 回归模型、BP 神经网络模型在我国上市公司中使用的效率，寻找了一套适合我国企业的财务状况识别指标体系，然后根据该指标体系采用不同方法建立财务困境预警模型，并使用 BP 神经网络检验了该指标体系的正确性。吴德胜等人的研究证明了一种观点，即企业财务困境预警系统的建立需要考虑确定性的财务指标与不确定性的非财务指标，因此，Logistic 回归模型不适合该种指标体系。

相比较而言，神经网络由于需要海量学习数据的支持，因此在单个企业的实际应用有一定的困难，但是多位学者的研究表明，相比起其他的多类别的判断预警研究方法，神经网络往往具有更高的准确率。

2. 案例推理分析

人工智能领域中的一项重要推理方法就是案例推理分析方法，在知识难以表达或因果关系难以把握，但已积累丰富经验的领域，案例推理研究方法得到了广泛使用。典型案例推理过程为：首先，按一定的形式对新问题进行特征描述，描述当前案例。其次，根据这些特征，从案例库中检索相似案例，若该案例与当前案例完全匹配，则输出该案例的求解方案；否则，修正该案例，形成当前问题的求解并进行评价。最后，将新的案例加入到案例库中，以便在以后问题求解时使用。案例推理方法实际上是类比推理方法，其主要步骤包括待求问题的案例表达、案例库检索、相似案例解的修正及问题案例的学习等。

案例推理分析模型是在复杂变化的环境中解决问题和进行决策的方法，是一种动态非统计方法，近年来被尝试应用到企业财务困境预测领域。Stephanie M. Bryant 在 1997 年的研究中阐述了如何使用 CBR 技术进行企业财务困境预测。同年 Jo 和 Han，2004 年 Yip 均在其研究中使用了 CBR 技术。但是再没有其他类似的相关研究，国内在 CBR 领域的研究更是空白。

探究 CBR 技术不能广泛使用的原因，大致可以归纳为以下两点：第一，CBR 系统需要高质量的案例库。因为该技术的发展才刚刚起步，没有建立充足数量的案例库。第二，CBR 系统需要对各个案例进行分解，以确定知识表示方法和索引机制，但是这点也没有形成规模。随着相关领域的发展与研究的深入，CBR 仍然具有巨大的发展潜力。

3. 生存分析模型

生存分析（Survival Analysis），研究的对象为样本的生存属性，一般使用样本的生存时间作为研究的因变量。生存分析是对生存时间进行分析的统计方法的总称，是以人口寿命表为基础发展起来的，观察经济个体或数个群体在经历特定事件后，在特定期间内会发生某特定事件的概率。生存分析最早被应用在医学统计方面，但是近年来随着生存分析的不断深入研究，发现该模型具有预测未来生存时间的能力，基本原理是探讨某个事件的解释变量（又称危险因子）与生存时间的关联性，从而在金融、风险、财务困境预测等领域有了全新的发展。

1986 年，Lane 等人首次将生存分析模型引入银行破产预测领域的研究中。同年，Luoma 和 Laitinen 使用生存分析模型对芬兰公司的财务状况进行预测研究，他们的研究表明，流动比率、财务杠杆比率、营业现金流等相关指标对企业的生存时间这一属性具有显著影响。因为该研究方法的新颖性，目前国内还没有学者使用该模型对企业财务困境预测进行相关研究。

生存分析模型的优越性还是显而易见的：首先，生存分析从动态角度去解决问题。其次，该模型不要求解释变量必须满足某种分布的前提条件。最后，生存分析模型允许样本数据有缺失，这是其他模型所不能具备的最大优势。

4. 随机游走估计

相对于国内外众多学者运用财务指标来确定企业是否发生财务困境而言，何源、黄庆等人（2005）认为对警兆进行定量分析是财务困境分析中最为关键的一环。他们的研究中认为警兆是警情发生之前的先兆性指标，其研究的主要思路是通过设定警兆指标的上下限，确定警兆指标变动的趋势，运用马尔可夫链进行随机游动估计，可以推导出分析试点警兆指标的恶化率，有效地防止风险的恶化。何源等人的研究可以被认为是又一篇以概率的观点来描述企业发生财务困境的可能性，从而进行预测的著作。

5. 粗糙集理论

由于传统的统计方法在变量选择等方面有着严格的假设条件限制，学者们开始将粗糙集理论引入财务预警领域。Dimitras 选取 1986~1990 年希腊 13 个行业中的 40 个经营失败公司作为样本，并分别选择了 19 家正常公司和 19 家破产公司组成检验样本，运用粗糙集理论进行预警分析，并与多变量判别分析和逻辑回归分析方法进行比较，指出粗糙集方法能够发现隐藏在数据中的信息并在预警规则中表示出来。马若微选取 2000~2001 年剔除异常数据后的 1099 家财务数据作为样本，选取 42 个比率作为条件属性指标和 2 个决策属性指标组成初选指标集。在对数据进行同趋化处理和无量纲处理后通过计算信息熵和指标重要程度进行两次筛选，最终得出由 20 个结果指标组成的科学合理的指标集。该指标集综合反映了企业的财务效益、资产管理、偿债能力和发展能力四个方面。此外，现金流动负债比率和现金流量收入比率对于决策指标的重要性也得到了验证。宋鹏等运用邻域粗糙集理论对预警备选指标进行属性约简，选取 2003~2004 年被特别处理的上市公司进行筛选作为样本，对经典粗糙集约简中应用离散化方法产生的信息损失问题进行了改善。

在前述基于粗糙集理论的财务预警研究中，一些学者探索用粗糙集理论进行指标筛选，以形成科学合理的指标体系，为后续研究奠定了坚实基础，如马若微采用信息熵方法对指标数据进行二次筛选，形成合理的指标集，并验证了现金流量指标在指标体系中的重要性。也有学者运用传统粗糙集理论建立包括财务指标和非财务指标的预警体系，并与其他典型方法进行比较。这些方法都较好地运用了粗糙集经典理论对属性进行约简，对权重进行了确定。

三、传统方法的改进及前沿技术

21 世纪初以来，越来越多的学者改进并结合各种方法来提高财务预警的精确度。该时期学者主要研究方向为针对单一传统方法的缺陷，改进数据挖掘及其学习技术，或将两种技术结合起来构建模型，以达到更强的预测能力。

1. 改进的神经网络模型

2002年，周敏、王新宇提出了一种结合系统模糊优选和神经网络模型的企业财务困境预警方法。该模型对企业财务困境的测定、财务困境预警推理知识的神经网络动态学习与推理、财务困境指标的预测等功能进行了集成，能够实现对财务困境状态的测定，不需要主观定性地判断企业财务困境状态，因而能够更加合理地确定企业的危机状态。实证研究证明该模型比判别分析、F分数模式等功能单一的预警方法具有更大的优势。

2004年，李晓峰、徐玖平提出了基于粗糙集理论和人工神经网络方法的企业财务困境预警模型。该模型对企业财务困境指标的约简、财务困境知识的神经网络动态学习与推理、财务困境的预测和评定等功能进行了集成。应用粗糙集不仅减少了财务指标的数量，提取了主要的特征属性，而且降低了神经网络的复杂性和训练时间，提高了神经网络学习能力、推理能力和分类能力。实证分析证明了模型的有效性和可行性，与传统的多元统计分析方法、Z计分模型及比率法等相比，该模型具有更大的优势。

Kidong Lee 和 David Booth 等（2005）通过比较 BP 神经网络和 Kohonen 自组织特征映射神经网络在预测企业破产的精确度，证明了有监督的神经网络的优越性。同年，张玲、陈收等（2005）采用多元判别分析和神经网络技术对我国上市公司进行财务困境预警研究。其研究发现，神经网络模型的短期预测能力优于多元判别分析模型，但是效果有限。同时也证明了在现有会计制度和会计准则下，财务报表可以为财务困境预警模型提供大量有用信息，企业发生财务困境之前可以进行预警。与此同时，庞素琳（2005）建立了一种基于概率论的神经网络模型，将其称为概率神经网络（PNN）。其研究结果表明，概率神经网络对训练样本具有很高的分裂效率，可对于测试样本的分类精度却较低，因此，概率神经网络不适合作为财务困境预测模型。虽然如此，但其研究为神经网络在预警领域的应用提供了一种全新的思路，即从概率的观点来描述企业发生财务困境的可能性，从而进行预测。

针对神经网络财务预警系统存在的无法解释变量间的因果关系，使得网络训练时间增加、精度下降的缺陷，冯征（2007）在使用神经网络进行预警之前，利用统计方法、粗糙集和模糊技术对学习样本进行了优化，从而弥补了传统神经网络模型解释性差的缺陷。并且实证研究表明改进后的神经网络相对传统神经网络预警模型具有更高的预测精度。针对传统 BP 神经网络具有固定性的缺陷，周辉仁、唐万生等（2010）提出了一种基于递阶遗传算法和 BP 神经网络的财务预警模型，利用巧妙的递阶遗传算法能够把网络的结构和权重同时通过训练确定，并利用上市公司数据验证了该模型的可行性。

2. 集成方法建模

在传统采用数据挖掘理论进行财务困境预测的研究中，往往是采用单一方法，诸如仅仅使用神经网络方法或遗传算法等，因为每一种方法都存在或多或少的固定性缺陷，单一使用会造成模型预测能力的高估或低估。

鉴于此，Sung – Hwan Min 和 Jumin Lee 等（2006）结合遗传算法和支持向量机进行破产预测，在特征子集选择和参数优化两方面提高了支持向量机性能。运用支持向量机与其他方法结合的学者还有 Zhongsheng Hua（2007），Melek Acar Boyacioglu（2009），Zijiang Yang（2011）等。2008 年柯孔林、冯宗宪建立了粗糙集和遗传算法集成的企业贷款违约判别模型，该模型首先利用 FUSINTER 方法离散化财务数据，应用遗传算法约简评价指标，进而基于最小约简指标提取违约判别规则，最后对企业短期贷款检验样本进行违约判别。利用贷款企业数据库 558 家样本企业进行实证研究，结果表明，与 MDA、Logistic、BP 神经网络等违约判别模型相比，该模型能够较好地消除样本中噪声数据的干扰，在不损失信息量的情况下对评价指标约简，产生的判断规则相对简单，具有可解释性和实用性。

Esteban Alfaro 和 Noelia García（2008）将集成学习算法 Adaboost 应用于公司失败预测，同时考虑定量指标和定性指标的影响。Adaboost 是一种迭代算法，其核心思想是针对同一个训练集训练不同的分类器（弱分类器），然后把这些弱分类器集合起来，构成一个更强的最终分类器（强分类器）。与神经网络相比，该方法降低了 30% 的泛化误差，Jie Sun 和 Ming – yue Jia 等（2011）也运用了这种方法。

Sungbin Cho、Jinhwa Kim（2009）等结合多元判别分析、逻辑回归、决策树和神经网络，优化财务预警二元分类问题。同年郭德仁、王培辉提出了基于模糊聚类和模糊模式识别的财务预警模型。研究利用该模型对训练样本进行模糊聚类，计算最优聚类中心，对待估样本所属类别进行模糊模式识别。研究对 40 家沪市上市公司进行实证分析，以其 2004 年的财务信息来预测是否会在 2006 年违约。研究结果表明模型的整体预警效果较好，正确率达到 85% 以上，较好地区分了正常公司与财务困境公司。Javier 和 Pedro（2011）等结合模糊 C 均值聚类和多元自适应回归进行财务预警研究，经过实证数据证明该模型优于判别分析和前馈神经网络。

韩建光、孙洁等（2010）利用 t 检验、单因素方差分析、逐步判别分析、逐步逻辑回归和邻域粗糙集五种特征提取方法，结合支持向量机、多元判别分析、Logistic 回归、分类和回归树等多种分类学习算法构造备选基本分类器。在此基础上，提出了基于精度前向搜索和后剪枝的多特征子集组合分类器财务困境预测方法。该方法无须计算单分类器之间的差异性，首先以系统预测精度最大化为原则进行前向搜索，然后通过后剪枝策略选择精度最高或满意的系统作为最终结果。实证研究中以中国上市公司为研究对象，以十折交叉验证精度为评价标准。结果表明，该方法构建的组合系统的分类预测精度明显高于个体最优模型。但是其研究的缺陷在于，仅仅是将各个方法进行物理上的叠加，并没有很好地克服方法本身的固定性缺陷，反而很有可能因为这种物理上的叠加扩大了模型的误差。

3. 仿真技术

仿真技术的应用具有一定的难度和较多的限制性因素，因此国内学者应用此方法进行研究的文献极为稀少，但也有部分学者做出了一定成果，可以认为在此方面进行了有益的尝试，从而进一步完善了财务困境预测领域的研究方法。采用系统动力分析方法，蔡岩松、杨茁、王聪（2010）建立了企业财务困境预警模型。通过企业现金流转因素的分析，构建了模型的因果关系图和变量等式。其研究成果为针对财务困境的发生根源，分别从日常预警和重大决策预警两个方面来防止财务困境的发生。但其研究的过程缺乏一定的数理推证过程，因此其模型缺乏强有力的理论支撑，主要原因是系统动力学研究方法的复杂性和严谨性。所以其研究结果具有很强的后续开发潜力，也为后续研究提供了较为广阔的研究空间。

4. 动态预警技术

由于传统财务困境预测模型往往具有时期性和滞后性的缺陷，一直以来在财务困境预测领域，动态研究方法是热点也是难点。鉴于此，李秉祥（2004）以现代资本结构理论和期权理论为基础，以企业资不抵债作为上市公司陷入财务困境的标志，运用股价和财务数据建立了期望违约率（EDF）模型，该模型的最大特点就是可以应用于公司财务困境的动态预警。为市场参与者和管理层预测公司财务困境、信贷决策、信用风险管理等提供了一种有效的模型，这也是国内为数不多的研究动态预警模型的文献之一。但是，研究是以股价为基础建立预测模型，这将受到我国现行市场有效性问题的影响。

陈磊、任若恩（2008）等以指数加权平均控制图模型为研究方法，以被ST和暂定上市为两个财务困境演变状态，建立了一个多阶段财务困境预警模型。实证研究表明，该模型对发生财务困境的上市企业具有较好的预测效果，有较大的应用价值。同时其研究也表明，从动态角度对企业是否会发生财务困境进行预测具有更大的实用性，但由于我国的资本市场才十几年的时间，并且从1998年后开始实行ST、*ST制度，因此用这种方法时间序列的纵向值不太够，达不到较好的检验效果。

孙晓琳、田也壮、王文彬（2010）基于Kalman滤波理论，考虑财务比率在时间序列上的趋势性和历史数据对结果的影响，构建了财务困境的动态预警模型。其研究思路是，首先建立目标的状态模型和财务困境预警的测量方程，利用状态空间法描述目标的状体和测量，然后利用Kalman滤波器对财务困境预警模型的状态进行Matlab计算。其实证研究结果表明，基于Kalman滤波理论的动态模型优于静态预测模型。

孙洁、李辉、韩建光（2010）基于财务困境概念漂移的视角，提出了基于滚动时间窗口支持向量机的财务困境预测动态建模的方法。研究对宽度固定的滚动时间窗口SVM和宽度可变的滚动时间窗口SVM分别展开算法设计，并以中国上市公司为对象，通过模拟时间推移过程，对2000~2008年被ST的上市公司及其配对公司共692个样本进行实证研究，结果表明，该模型能够有效地适应财务困境的概念漂移现象，对未来企业财务困境的预测效果明显优于静态SVM模型。

进入 21 世纪以来，学者对财务预警的研究主要是通过多种技术的结合，改进数据挖掘和机器学习技术，来弥补单一研究方法的缺陷，以达到更强的预测能力。另外，动态预警技术越来越多地受到关注。但是，由于动态预警技术通常需要利用长达 10 年的样本数据来建立模型，然后用另外同样长度的样本数据来检验模型，以检验在动态环境下模型的有效性和稳定性；而我国资本市场的历程较短，市场不够成熟，由此带来数据的限制，使得模型不能很好地被应用于财务预警的研究与应用中。

5. 其他方法相关研究

大多数的学者将研究重心都放在通过选择财务指标并建立财务预警模型来确定企业是否发生财务困境的预测上。而何源、黄庆等则认为，与预警指标体系的建立和预警模型的建立相比较，对警兆进行定量分析也是财务困境分析中非常关键的环节。他设定了发生财务困境预警的警兆指标，并设定了警兆指标的上下限，通过样本数据追踪警兆指标的变动趋势，并运用马尔科夫链进行随机游走估计，从而来推断各个警兆指标超出上下线的可能性，以分析发生财务困境的概率。

综合当前的研究来看，缺乏规范的理论机理研究是目前财务预警研究中的薄弱环节。王满玲、杨德礼等人通过吸收经济演化论的观点建立了企业柔性生存模型，通过模型数值模拟结果分析得到了重要的财务柔性决策规律基于研究建立的财务柔性决策的系统结构及其学习机理，提出了以自适应学习为核心的财务预警模型。王满玲等人的研究，从基础数学层面证明了财务预警模型应该反映出的某种客观规律。同庞素琳的研究一样，其研究更具有意义的方面在于将基础数学的证明方法和思路引入财务困境预测研究领域，拓宽了该领域的研究思路，丰富了相关领域的研究方法。

相对来说，总体上看，国内从动态角度对财务困境进行预警研究的文献相对较少。陈磊等以指数加权平均控制图方法建立了一个多阶段的财务困境动态预警模型，并通过实证研究表明该模型的可行性和有效性。BAO 也采用了该方法对中国的上市公司财务预警情况进行了实证分析。这些研究表明，对于我国企业实践而言，从动态角度来进行财务困境预警的研究，具有更大的理论意义和实践价值。

第三节　本章小结

本章对财务困境预警的相关技术演变进行了综述。相关研究经历了从传统的单变量预警模型和多变量预警模型，到基于人工智能技术的财务预警模型的转变。当前的相关研究主要从两个方面展开，第一是财务状况的动态预警问题，第二是运用多种技术的组合预警模型的建立方面。

第二章 财务困境预警指标的选择

第一节 常用的财务困境预警指标

一、财务指标

一个企业陷入财务困境,并不是一蹴而就的,企业财务状况的恶化一般都会有一个过程,这就为研究财务困境预警提供了客观的可能性。企业陷入财务困境的过程中,其经营状况、盈利能力、偿债能力等会逐渐发生变化,反映在财务报表上便会形成财务指标的变化。另外,企业财务状况的变化还可能通过非财务因素(如外部审计师的更换,审计意见的变化,股权结构的重大变更等)反映出来,研究者们可以通过分析这些信息预测财务困境。

在财务困境预警研究的早期,研究者们关注的基本是财务指标的作用,很少研究非财务指标对财务困境预警模型判别准确率的影响。早在1932年,Fitzpatrick 就发现发生财务困境的公司和正常运营的公司,二者的财务比率存在着显著差异,并发现在众多的财务指标中,权益净利率和产权比率对财务困境具有较高的预测能力。Beaver 通过实证研究发现现金流量债务比、资产负债率和资产收益率具有较好的预测性。Altman 以误判率最小原则选择了包括总资产收益率、总资产周转率等在内的 5 个财务比率建立了 Z - SCORE 模型,在北美和欧洲一些国家得到了广泛应用。

2009 年,Paul Halpern 等发现,相比于公司治理或融资结构的变化,债务构成是避免公司陷入财务困境或破产的更为关键的影响因素。这一发现与部分文献的结论一致。模型研究结果表明与一些债权人进行非正式的谈判以改变债务条款的能力是关键因素。2012 年,Ali Serhan Koyuncugil、Nermin Ozgulbas 通过数据挖掘建立了一个财务预警系统,发现税前利润/自有资金和 ROE 是财务预警的信号指标。这两篇文献从偿债和盈利能力角度提供了预警指标筛选依据。

在我国,反映企业短期偿债能力的流动比率和反映企业长期偿债能力的资产负债率对 ST 与非 ST 两类公司的误分类率较低;由盈利能力指标 ROE、净利润、营运能力指标总资产周转率、偿债能力指标流动比率、资产负债率以及净营运资本/总资产六个指标构建的多元判定模型的判定正确率随时间逐渐提高。张玲构建了基于资产负债率、营运资金/总资产、资产净利率、留存收益/总资产四个指标的企业财务困境预警判别分析模型,该模型的预测能力在公司陷入财务困境前 4 年就已经体现出来。吴世农、卢贤义通过实证研究发现 ROE 在财务困境预警中判别成功率较高。章之旺的研究结果显示,充分利用现金流量信息将会提高财务困境预警模型的预测准确度。钱爱民等构建了基于自由现金流量的财务困境预警指标体系,发现基于该指标体系的预警模型能够提前两年对公司财务困境进行较为准确的预警。

综合来看,我国学者对预警财务指标的实证研究显示,偿债能力指标中的资产负债率,盈利能力指标如 ROE 和 ROA,营运能力指标如总资产周转率,以及现金流量指标对提高模型财务预警正确率影响较大。但是企业的财务状况会受到企业内部和外部多种力量的影响,仅仅利用财务指标构建预警模型存在一定的局限性。经营者水平、供应商质量、客户满意度、内部员工的成长性、公司自身的战略是否与外部经济环境相适应等非财务因素也能影响企业的财务状况,在预警研究中同样需要考虑。

二、非财务指标

随着研究的深入,学者们开始将目光转向非财务指标,如股权集中度、国有股、审计意见、公司增长速度等在财务困境预警中的作用,并得到了一定的研究结果,为进一步完善预警指标体系提供了依据。

关于股权集中度对公司治理的影响，目前存在两种研究结果。Grossman、Hart 研究发现，股权越分散，股东搭顺风车的行为就越频繁，从而导致公司的绩效水平降低。Shleifer、Vishny 的研究结果也支持了这一观点。但是也有研究支持降低股权集中度。如 Elloumi、Gueyi 通过实证研究发现，股权集中度越高，企业的生存概率越小，二者之间存在显著的负相关关系。其原因可能是太过集中的股权使得大股东权力很难受到监督。

国有股不仅有着经济意义，还因为承担着一定的社会责任而与其他类型股权对企业的影响有所不同。在国有股对公司绩效的影响方面，国外学者存在两种不同的研究结果：Berger 等研究认为国有股权的退出可以提高公司经营的效率；而 Anderson 等基于内蒙古企业数据的研究则提供了相反的证据。

Tereza Tykvová、Mariela Borell 研究了 2000～2008 年欧洲公司在买断前后的财务困境风险，发现个人股本投资者更愿意选择低财务困境风险的公司，而不是非买断公司；虽然买断之后，公司的财务困境风险会升高，但是有个人股本支持的公司的破产率比同比的非买断公司更低，这意味着有经验的投资者比没有经验的投资者能更好地管理困境风险。

财务状况不佳的公司很可能通过粉饰财务报表来欺骗投资者和监管方，而外部审计师的审计意见类型反映了公司财务报表是否真实、公允，Nancy 等发现报表被出具非标审计意见的公司陷入财务困境的可能性较大，验证了审计意见在财务预警中的作用。

公司在生命周期的不同阶段有不同的成长速度，当成长速度与自身资源水平相协调时，公司才可能持续发展，股东的价值才可能不断增加。国外部分学者如 Cyrus A. Ramezani 等发现不合理的增长速度将会对公司价值和公司盈利能力产生负面影响。

国内学者万希宁、王艳的研究也发现，添加非财务指标可以提高预警的精确度。国内学者对于非财务指标的研究主要分为股权结构、公司性质、控制人类型、审计意见、公司治理、行业因素、企业增长速度几个方面。

在股权因素方面，很多学者通过实证分析发现，大股东的持股比例如果越大，则股权制衡度相对就越大，从而企业陷入财务困境的可能性越小；吴超鹏、吴世农的研究结果也支持第一大股东持股比例与公司陷入财务困境的可能性负相关。其原因可能在于股权越集中，公司就能越快做出决策，并及时采取应对措施，避免陷入财务困境。

在公司性质、控制人类型、审计意见方面，有研究发现企业中国家股比例越高，公司陷入财务困境的可能性则越小，两者呈负相关关系。如廖冠民等研究发现当公司性质不同时，财务困境成本也不同，相比于非国有公司，国有公司在财务困境期间的困境成本更低，投资与绩效水平更高。王宗军、李红侠的研究结果也表明，国家股在企业中所占的比例越高，审计意见越好，则企业陷入财务困境的可能性相对就越低。吴超鹏、吴世农通过实证研究发现外部治理因素中的审计意见可以用来预测财务困境，被出具非标审计意见的公司会显著增加财务恶化的概率。

在公司治理方面，江向才、林玿的实证结果显示，董监事持股，董事会规模等公司治理因素不仅可以作为投资参考，还可以用来判断财务困境公司能否转危为安。韩立岩、李慧研究发现在财务困境样本中，首席执行官的权力越小，公司的危机越严重，首席执行官适当集权有利于公司走出财务困境。

在行业因素方面，马若微针对制造业上市公司展开了研究，发现行业类型对于财务困境预测有重要作用，并认为可以分行业建立预警模型。但是该文章并没有使用其他行业的数据进一步研究行业差异对模型预警能力的影响。

在公司增长速度方面，崔学刚等的研究结果并不支持公司过快地增长，原因是超速增长显著地增大了公司发生财务困境的概率。姜付秀等也得出类似的结论。这说明公司的增长速度必须与自身的实际情况相适应，否则就可能危害到公司的正常发展。大多数研究都得到了较为一致的结果，从发生财务困境概率的角度出发，都不支持企业过快地增长。

第二节 财务预警指标选择的常用方法

总体上看，专家们对财务困境预警问题的研究，主要是围绕着两个问题展开的：第一是确定指标体系，第二是确定建模方法。在过去几十年的研究和企业实践中，国内外学者在财务预警建模方法的运用上经历了从单变量模型到多变量模型，再到各种人工智能技术及组合模型的过程，相比于建模方

第二章 财务困境预警指标的选择

法的层出不穷，专家学者们对于财务预警指标体系建立的研究则相对较少。财务报表中有为数众多的会计科目，并衍生出许多财务比率。在进行企业财务预警时，如果将这些财务指标全部囊括，不仅工作量太大，而且还可能出现诸如因指标共线性太强而导致所用模型失效等问题。但是，如果仅凭个人主观判断选取指标，那么指标体系的合理性以及由此得到的结果又会受到质疑。因此，如何运用科学的方法在众多的财务指标，甚至是非财务指标中选择出既重要又不影响模型有效性的财务预警指标体系，是非常值得关注的问题。合理的财务预警指标体系，一方面，需要减少信息冗余和提高研究效率，使得指标不至于太多，模型太臃肿；另一方面，还可以在有限的指标体系基础上很好地对预警问题进行解释说明。本章旨在通过研究为财务预警指标体系的构建提供一种合理有效的方法。

目前，国内外学者构建财务预警指标体系的思路主要可以分为三种：主观约简法、重要性约简法和相关性约简法。主观约简法是指研究者不使用数学方法，而直接根据经验或参考其他学者的研究结果来确定指标体系的约简方法。这种方法在确定指标体系的过程中会很大程度上受制于专家的个人先验经验水平，带有较强的主观性。因此，下面只针对重要性指标约简方法和相关性指标约简方法展开论述。

对于决策对象而言，各个指标的相对重要性程度是不同的，在建立财务预警指标体系时，要从多个指标中选择出对于财务困境预警决策来说相对重要的指标。重要性约简法就是指从各个指标相对于决策对象的重要性程度出发，运用数学方法对初选指标进行指标约简，从中剔除那些相对不重要的指标，保留那些对决策问题而言相对重要的指标。它是采用数学方法进行指标约简的主要研究方向，粗糙集理论是该领域的主要方法。如马若微以公司是否被 ST 为决策属性，采用粗糙集理论从 42 个财务比率以及两个定性指标中约简出包括总资产报酬率在内的 20 个指标进行财务困境预警研究。近年来，有学者针对经典粗糙集模型只适合处理名义变量、对于数值型数据离散化将造成信息丢失、抗噪声能力差等缺陷，提出使用邻域粗糙集对财务预警指标进行约简。顾婧等针对高技术企业的信用风险问题，结合采用基于可变精度粗糙集理论和遗传算法建立了信用风险评价综合指标体系。在国外，Jensen 和 Shen、Gong、Sun、Chen、Hu、Liu、Yu、Cornelis、Jensen、Hurtado 等通过对经典粗糙集进行发展或者扩展，或者将 Vague 集理论、区间值理论运用到经典粗糙集理论中，并将两者有效结合，开展对指标的约简实践，取得了很多的研究成果。这类基于粗糙集理论的相关指标约简研究，都是从指标重要性的角度出发来进行的。

各个财务和非财务指标之间又存在一定的相关性，特别是各个财务指标之间的相关性问题。在决策中，要关注指标间的相关性问题。相关性约简法就是要考虑到指标之间的相关性问题，通过一定的数学方法消除或降低指标相关性，并对指标进行一定的约简。国内外很多学者都从相关性角度进行了指标的约简。如刘京军、郭德仁等都针对财务预警问题，从消除指标的多重共线性角度对指标进行了约简。郝项超、梁琪针对主成分 Logistic 模型在提取主成分时没有考虑解释变量与被解释变量之间的相关性这一缺陷，运用偏最小二乘 Logistic 方法来解决指标间的多元共线性问题，并进行财务困境预测的实证研究。研究结果发现，模型不仅具有较优的拟合度，还具有较强的稳健性。但是总体而言，单从消除指标共线性方面进行指标约简的文章较少。

为了获得更加有效的财务预警指标体系，一方面，要从重要性的角度来选择指标，另一方面也要考虑指标间的相关性问题。而如果仅仅运用重要性约简法进行指标选择，则可能将相关性很强的两个或多个指标同时引入分析模型中，从而导致模型的失效或者臃肿。同时，如果仅仅采用相关性约简法来选择指标，则也有可能将不重要甚至无用的指标选入财务困境预警指标体系之中，从而降低模型的可理解性，也降低了模型的计算效率。因而有学者综合考虑相关性和重要性进行指标约简。如王璐和王慧敏首先根据指标的综合性强弱，将财务指标划分成不同层次，在使用粗糙集约简指标的基础上，进一步对不同层次间的相关指标进行约简，减少信息冗余。朱世伟和赛英首先使用粗糙集剔除冗余指标，然后使用主成分分析方法来提取指标和降维，消除指标间的相关性。林志宏结合 T 检验、相关性分析和粗糙集进行了指标约简。

通过以上分析可以看到，国内外学者在进行财务预警指标约简时，主要从重要性出发约简指标，采用粗糙集理论进行指标约简，使用相关性约简法的文章很少。尽管有极少数学者从重要性和相关性两个角度考虑，但是相关文章并不多，所用方法及适用范围都存在不同程度的局限性。比如，当所有指标处于同一层次时，分层次约简指标将不再适用；由于主成分分析法存在固有局限，综合变量的实际意义被破坏；T检验是两总体方差未知但相同，用于两平均数之间差异显著性的检验，不适用于不需要与其他总体对比的单一总体中指标的约简；相关性分析适用于两个指标之间相关性大小的确定，对于多个相关的指标则需要通过多次比较才能得出最终约简结果，过程繁琐。

因而，本章从指标重要性和相关性两个方面出发，提出一种新的指标约简方法。灰色关联分析方法可以用来对指标等进行赋权或对研究对象进行排序，以灰色关联度的形式对对象进行评价。比如，针对属性值以区间数形式给出且已知方案偏好信息的多属性决策问题，卫贵武和魏宇提出了基于灰色关联分析的解决方法，根据各方案客观偏好与主观偏好的关联度对所有方案进行排序，并举例表明了方法的简单和有效性。唐恒、张垒、李军使用灰色关联分析定量研究了专利指标与科技进步的关联性，发现在多个专利指标中，专利授权率与科技进步关联度最大，并依据研究结果提出对策建议以更好地发挥专利在促进科技进步中的作用。迟国泰、顾雪松、王卫根据被评价对象指标值曲线与理想样本指标值曲线的几何相似程度确定灰色关联度，作为对科技评价指标的打分，并结合离差最大化法对指标进行赋权，建立了科技评价模型，对中国14个典型的省级行政区科技评价进行了实证研究。可以看出，灰色关联分析得到的结果可以看作对研究对象重要程度的评价。

该方法在使用系统聚类消除指标相关性的同时，还使用灰色关联分析维持各指标对决策变量的重要性。

本章旨在提出一种结合系统聚类和灰色关联分析的财务预警指标体系构建方法，在建立财务预警初选指标体系的基础上，先考虑相关性约简方法，使用系统聚类技术来消除初选指标之间的相关性问题，然后再考虑到重要性约简方法，使用灰色关联分析从众多的指标中挑选出那些对财务困境预警决策相对重要的指标，为财务预警研究提供较为完备的指标体系。

第三节 基于聚类—灰色关联分析的财务预警指标选择思路设计

一、灰色关联分析

灰色关联分析的基本思想是根据序列曲线几何形状的相似程度来判断其联系是否紧密。曲线相似程度越大，则相应序列之间的关联度就越大，反之就越小。简单来说，就是在系统的发展过程中，两个因素的发展态势是否一致。如果一致程度很高，那么这两个因素的关联程度就大，否则关联程度就小。这种方法在运用中具有明显的优势，一方面，它不受样本量大小和样本分布规律的限制，另一方面，这种方法的计算比较简单，因此在实践中运用比较广泛。

对抽象的系统或现象进行分析时，首先要选取反映系统行为特征的数据序列，即找系统行为的映射量。如用企业流动比率的大小反映企业的短期偿债能力。有了系统行为特征数据序列以及相关影响因素的数据之后，便可以计算灰色关联度，分析各影响因素对系统行为特征的影响程度。

定义 2-1 设 X_i 为系统因素，在序号 k 上的观测数据为 $x_i(k)$，$k=1, 2, \cdots, n$，则称 $X_i = [x_i(1), x_i(2), \cdots, x_i(n)]$ 为因素 X_i 的行为序列。

当 k 为时间序号时，称 $X_i = [x_i(1), x_i(2), \cdots, x_i(n)]$ 为因素的行为时间序列；

当 k 为指标序号时，称 $X_i = [x_i(1), x_i(2), \cdots, x_i(n)]$ 为因素的行为指标序列；

当 k 为观测对象序号时，称 $X_i = [x_i(1), x_i(2), \cdots, x_i(n)]$ 为因素的行为横向序列。

定义 2-2 设 $X_i = [x_i(1), x_i(2), \cdots, x_i(n)]$ 为因素 X_i 的行为序列，D 为序列算子，则存在 $X_i D = [x_i(1)d, x_i(2)d, \cdots, x_i(n)d]$。同时有：

若 $x_i(k)d = \frac{x_i(k)}{x_i(1)}$，$x_i(1) \neq 0$，$k=1, 2, \cdots, n$，称 X_iD 为 X_i 的初值像；

若 $x_i(k)d = \frac{x_i(k)}{\bar{X}_i}$，$\bar{X}_i = \frac{1}{n}\sum_{i=1}^{n} x_i(k)$，$k=1, 2, \cdots, n$，称 X_iD 为 X_i 的均值像；

若 $x_i(k)d = \frac{x_i(k) - \min\{x_i(k)\}}{\max\{x_i(k)\} - \min\{x_i(k)\}}$，$k=1, 2, \cdots, n$，称 X_iD 为 X_i 的区间值像。

以上三种算法都可以实现系统行为序列的无量纲化，在实践中可以根据需要进行选择。

灰色关联度的计算一般需要经过以下六个步骤：

步骤一：各序列的无量纲化处理，求得 X_i 的初值像、均值像或区间值像 X_iD。令 $X_iD = X'_i = [x'_i(1), x'_i(2), \cdots, x'_i(n)]$，$i = 1, 2, \cdots, m$。

步骤二：确定参考序列和比较序列。

参考序列又称为母序列，一般由最优目标优化值构成，用 $X_0(k)$ 表示，其中，$k=1, 2, \cdots, n$。与参考序列做关联程度比较的"子序列"即为比较序列，也称为"系统相关因素行为序列"，记为 $X_i(k)$。其中，$k=1, 2, \cdots, n$；$i=1, 2, \cdots, m-1$。

步骤三：求差序列。

记 $\Delta_i(k) = |x'_0(k) - x'_i(k)|$，则有：

$\Delta_i = [\Delta_i(1), \Delta_i(2), \cdots, \Delta_i(n)]$，$i=1, 2, \cdots, m$

步骤四：求两极最大差与最小差，即差序列中的最大值 M 和最小值 m。

$M = \max\{\Delta_i\}$

$m = \min\{\Delta_i\}$

步骤五：求关联系数 $\gamma_{0i}(k)$。

$\gamma_{0i}(k) = \frac{m + \rho M}{\Delta_i(k) + \rho M}$，$\rho \in (0, 1)$，$k=1, 2, \cdots, n$，$i=1, 2, \cdots, m$

其中，ρ 称为分辨系数，一般取值为 0.5。

步骤六：计算关联度 γ_{0i}。

$\gamma_{0i} = \frac{1}{n}\sum_{k=1}^{n} \gamma_{0i}(k)$，$i=1, 2, \cdots, m$。依次类推，可以用同样方法得到

各个因素之间的两两关联度,从而得到对称的因素关联度矩阵。取一个关联度临界值,将关联度大于临界值的各个因素分别归为一类,从而得到因素的聚类结果。

需要注意的是,在计算灰色关联度之前,还应对系统行为特征数据序列及相关影响因素进行必要的处理,将负相关因素转化为正相关因素。

二、聚类分析理论

通过聚类分析(Cluster Analysis)可以将对象进行分类,使同类对象间相似性比与其他类对象的相似性更强,达到类内差异最小、类间差异最大的效果。本章采用系统聚类法进行聚类。其工作原理如下:首先将 n 个样品看成 n 类;然后将性质最接近的两类合并成一个新类,进而得到 n−1 类;接下来继续找出最接近的两类进行合并,得到 n−2 类;如此重复,直到最后所有的样品均在同一类中为止;根据各步结果画出聚类图,确定最终的分类数和各类内的样品。系统聚类过程中需要解决三个问题:确定样品间的距离,确定类与类间的距离,以及确定类的个数。具体步骤如下:

(1) 计算样本 x_i 和样本 x_j 间的距离 d_{ij}。这里采用欧氏距离:

$$d_{ij} = \left[\sum_{k=1}^{p}(x_{ik}-x_{jk})^2\right]^{1/2}, \; i=1,2,\cdots,n, \; j=i+1, i+2, \cdots, n$$

(2) 确定类与类间的距离。这里使用离差平方和法。如果用 G 表示类,用 $x_1, \cdots, x_m$ 表示 G 的元素,m 为 G 内的样品数(或指标数),定义 G 的重心为 $\bar{x}_G = \frac{1}{m}\sum_{i=1}^{m}x_i$,样本散布阵为 $S_G = \sum_{i=1}^{m}(x_i - \bar{x}_G)(x_i - \bar{x}_G)'$,样本协差阵为 $\Sigma_G = \frac{1}{n-1}S_G$,G 的直径为 $D_G = \sum_{i=1}^{m}(x_i - \bar{x}_G)'(x_i - \bar{x}_G) = tr(S_G)$。

用 D_p、D_q 分别表示类 G_p 和类 G_q 的直径,用 D_{p+q} 表示大类 D_{p+q} 的直径,则:

$$D_p = \sum_{i \in G_p}(x_i - \bar{x}_p)'(x_i - \bar{x}_p), \; D_q = \sum_{j \in G_q}(x_j - \bar{x}_q)'(x_j - \bar{x}_q)$$

$$D_{p+q} = \sum_{j \in G_q \cup G_p}(x_j - \bar{x})'(x_j - \bar{x})$$

其中,$\bar{x} = \frac{1}{K+L}\sum_{i \in G_q \cup G_p}x_i$,K 和 L 分别为 G_p 和 G_q 中的样品数。

那么用离差平方和法定义 G_p 和 G_q 之间的距离平方为:$D_\omega^2(p,q) =$

$D_{p+q} - D_p - D_q$。

（3）确定类的个数。在运用上述聚类方法得到聚类图之后，就需要确定类的个数。在实际应用中，人们主要根据研究目的，从实用的角度出发选择分类数。

三、基于聚类—灰色关联分析的指标综合约简方法设计

步骤1：确定初选指标。根据研究问题以及一定的指标选取原则确定初选指标。

步骤2：数据预处理。在多指标评价体系中，各指标的性质、量纲、数量级存在差异。如果差异程度很大，直接用原始数据进行分析会导致数值较高的指标在综合分析中影响较大，而数值低的指标影响较小。为保证结果的可靠性，需要对各指标原始数据进行标准化处理。

本章采用离差标准化对指标数据进行预处理，公式为：

$$x_{ij}^{New} = \frac{x_{ij} - \min(x_{ij})}{\max(x_{ij}) - \min(x_{ij})}$$（正向型指标）；$$x_{ij}^{New} = \frac{\max(x_{ij}) - x_{ij}}{\max(x_{ij}) - \min(x_{ij})}$$（负向型指标）

这里的正向型指标是指对研究问题有正向关系的指标，负向型指标是指对研究问题有负向关系的指标。经过离差标准化后，各指标都无量纲化，其数值都在[0，1]区间内，数量级上不存在大的差异，并且都转化为正向型指标。

步骤3：聚类分析。对指标聚类使得相似的指标聚在同一类下，而差异大的指标分居不同类中，从而实现消除或降低类与类之间指标相关性的目的。由于类的概念未知，因而需要根据指标的实际意义以及研究问题确定最终的聚类数和聚类结果。

步骤4：计算灰色关联度。经过步骤3可以得到类内部指标相关性强的指标类，依次以各类内部的指标作为比较序列和参考序列，计算比较序列与参考序列之间的灰色关联度。

步骤5：根据灰色关联度进行指标筛选。根据各类内部指标的灰色关联度对各指标的重要程度进行排序，挑选最重要的指标，约去其他指标，从而完成指标筛选过程，确定最终指标体系。

第四节 实证分析

一、财务指标体系的初步构建与样本选取

企业财务状况出现异常时,可能会对其营运能力、现金流量等方面产生影响。例如,当企业财务状况每况愈下时,可能出现流动性不足、偿债能力下降、资金周转困难、盈利能力降低等情况。当然,流动性降低、资产周转不灵、盈利能力下降可能也是导致企业陷入财务困境的原因。为了研究企业财务指标与财务困境之间的关系,本章从企业的营运能力、现金流量、资本结构、偿债能力等六个方面选取了32个初选财务指标,如表2-1所示。

表2-1 初步构建的财务预警指标体系

	指标	编号		指标	编号		指标	编号
营运能力指标	存货周转率	x_1	偿债能力指标	流动比率	x_{10}	盈利能力指标	净资产收益率	x_{21}
	应收账款周转率	x_2		速动比率	x_{11}		资产报酬率	x_{22}
	流动资产周转率	x_3		产权比率	x_{12}		资产净利率	x_{23}
	固定资产周转率	x_4		经营净现金流量/带息债务	x_{13}		销售净利率	x_{24}
	总资产周转率	x_5		利息保障倍数	x_{14}		销售毛利率	x_{25}
				现金流动负债比	x_{15}		销售成本率	x_{26}
现金流量指标	销售商品劳务收入现金/营业收入	x_6	成长能力指标	每股收益增长率	x_{16}		销售期间费用率	x_{27}
				营业收入增长率	x_{17}		销售费用率	x_{28}
				利润总额增长率	x_{18}		管理费用率	x_{29}
	销售现金比率	x_7		经营活动现金流量净额增长率	x_{19}		财务费用率	x_{30}
资本结构指标	资产负债率	x_8					息税前利润	x_{31}
	长期负债/股东权益	x_9		股东权益相对年初增长率	x_{20}		营业利润率	x_{32}

选用沪深两市制造业公司的财务数据为样本,剔除中小板 A 股股票 70 只、创业板 14 只、B 股 7 只,数据不全的股票 60 只,最后得到沪深两市 C4 行业 2009 年 A 股主板 85 只股票的财务数据作为样本,即本章的样本为 85 家制造业公司 2009 年的 32 个财务指标。数据来源为锐思数据库(www.resset.cn),数据处理软件为 SPSS18.0 和 MATLAB7.0。

二、基于离差平方和思想的聚类分析

初选指标为 85 家公司六类共 32 个财务指标。对指标聚类的过程如下:

(1) 数据预处理。在确定 max(x_{ij}) 和 min(x_{ij}) 时有多种不同的方法。如直接选择指标数据中的极值为 max(x_{ij}) 和 min(x_{ij}),但是这种方法易受异常值的影响。另一种方法是根据指标的实际含义,设置阈值,即设置一个区间 $[a, b]$,令 min(x_{ij}) = a,max(x_{ij}) = b。当 $x_{ij} \in [a, b]$ 时,对 x_{ij} 按照上式进行标准化。对于正向型指标,当 $x_{ij} < a$ 时,$x_{ij}^{New} = 0$,当 $x_{ij} > b$ 时,$x_{ij}^{New} = 1$。对于负向型指标,当 $x_{ij} < a$ 时,$x_{ij}^{New} = 1$,当 $x_{ij} > b$ 时,$x_{ij}^{New} = 0$。

考虑到财务指标异常值的影响,这里采用常规的比值作为各财务指标的上下限。比如将销售毛利率指标的最大值设定为 40%,最小值设定为 0%。销售毛利率超过 40% 的公司,该指标标准化数值为 1;低于 0% 时,该指标标准化后的数值为 0,毛利率处于 0%~40% 时,则采用标准化公式进行标准化。其余指标处理类似。

(2) 横向聚类。使用 SPSS18.0 软件系统聚类中的 Ward's method 对 32 个财务指标进行整体聚类分析,样品间的距离采用欧氏距离,最终得到如表 2-2 所示的聚类结果。

表 2-2 32 个指标整体聚类结果

聚类数	结果
3	$\{x_1, x_2, x_3, x_4, x_5, x_{10}, x_{11}, x_{13}, x_{14}, x_{15}, x_{16}, x_{17}, x_{18}, x_{19}, x_{25}, x_{27}, x_{29}\}$, $\{x_6, x_7, x_8, x_9, x_{12}, x_{28}, x_{30}\}$,$\{x_{20}, x_{21}, x_{22}, x_{23}, x_{24}, x_{25}, x_{26}, x_{31}, x_{32}\}$
5	$\{x_1, x_3, x_5, x_{13}, x_{15}, x_{27}, x_{29}\}$,$\{x_2, x_4, x_{10}, x_{11}, x_{19}\}$,$\{x_{14}, x_{16}, x_{17}, x_{18}, x_{25}\}$, $\{x_6, x_7, x_8, x_9, x_{12}, x_{28}, x_{30}\}$,$\{x_{20}, x_{21}, x_{22}, x_{23}, x_{24}, x_{26}, x_{31}, x_{32}\}$

续表

聚类数	结果
6	$\{x_2, x_4, x_{10}, x_{11}, x_{19}\}$, $\{x_{14}, x_{16}, x_{17}, x_{18}, x_{25}\}$, $\{x_1, x_3, x_5, x_{13}, x_{15}\}$, $\{x_{27}, x_{29}\}$, $\{x_6, x_7, x_8, x_9, x_{12}, x_{28}, x_{30}\}$, $\{x_{20}, x_{21}, x_{22}, x_{23}, x_{24}, x_{26}, x_{31}, x_{32}\}$
9	$\{x_2, x_4, x_{19}\}$, $\{x_{10}, x_{11}\}$, $\{x_{14}, x_{16}, x_{17}, x_{18}, x_{25}\}$, $\{x_1, x_3, x_5, x_{13}, x_{15}\}$, $\{x_{27}, x_{29}\}$, $\{x_6\}$, $\{x_7, x_9, x_{28}, x_{30}\}$, $\{x_8, x_{12}\}$, $\{x_{20}, x_{21}, x_{22}, x_{23}, x_{24}, x_{26}, x_{31}, x_{32}\}$

参考上述聚类结果并结合考虑指标的经济意义可以发现，$\{x_2, x_4, x_{19}\}$代表$\{$应收账款周转率，固定资产周转率，经营活动现金流量净额增长率$\}$，反映的主要是营运能力。$\{x_{10}, x_{11}\}$代表$\{$流动比率，速动比率$\}$，是对偿债能力说明性强的指标。显然，将$\{x_2, x_4, x_{10}, x_{11}, x_{19}\}$划分为两类是合理的。$\{x_7, x_9, x_{28}, x_{30}\}$代表$\{$销售现金比率，长期负债/股东权益，销售费用率，财务费用率$\}$，主要是反映销售收入结构的指标；而$\{x_8, x_{12}\}$代表$\{$资产负债率，产权比率$\}$，反映的是企业资本结构，从二者的计算过程来看，将它们聚在一起，并与其他指标分开是合理的。另外，表2-3方差分析结果显示9分类聚类结果通过显著性检验，聚类结果合理。因此，最终选用聚类数为9的聚类结果进入下一步的指标筛选过程。

表2-3 聚类结果方差分析（部分）

			Sum of Squares	df	Mean Square	F	Sig.
R1 × Ward Method	Between Groups	(Combined)	1.818	8	0.227	20.624	0.000
	Within Groups		0.264	24	0.011		
	Total		2.082	32			
R2 × Ward Method	Between Groups	(Combined)	3.128	8	0.391	10.813	0.000
	Within Groups		0.868	24	0.036		
	Total		3.996	32			
⋮	⋮	⋮	⋮	⋮	⋮	⋮	⋮
R85 × Ward Method	Between Groups	(Combined)	1.648	8	0.206	12.363	0.000
	Within Groups		0.400	24	0.017		
	Total		2.048	32			

三、基于灰色关联分析的指标筛选

在上述指标体系中,32个初选指标所包含的信息并非都必要,如果有些指标存在与否对判断企业财务状况好坏没有影响,那么这些指标就是冗余的,可以从指标体系中删去。

根据前文分析结果,将指标按分类结果计算灰色关联度,进而进行筛选指标。其中 x_6 自成一类,在后续研究中予以保留,不需约简。因此,共需要对8类指标计算灰色关联度,进行约简。

以第四组分类为例,依次以 x_1、x_3、x_5、x_{13}、x_{15} 为参考序列,其他四个指标为比较序列计算灰色关联度,进而对指标进行筛选。举例介绍灰色关联度的计算过程如下。

设各指标的取值如表2-4所示。

表2-4 偿债能力指标的取值

股票	x_1	x_3	x_5	x_{13}	x_{15}
1	$x_1(1)$	$x_3(1)$	$x_5(1)$	$x_{13}(1)$	$x_{15}(1)$
2	$x_1(2)$	$x_3(2)$	$x_5(2)$	$x_{13}(2)$	$x_{15}(2)$
⋮	⋮	⋮	⋮	⋮	⋮
85	$x_1(85)$	$x_3(85)$	$x_5(85)$	$x_{13}(85)$	$x_{15}(85)$

灰色关联度的计算可以分为6个步骤。

(1)对各指标进行极性变换,将所有指标转换为正向性指标。由于以上5个指标均为正向性指标,这里不需要进行极性变换。

(2)对各指标进行无量纲化。本章对指标求均值像。设六个指标的均值分别为 $\bar{x}_1$、$\bar{x}_3$、$\bar{x}_5$、$\bar{x}_{13}$、$\bar{x}_{15}$。令 $x'_i(k) = \dfrac{x_i(k)}{\bar{x}_i}$,$i = 1, 3, 5, 13, 15$,$k = 1, 2, \cdots, 85$。均值化后得到如表2-5所示的结果。

表2-5 均值化后的结果

股票	x_1	x_3	x_5	x_{13}	x_{15}
1	$x'_1(1)$	$x'_3(1)$	$x'_5(1)$	$x'_{13}(1)$	$x'_{15}(1)$
2	$x'_1(2)$	$x'_3(2)$	$x'_5(2)$	$x'_{13}(2)$	$x'_{15}(2)$
⋮	⋮	⋮	⋮	⋮	⋮
85	$x'_1(85)$	$x'_3(85)$	$x'_5(85)$	$x'_{13}(85)$	$x'_{15}(85)$

(3) 求差序列。记：

$\Delta_{ij}(k) = |x'_i(k) - x'_j(k)|$, $i, j = 1, 3, 5, 13, 15$, 且 $i \neq j$, $k = 1, 2, \cdots, 85$。

$\Delta_{ij} = (\Delta_{ij}(1), \Delta_{ij}(2), \cdots, \Delta_{ij}(85))$, $i, j = 1, 3, 5, 13, 15$, 且 $i \neq j$。

以 Δ_{1j} 为例，其差序列如表2-6所示。

表2-6 差序列

股票	Δ_{13}	Δ_{15}	Δ_{113}	Δ_{115}
1	$\|x'_1(1)-x'_3(1)\|$	$\|x'_1(1)-x'_5(1)\|$	$\|x'_1(1)-x'_{113}(1)\|$	$\|x'_1(1)-x'_{15}(1)\|$
2	$\|x'_1(2)-x'_3(2)\|$	$\|x'_1(2)-x'_5(2)\|$	$\|x'_1(2)-x'_{113}(2)\|$	$\|x'_1(2)-x'_{15}(2)\|$
⋮	⋮	⋮	⋮	⋮
85	$\|x'_1(85)-x'_3(85)\|$	$\|x'_1(85)-x'_5(85)\|$	$\|x'_1(85)-x'_{113}(85)\|$	$\|x'_1(85)-x'_{15}(85)\|$

(4) 求两极最大差与最小差，即差序列中的最大值和最小值，分别记为 Max 和 Min。

(5) 求关联系数。

$\gamma_{ij}(k) = \dfrac{Min + \rho Max}{\Delta_{ij}(k) + \rho Max}$, $\rho \in [0, 1]$, $i, j = 1, 3, 5, 13, 15$, $i \neq j$, $k = 1, 2, \cdots, 85$。

(6) 计算关联度。

$\gamma_{ij} = \dfrac{1}{n}\sum_{k=1}^{n}\gamma_{ij}(k)$, $i, j = 1, 3, 5, 13, 15$, $i \neq j$, $k = 1, 2, \cdots, 85$。

对于以 x_1 为参考序列的情况，可以得到4个关联度数值：γ_{12}, γ_{13}, γ_{14},

γ_{15}，即 x_1 与 x_3、x_5、x_{13}、x_{15} 的关联度。关联度数值越大，说明指标间的关联性越强。

变换参考序列，依次以 x_3、x_5、x_{13}、x_{15} 为参考序列，得到与各个指标的关联度。最后整理成如下矩阵：

$$\begin{bmatrix} \gamma_{11} & \gamma_{13} & \gamma_{15} & \gamma_{113} & \gamma_{115} \\ \gamma_{31} & \gamma_{33} & \gamma_{35} & \gamma_{313} & \gamma_{315} \\ \gamma_{51} & \gamma_{53} & \gamma_{55} & \gamma_{513} & \gamma_{515} \\ \gamma_{131} & \gamma_{133} & \gamma_{135} & \gamma_{1313} & \gamma_{1315} \\ \gamma_{151} & \gamma_{153} & \gamma_{155} & \gamma_{1513} & \gamma_{1515} \end{bmatrix}$$

计算以上矩阵每一行的均值 $\overline{\gamma_i} = \frac{1}{5}\sum_j \gamma_{ij}$，$j = 1, 3, 5, 13, 15$，得到 $\overline{\gamma_1}$，$\overline{\gamma_3}$，$\overline{\gamma_5}$，$\overline{\gamma_{13}}$，$\overline{\gamma_{15}}$，均值越大，说明该指标越重要。对这五个均值进行排序，选择均值大的指标作为最终指标。其他各类的指标筛选方式依次类推。

使用灰色关联分析对表 2-2 中所有指标的 9 类聚类结果进行分类筛选，得到的结果如表 2-7 所示。

表 2-7　灰色关联分析对所有指标的筛选结果

指标	重要度	选择指标	指标	重要度	选择指标	指标	重要度	选择指标
x_1	0.800700		x_{14}	0.795920		x_{20}	0.820025	
x_3	0.813680		x_{16}	0.795160		x_{21}	0.829150	
x_5	0.822140	x_{13}	x_{17}	0.787200	x_{14}	x_{22}	0.850938	
x_{13}	0.839000		x_{18}	0.764260		x_{23}	0.848413	
x_{15}	0.837820		x_{25}	0.778780		x_{24}	0.881238	x_{24}
x_2	0.880933		x_7	0.789375		x_{26}	0.817288	
x_4	0.894667	x_{19}	x_9	0.797975	x_{30}	x_{31}	0.800525	
x_{19}	0.897333		x_{28}	0.788450		x_{32}	0.874925	
x_6	—	x_6	x_{30}	0.816200				
x_{10}	0.899	x_{10}	x_8	0.832350	x_8	x_{27}	0.82	x_{27}
x_{11}	0.899		x_{12}	0.832350		x_{29}	0.82	

x_{10} 与 x_{11} 各代表流动比率和速动比率，这两个指标的计算方式相近，聚为

一类是合理的。由于只有两个指标,因而计算出的灰色关联度数值相等,考虑到指标的经济含义,挑选其中一个指标即可,这里选择流动比率。对于 x_8 和 x_{12},即资产负债率和产权比率,选择常见的资产负债率进入最终的指标体系。对于 x_{27} 和 x_{29},即销售期间费用率和管理费用率,由于这里要反映的是企业的盈利能力,而不是期间费用的主要组成部分,因此选择销售期间费用率这个整体性的指标进入最终指标体系。许多文章用收入类指标来反映盈利能力,这里选择费用类指标也是一个亮点。

对表 2-7 进行整理,得到消除了指标强相关性,并根据指标重要性进行选择后的最终指标体系,为五大类共 9 个指标,如表 2-8 所示。

表 2-8 通过聚类和灰色关联分析筛选后的指标体系

一级指标	二级指标	指标编码	一级指标	二级指标	指标编码
现金流量指标	销售商品劳务收入现金/营业收入	x_6	成长能力指标	经营活动现金流量净额增长率	x_{19}
资本结构指标	资产负债率	x_8	盈利能力指标	销售净利率	x_{24}
偿债能力指标	流动比率	x_{10}		销售期间费用率	x_{27}
	经营净现金流量/带息债务	x_{13}		财务费用率	x_{30}
	利息保障倍数	x_{14}			

通过上述分析可以发现,在使用系统聚类消除指标相关性之后,使用灰色关联分析维持了财务指标对决策变量的重要度,从而完成了指标筛选过程,将 32 个原始财务指标筛选为 9 个。这 9 个指标分别从现金流量、资本结构、偿债能力、成长能力和盈利能力五个方面反映了企业的财务状况。从数量上来看,这 9 个指标以反映盈利能力和偿债能力的指标为主,均为 3 个。说明企业是否出现财务困境以及财务状况的好坏主要与企业的盈利和偿债能力紧密相关。从经济含义来看,在偿债能力指标中,有代表短期偿债能力的流动比率和利息保障倍数,也有从现金流量方面来反映整体偿债能力的经营净现金流量/带息债务。在盈利能力指标中,有从利润方面反映企业盈利能力的销售净利率,也有从费用方面进行反映的销售期间费用率和财务费用率。其他指标进入最终的财务预警指标体系说明企业的现金流量、资本结构以及成长性都会对企业的财务状况好坏产生影响。综合而言,经过上述筛选过程之后,

建立的指标体系不仅包含了对消除或降低指标之间相关性和维持指标重要性的考虑，还能从多方面反映企业的财务状况，这个结果验证了本章指标筛选方法的有效性和合理性，也为今后研究财务预警提供了指标体系。

第五节 本章小结

在财务预警的研究中，如何确定指标体系和如何确定建模方法是两个非常关键的问题。迄今为止，国内外学者在建模方法上不断推陈出新，但是对如何确定指标体系的研究甚少。指标体系的建立对于研究财务预警而言具有重要意义，指标过少则模型解释力不足，指标过多则信息量冗余，影响模型的效率和效果。在众多财务指标中选择适当数量的指标用于财务预警，主要应考虑到指标对财务预警的重要性，以及指标之间的相关性。本章提出了一种基于聚类—灰色关联分析的指标筛选方法，用于财务预警指标的筛选。该方法在使用系统聚类消除指标相关性的同时，还使用灰色关联分析维持各指标对决策变量的重要性，克服了传统研究大多仅依据相关性或者重要性对指标体系进行筛选而对原指标体系造成信息损害的缺陷。使用该方法对财务预警指标进行筛选的结果显示了这种方法的有效性和合理性：从32个财务指标中筛选出的9个指标从多个角度反映了企业财务状况，为进一步研究财务预警提供了前提条件。此方法也适用于利用财务指标开展的其他多属性决策中，如企业综合业绩评价、信用水平评价、基于财务指标的证券选择等。

第三章 基于偏最小二乘 Logistic 方法的财务困境预警

第一节 偏最小二乘 Logistic 模型介绍

一、Logistic 回归模型及其特征

首度由比利时 P. F. Verhuist 提出的 Logistic 函数初被应用到人口统计学。Logistic 回归即 Logistic 回归分析,是根据单个或多个连续型或离散型自变量来分析和预测离散型因变量的多元量化分析方法,主要用来研究因变量各种状态的发生概率与自变量取值之间的关系并对多因素影响的事件进行概率预测。Logistic 回归模型是对多元线性模型的进一步拓展和延伸,以非线性取代线性特征,因变量由定量变量转变为定性变量,同时也逐渐改善一元和多元判别方法存在诸多假设的问题,与实际经济情况更加相符,因此在各个领域得到广泛的使用。该模型的实质是以统计模式分类为基础,通过选取相关需要的指标进行 0-1 判断的多变量分析方法。Logistic 回归大概有以下几个方面的可取之处:

(1) 稳健性:该模型选取特征指标,用统计方法对公司的财务状况准确描述,在分类过程中具有稳健性。

(2) 简练性:在选取指标的过程中,通过利用 SPSS 软件对数据做相关性分析,进而对特征指标优化选取降低特征空间并且尽可能地保持数据的原

始性,以较少的数据输入得到比较准确的研究结果,可以避免维数灾难。

(3) 合理性:之前财务困境预警模型大多要求数据服从正态分布,但是现实情况往往在很大程度上偏离了假设命题。逻辑回归模型就规避了这一缺陷,降低了对样本假设条件的限制,从而使研究结果更加符合企业的状况。

Logistic 回归是对二分类被解释变量进行回归分析时应用最广泛的多元分析方法。我们采用多元逻辑回归模型来分析上市公司财务困境的问题,实际上就是根据公司的财务和非财务参数,利用 Logistic 模型来计算分析企业陷入财务困境的概率。Logistic 回归模型是为了克服线性判别函数存在的问题,其内容如下:

假设我们用 Y 表示一个公司的财务状况,当财务困境发生时,Y = 1;不发生时,Y = 0。Y 值依赖于另一个不可观察的变量 M,假设 M 与我们使用的预测值 X 有简单的线性关系 $M = f(x) = \alpha + \beta x_i$。M 作为一个临界值,其取值决定了 Y 事件是否发生。假设 $M > 0$ 相当于 Y = 1;$M \leq 0$ 相当于 Y = 0,因此某预测结果发生即 (Y = 1) 的概率为 $P(Y = 1) = P(M > 0) = P(\alpha > -\beta x_i)$。

设 α 的概率分布函数为 F (t),Logistic 回归模型假定的概率分布函数为 $F(t) = \frac{e^t}{1 + e^t}$。根据 $F(-t) = 1 - F(t)$ 可将 $P(Y = 1) = P(M > 0) = P(\alpha > -\beta x_i)$ 变换为 $P(Y = 1) = P(M > 0) = P(\alpha > -\beta x_i) = 1 - P(\alpha \leq -\beta x_i) = 1 - F(-\beta x_i) = F(\beta x)$,则第 I 个样本公司发生财务困境的概率为 $P(Y = 1) = \frac{e^{\beta x_i}}{1 + e^{\beta x_i}}$,而 $\beta x = \beta_0 + \beta_1 x_{i1} + \cdots + \beta_k x_{ik}$,同时 $P(Y = 0) = \frac{1}{1 + e^{\beta x_i}}$。

事件发生与否的概率的比率为 $\frac{p_i}{1 - p_i} = e^{\beta x_i}$,将方程式左右两边取对数得到回归模型的线性 $\ln(\frac{p}{1 - p}) = \beta x_i = \beta_0 + \beta_1 x_{i1} + \cdots + \beta_k x_{ik}$ 就是其 Logit 形式,即 $p = \frac{1}{1 + e^{-(\beta_0 + \beta_1 x_{i1} + \cdots + \beta_k x_{ik})}}$。

由于 p_i 可能等于 0 或 1,这时概率比 $\frac{p_1}{1 - p_1}$ 就会出现等于 0 或无穷大两种情况，其对数就不存在实际意义，因此对 Logit 模型的参数很难普遍采用一般最小二乘法（OLS）进行估计，但是可以采用极大似然估计法进行参数估计，模型的对数函数的似然函数公式为：

$$\ln[L(\theta)] = \ln\left[\prod_{i=1}^{n} p_i^{y_i}(1-p_i)^{(1-y_i)}\right] = \sum_{i=1}^{n}[y_i(\beta x_i) - \ln(1+e^{\beta x_i})]$$

β 为待估参数，根据样本数据通过迭代可求出 β 的极大似然估计值。据研究结论，预测时以 0.5 为概率的最佳分割点，p > 0.5 的可以判断为财务困境公司，相反则为健康公司。

我国众多学者对 ST 公司已经有了较为深入的研究，对财务状况恶化的现象也提出了较多的理论研究，Logistic 回归模型为其更进一步的研究提供了行之有效的研究方法。

二、偏最小二乘 Logistic 回归模型及其特征

从上文我们知道 $N = \ln\left(\dfrac{p}{1-p}\right) = \beta x_i = \beta_0 + \beta_1 x_{i1} + \cdots + \beta_k x_{ik}$，从等式可知，N 仍是关于 x_i 的线性回归，N 关于 x_i 是单调的，因此普通的 Logistic 回归模型并没有彻底解决线性补偿问题。1982 年，Wold 和 Albaro 等学者首次提出 PLS Logistic 回归模型分析方法，将二次项和交叉项引入 Logistic 函数，使得变量之间的补偿效应不仅仅依赖于各个自变量，而且还依赖于其他变量，从而包含原有所有的自变量，也完全解决了线性补偿问题。

把等式 $N = \ln\dfrac{p}{1-p} = \beta x_i = \beta_0 + \beta_1 x_{i1} + \beta_3 x_{i3}$ 变为：

$$N = \ln\dfrac{p}{1-p} = \beta x_i = \beta_0 + \beta_1 x_{i1} + \beta_2 x_{i2} + \beta_3 x_{i3} + \gamma_1 x_{i1}^2 + \gamma_2 x_{i2}^2 + \gamma_3 x_{i3}^2 + \sigma_1 x_{i1} x_{i2} +$$

$\sigma_2 x_{i1} x_{i3} + \sigma_3 x_{i2} x_{i3}$，我们可以利用偏分来求出变量对被解释变量的影响，例如 x_{i1} 对 N 的影响是：

$$\dfrac{\partial N}{x_{i1}} = \beta_1 + 2\gamma_1 x_{i1} + \sigma_1 x_{i2} + \sigma_2 x_{i3}$$

从上式可以看出尽管只有三个自变量，但是公式中包含 x_{i1}、x_{i2}、x_{i3}、x_{i1}^2、x_{i2}^2、x_{i3}^3、$x_{i1}x_{i2}$、$x_{i1}x_{i3}$、$x_{i2}x_{i3}$ 九个解释变量，充分考虑了自变量之间的相互关系。

由上式可以看出 PLS Logistic 回归分析的基本原理。

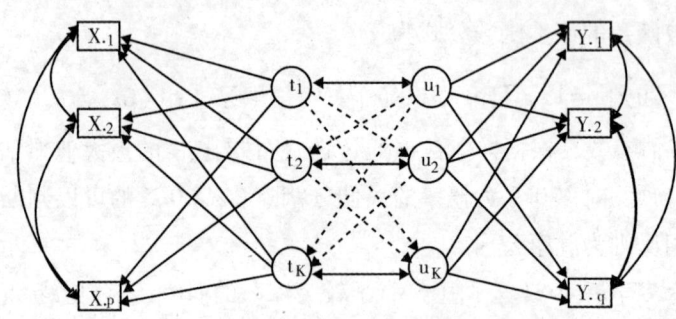

图 3-1　PLS Logistic 回归分析算法的基本原理

其中，双向箭头表示变量之间的关系，之间的实线表示潜在成分相互配对的状态，虚线表示不同组潜在成分之间隐含的关系。

从以上分析可以看出偏最小二乘 Logistic 回归分析约等于多元线性回归分析、典型相关分析、主成分分析的和。因为该模型仍采用了 Logistic 回归模型的公式，区别就体现在指数的变化上，该指数包括主成分部分以及解释变量与被解释变量相关关系部分。

偏最小二乘分析方法研究的核心是通过抽取潜在部分，对包含多因变量的数据建立模型并进行分析。其中心假设为观测到的数据是由少量潜在成分驱动的系统产生的，因此数据的选取对于该模型剖析的准确性具有至关重要的反映。

第二节　指标体系及样本的选择

一、预警指标体系

一般指标体系是综合采用财务指标、非财务数据和现金流量等因素或分别采用其中一种体系，并通过分析显著性检验来筛选相关的指标。

通过 ST 与非 ST 财务数据的对比发现两者主要的差别在现金流量的表现差异很大，因此将其作为分析的重点。此次采用的财务指标有盈利能力、偿债能力、营运能力和现金流量，具体的指标体系如下。

（1）净资产收益率＝净利润/平均净资。

（2）净利率＝净利润/销售收入。

（3）毛利率＝毛利润/销售收入。

（4）每股收益＝归属于普通股东的净利润/当期发行在外普通股的加权平均数。

（5）应收账款周转率＝赊销净额/平均应收账款余额。

（6）存货周转率＝营运成本/平均存货成本。

（7）流动资产周转率＝主营业务收入净额/平均流动资产总额。

（8）流动比率＝流动资产/流动负债。

（9）速动比率＝速动资产/流动负债。

（10）现金比率＝（货币资金＋交易性金融资产）/流动负债。

（11）利息支付倍数＝息税前利润/利息费用。

（12）股东权益比率＝股东权益总额/资产总额。

（13）资产负债率＝总负债/资产总额。

（14）经营现金净流量对销售收入比率＝经营活动现金净流量/销售收入。

（15）资产的经营现金流量回报率＝经营活动现金净流量/总资产。

（16）经营现金净流量与净利润的比率＝经营活动现金净流量/净利润。

（17）经营现金净流量对负债比率＝经营活动现金流量/总负债。

（18）现金流量比率＝经营活动现金流量/现金净流量总额。

二、样本选择

2014 年两会上，房地产行业依然是全国人大代表和政协委员热议的话题。房产税的征收比率、价格的涨跌、农村城镇化、中小产权等依然是民生关注的重点问题。房价关系到人民群众切身的利益，同时也是各级政府、房地产商和广大消费者之间相互博弈产生的平衡结果。个人购房作为一项投资活动计量，可见购房在个人消费支出中占有重大的比例，房地产市场的稳定对于改善国计民生和稳定消费市场具有举足轻重的地位。

因此通过新浪财经官方网站股票数据中心2012年的企业年报，本章选取132家房地产上市公司作为样本数据，其中包括18家ST公司和114家非ST公司，并将ST公司与非ST公司的财务数据分为两组做对比。

第三节 实证分析

一、Logistic回归模型实证分析过程

在做Logistic回归分析的时候，利用的是SPSS统计软件。因为和其他统计软件相比，SPSS具有利用Windows的窗口方法显示各种管理和分析数据的效能，使用对话框展现各种效能选择项的优势，而且它可以直接读取Excel和DBF数据软件，输出的结果清晰、直观，适合非专业统计人员使用。

在对数据分析之前，可以先利用SPSS软件进行数据的描述，来获得对数据的预处理。通过SPSS软件的描述功能，我们可以得到众多对象相关指标的最小值、最大值、总额、平均值和标准差（反映组内个体间的离散程度），具体分析如表3-1、表3-2所示。表3-1为ST公司财务数据分析，表3-2为非ST公司的财务数据分析。

表3-1 ST公司财务数据描述性统计

	N	Minimum	Maximum	Sum	Mean	Std. Deviation
净利率（%）	18	-121	30	-21	-1.18	37.120
毛利率（%）	18	20	62	704	39.11	13.363
净利润（百万元）	18	-127	438	2157	119.86	171.891
每股收益（元）	18	0	1	3	0.16	0.244
营业收入（百万元）	18	11	3554	15143	841.27	947.175

第三章 基于偏最小二乘 Logistic 方法的财务困境预警

续表

	N	Minimum	Maximum	Sum	Mean	Std. Deviation
每股主营业务收入（元）	18	0	3	24	1.35	1.086
存货周转率（次）	18	0	1	5	0.26	0.282
存货周转天数（天）	18	276	9114	47865	2659.17	2446.667
流动资产周转率（次）	18	0	1	5	0.26	0.168
流动资产周转天数（天）	18	587	7547	40869	2270.50	1847.253
流动比率（%）	18	1	16	47	2.62	3.347
速动比率（%）	18	0	13	20	1.12	2.956
现金比率（%）	18	1	486	907	50.41	112.257
利息支付倍数	18	-32271	3551	-24740	-1374.46	7977.432
股东权益比率（%）	18	-20	86	666	36.99	23.917
资产负债率（%）	18	14	120	1134	63.01	23.917
经营现金净流量对销售收入比率（%）	18	-4	1	-5	-0.29	1.154
资产的经营现金流量回报率（%）	18	0	0	0	0.01	0.158
经营现金净流量对负债比率（%）	18	-2	0	-1	-0.07	0.537
现金流量比率（%）	18	-205	44	-270	-15.00	64.702
Valid N（listwise）	18					

表 3-2　非 ST 公司财务数据描述性统计

	N	Minimum	Maximum	Sum	Mean	Std. Deviation
净资产收益率（%）	113	-6	41	1184	10.47	8.047
净利率（%）	113	-122	62	1383	12.24	17.269
毛利率（%）	113	-15	77	4186	37.04	14.463
净利润（百万元）	114	-97	12551	67286	590.23	1490.139
每股收益（元）	114	0	2	45	0.39	0.418
营业收入（百万元）	114	0	103116	531949	4666.22	12074.699
每股主营业务收入（元）	114	0	15	361	3.17	2.919
应收账款周转率（次）	107	1	25737	58036	542.40	2642.885

续表

	N	Minimum	Maximum	Sum	Mean	Std. Deviation
应收账款周转天数（天）	107	0	337	3751	35.05	63.084
存货周转率（次）	110	0	16	59	0.53	1.605
存货周转天数（天）	110	22	61017	275412	2503.75	6063.924
流动资产周转率（次）	114	0	1	39	0.34	0.224
流动资产周转天数（天）	113	287	36000	214837	1901.21	3716.462
流动比率（%）	114	0	28	249	2.18	2.531
速动比率（%）	114	0	21	92	0.81	1.939
现金比率（%）	114	0	2044	5881	51.59	191.323
利息支付倍数	114	-207165	72098	6995	61.36	22108.640
股东权益比率（%）	114	-340	93	3846	33.74	39.394
资产负债率（%）	114	7	440	7554	66.26	39.394
经营现金净流量对销售收入比率（%）	113	-5	2	-7	-0.06	0.657
资产的经营现金流量回报率（%）	114	0	0	0	0	0.083
经营现金净流量与净利润的比率（%）	111	-44	263	249	2.24	26.526
经营现金净流量对负债比率（%）	114	0	0	0	0	0.160
现金流量比率（%）	114	-82	51	-49	-0.43	20.519
Valid N (listwise)	103					

从以上数据可以看出一公司陷入困境时，财务状况会发生急剧的恶化，因此以财务指标为基数来预测其是否陷入财务困境是有迹可循的。所以，应该使用上文中提到的经验程式根据自变数的取值来预计因变数的结果，并找到对因变量影响较为明显的因子。

可以运用 SPSS 软件得到 Logistic 回归模型的处理过程和预测结果，分别如表3-3、表3-4所示。

表3-3 二元Logistic回归模型全局检验结果

		Chi-square 卡方	df	Sig.
Step 1	Step	76.584	1	0.000
	Block	76.584	1	0.000
	Model	76.584	1	0.000
Step 2	Step	5.650	1	0.017
	Block	82.234	2	0.000
	Model	82.234	2	0.000
Step 3	Step	8.453	1	0.004
	Block	90.687	3	0.000
	Model	90.687	3	0.000
Step 4[a]	Step	-0.818	1	0.366
	Block	89.869	2	0.000
	Model	89.869	2	0.000
Step 5	Step	5.924	1	0.015
	Block	95.794	3	0.000
	Model	95.794	3	0.000

表3-4 模型分类预测值

Observed			Predicted		
			Y		
			0（非ST）	1（ST）	Percentage Correct
Step 1	Y	0	103	11	90.4
		1	12	6	33.3
	Overall Percentage				82.6
a. The cut value is .500					

从上表可以得知利用二分类 Logistic 回归模型对数据预测的准确度是 82.6%，其中非 ST 公司的准确度是 90.4%，ST 公司的准确度为 33.3%，综合而言，利用 Logistic 回归得出的结果仍不够理想，存在较大差异。

二、偏最小二乘 Logistic 回归模型实证分析过程

根据上文对该模型的描述，可以将分析过程分为以下几个步骤：

（1）提取潜在因素：分别提取自变量和因变量组的第一对成分数据，并使之相关度最大。假设从两组变量分别提出第一对成分为 t_1 和 w_1，t_1 是自变量集 $X = (x_1, x_2, \cdots, x_k)^T$ 的线性矩阵，$t_1 = u_{11}x_1 + \cdots + u_{1k}x_k = u_1^T X$，$w_1$ 是自变量集 $Y = (y_1, y_2, \cdots, y_p)^T$ 的线性矩阵，$w_1 = v_{1i}y_1 + v_{12}y_2 + \cdots + v_{1p}y_p = v_1^T Y$。为了满足回归分析的需要，要求：

1）t_1 和 w_1 每组尽量提取其相应变量组的变异信息；

2）t_1 和 w_1 的相关度达到最大。

利用 R 软件读取数据，通过偏最小二乘分析建立模型可以得到模型效果分析。如图 3-2 可知，当取到 10 个因子的时候，均方根误差的差异基本趋于稳定，即代表其可以较好地代表所选取的 24 个指标。

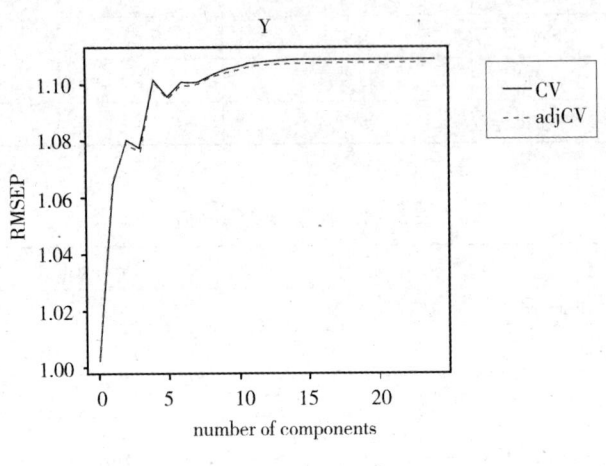

图 3-2 交叉检验

（2）评价模型的拟合度。从模型效果分析可以看出 24 个自变量中，自第 10 个自变量起对因变量的影响趋于稳定，得到模型的拟合程度。

表3-5 解释变量检测

	1comps	2comps	3comps	4comps	5comps	6comps	7comps	8comps
X	10.00	23.29	28.60	33.05	38.85	43.04	50.32	55.35
Y	12.40	17.20	19.93	21.13	21.40	21.54	21.57	21.59
	9comps	10comps	11comps	12comps	13comps	14comps	15comps	16comps
X	59.14	61.67	63.93	66.64	70.58	73.51	76.59	79.91
Y	21.61	21.61	21.61	21.61	21.61	21.61	21.61	21.61
	17comps	18comps	19 comps	20 comps	21comps	22 comps	23 comps	24 comps
X	83.93	85.82	89.29	91.26	93.14	95.37	97.44	100.00
Y	21.61	21.61	21.61	21.61	21.61	21.61	21.61	21.61

注：AIC 87.5956。

AIC 信息准则即 Akaike Information Criterion，是衡量统计模型拟合优良性的一种标准，从 AIC 87.5956 可以看出该模型的拟合度较好。

（3）提取因子。提取的 10 个因子为：① x_1，x_4，x_8，x_{20}；② x_3，x_{24}；③ x_{22}；④ x_{12}，x_{17}；⑤ x_{15}，x_{14}，x_{16}；⑥ x_2，x_{23}；⑦ x_5，x_{18}，x_7；⑧ x_9；⑨ x_{10}，x_{21}，x_{19}；⑩ x_{11}，x_6，x_{13}。

（4）检验结果。利用 R 软件对上市公司财务数据进行偏最小二乘 Logistic 回归分析，结果如表 3-6 所示。

表3-6 偏最小二乘 Logistic 回归检验结果

Observed			Predicted	
			Y	
			0	1
Step 1	Y	0	100	14
		1	3	15
	Overall Percentage			

从上述检验结果可以看出 ST 公司错判 3 个，错判率为 16.7%；非 ST 公司错判 14 个，错判率为 12.3%，综合正确率为 87.1%。通过对比我们发现用偏最小二乘 Logistic 回归分析模型对数据的预测能力较二分类 Logistic 回归

模型具有优越性，而且误差率为 12.9%，对上市公司的财务状况有较好的预测能力。

第四节 本章小结

针对上市公司财务数据带有高维性和高相关性的特征，Logistic 回归模型可以实现有效降维和消除共线性，但是它却没有衡量因变量和自变量之间的相关性，在提取主成分时可能导致与企业财务状况关系紧密的解释变量重要因素遗失。偏最小二乘 Logistic 回归分析模型具有较优的拟合度和较高的企业经营失败预测能力。偏最小二乘的核心假设是观测到的数据是由少量潜在成分（不是直接观察或测量到的变量）驱动的系统或进程产生的，因此其研究的关键点就是如何找到这些潜在成分，使其最大限度地代表原始数据，同时成分之间的协方差最大化。从本章研究可以看出，这里建立的 PLS 模型的拟合度为 87.5956%。

第四章 基于粗糙集与神经网络的财务困境预警

第一节 粗糙集与神经网络基本原理

一、粗糙集理论

粗糙集理论是一种处理模糊性和不确定性的数学方法,是由波兰科学家 Z. Pawlak 于 20 世纪 80 年代提出的一种研究不完整、不确定知识和数据的表达、学习、归纳的数据分析理论。运用该理论可以有效地处理和分析各种不精确、不完备、不确定的信息,从中发现隐含的知识,揭示潜在的规律、规则。

1. 知识的表达

定义 4-1 设 U 是对象组成的非空有限集合,称为一个论域,记为 U = $\{x_1, x_2, \cdots, x_n\}$。论域 U 的任何一个子集 $X \subseteq U$,称为论域 U 的一个概念或范畴。论域 U 中任何子集簇称为关于 U 的抽象知识,简称知识。

一个知识表达系统可被定义为:S = (U, C, D, V, f)。

其中,U 是对象的集合;C、D 是属性集合;V 是属性值的集合;f 是一个信息函数,它为 U 中每一个对象的每一个属性赋予一个信息值。

定义 4-2 给定一个论域 U 和 U 上的一簇等价关系 S,称二元组 K =

(U, S)是关于论域 U 的一个知识库或近似空间。

定义 4-3 给定一个论域 U 和 U 上的一簇等价关系 S，若 P⊆S，且 P≠∅，则 IP（P 中所有等价关系的交集）仍然是论域 U 上的一个等价关系，称为 P 上的不可分辨关系，记为 IND（P），也常简记为 P。

粗糙集理论是建立在分类机制的基础上的，研究的是不同类的对象组成的集合之间的关系。在粗糙集理论中，知识被认为是一种根据特征属性对现实中抽象的对象进行分类的能力，并将分类理解为在特定空间上的等价关系，而等价关系构成了对空间的划分。

定义 4-4 给定知识库 K=(U, S)，其中，U 为论域，S 表示论域 U 上的等价关系簇，则 $\forall X \subseteq U$ 和论域 U 上的一个等价关系 R∈IND（K），定义子集 X 关于知识 R 的下近似和上近似分别为：

$\underline{R}(X) = \{x \mid (\forall x \in U) \land ([x]_R \subseteq X)\} = \cup \{Y \mid (\forall Y \in U/R) \land (Y \subseteq X)\}$

$\overline{R}(X) = \{x \mid (\forall x \in U) \land ([x]_R \cap X \neq \emptyset)\} = \cup \{Y \mid (Y \in U/R) \land (Y \cap X \neq \emptyset)\}$

则 $pos_R(X) = \underline{R}(X)$ 称为 X 的 R 正域；$neg_R(X) = U - \overline{R}(X)$ 称为 X 的 R 负域；集合 $bn_R(X) = \overline{R}(X) - \underline{R}(X)$ 称为 X 的 R 边界域。

粗糙集理论用上、下近似来描述这种不确定关系。上、下近似分别对应了确定属于给定类的最大对象的集合和可能属于给定类的最小对象的集合。上、下近似的差为一个边界集合，包含了所有不能判定是否属于给定类的对象。

如图 4-1 所示，图中曲线部分表示一集合，划分整个区域的横竖线表示等价关系；区域中颜色最深的阴影部分表示集合的下近似，也是集合的正域；颜色最浅的阴影部分表示集合的负域；曲线穿过的区域为集合的边界；边界与下近似共同构成了集合的上近似。

2. 知识简化与指标评价

定义 4-5 给定一个知识库 K=(U, S)，$\forall P, Q \in IND(K)$，则知识 Q 依赖于知识 P 的程度即依赖度 $\gamma_P(Q) = k = \dfrac{|pos_P(Q)|}{|U|}$，简记为 $P \Rightarrow_k Q$，

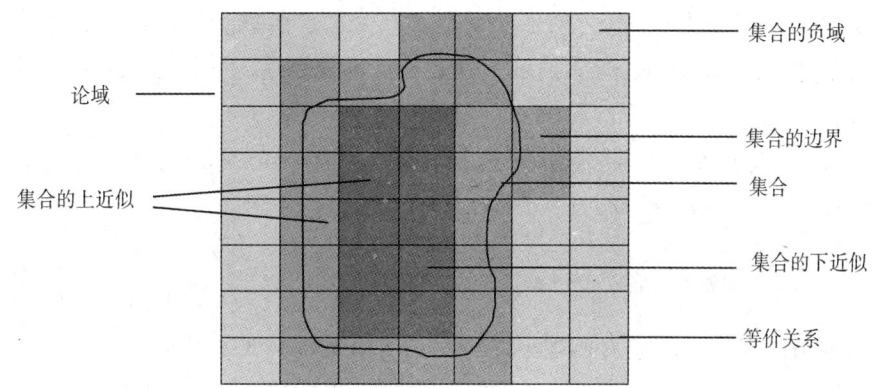

图 4-1 集合的上近似、下近似、边界域的示意图

其中，|*|表示集合的基数。

根据以上定义可知，当 $P\Rightarrow_k Q$ 时，则由 Q 导出的分类的正域覆盖了知识库中论域 U 的 k×100% 个元素。

在粗糙集理论中，知识约简是信息处理的核心内容之一。知识约简即在保持知识库的分类能力不变的条件下，删除其中不必要的知识。

定义 4-6 给定一个知识库 K = (U, S) 和知识库中的一个等价关系族 P⊆S，∀R∈P，若 IND (P) = IND (P - {R}) 成立，则称知识 R 为 P 中不必要的，否则称 R 为 P 中必要的。

如果对每一个 R∈P，R 都为 P 中必要的，则称 P 为独立的，否则称 P 是依赖的或不独立的。

定义 4-7 若给定一个知识库 K = (U, S) 和知识库上的一族等价关系 P⊆S，对任意的 G⊆P，若 G 满足以下条件，则称 G 为 P 的一个约简：

(1) G 是独立的；

(2) IND (G) = IND (P)。

P 中所有必要的知识组成的集合称为 P 的核，记为 CORE(P)。知识的核等于知识的所有约简的交集，因此核包含在知识的每一个约简之中，是约简的基础部分。在知识约简时不能被删除，否则将减弱知识的分类能力。

定义 4-8 设 DT = (U, C∪D, V, f)，其中，U 为论域，C、D 分别为条件属性集和决策属性集，C∪D 表示全体属性的集合，V 表示全体属性的值域，f 表示 U×C∪D→V 的一个映射，称为信息函数。将该知识表达系统中的论域 U、属性集 C∪D、值域 V 用表格的形式表达出来，可形成一张决策表。

定义 4-9 给定一个决策表 DT = (U, C∪D, V, f)，∀B⊆C，∀β∈C 以及 ∀α∈C-B，定义：

$$sig(\alpha,B;D) = \gamma_{IND(B\cup\{\alpha\})}(D) - \gamma_{IND(B)}(D) = \frac{|pos_{B\cup\{\alpha\}}(D)| - |pos_B(D)|}{|U|}$$

为条件属性 α 对条件属性集 B 相对于决策属性 D 的重要度；

$$sig(\beta,C;D) = \gamma_C(D) - \gamma_{C-\{\beta\}}(D) = \frac{|pos_C(D)| - |pos_{C-\{\beta\}}(D)|}{|U|}$$

为条件属性 β 对条件属性全集 C 相对于决策属性 D 的重要度；

$$sig(B, C; D) = \gamma_C(D) - \gamma_{C-B}(D) = \frac{|pos_C(D)| - |pos_{C-B}(D)|}{|U|}$$

为条件属性子集 B 对条件属性全集 C 相对于决策属性 D 的重要度。

其中，决策表中的属性重要度定义与下式是等价的：

$$sig(\alpha, B; D) = \gamma_B(D) - \gamma_{B-\{\alpha\}}(D)$$

二、神经网络基本原理

神经网络又称为人工神经网络（Artificial Neural Network，ANN），它融合了神经科学、思维科学、人工智能以及计算机科学等各领域的知识，形成一种平行分散处理模式，在不同程度和层次上模拟了人脑神经运作。

1. 神经网络原理及特点

神经网络由大量简单的基本元件——神经元相互连接而成，通过神经元之间连接的权值确定前后两个神经元的相关影响程度的高低，从而进行信息的处理和非线性转换。神经网络的基本工作原理是，通过训练样本的训练，使网络具有类似人脑的学习、记忆和识别能力，完成对各种信息的处理功能。人工神经网络最大的特点是，具有高度的自学习性、适应性、联想功能、并行运算能力和非线性转换能力。对于使用者而言，其内部的运算过程称为"黑箱"，大大降低了该工具的使用难度。并且，在样本数据缺失和参数有可能发生漂移的情况下，同样可以给出相对稳定的输出。

基于神经网络的构造理论使神经网络相对于其他一些方法具有无法比拟的优点：

（1）人工神经网络方法是一种稳健的、非参数的方法，其最大特点是具有非线性映射能力，学习经验的能力强，分类和识别精度高。

（2）神经网络采用分布式存储结构，容错能力强。由于人工神经网络其拓扑结构的复杂性，局部或部分的神经元损坏后并不会影响全局的活动，网络中少量单元的局部缺损不会造成网络的瘫痪，影响全局，反映了神经网络的鲁棒性。

（3）神经网络进行大规模并行处理，反映为同一层所有神经元同时进行计算，且每一神经元存储的信息也同时参与计算。

（4）神经网络具有在新环境下的泛化能力，即在经过一定数量带噪声样本训练之后，网络通过学习来抽取规则或记忆知识，提取样本隐含的关系并记忆，并对新情况下数据进行内插或外推。

（5）神经网络能不断接受新样本、新经验并不断调整模型，自适应能力强，具有动态特性。

按照斯坦福大学 D. E. Rumelhart 等人的观点，人工神经网络有 8 项构成要素：神经网络中神经元的个数、神经元的激活状态、单元的输出函数 $f(x)$、网络拓扑结构、传播规则 $f_{in}(x)$、激活规则 $F(x)$、学习规则与环境。其中，就不同网络而言，起决定作用的为网络拓扑结构与学习规则。

网络拓扑结构通常决定了所宜采用的学习规则，当然也决定了网络特性。目前常用的网络拓扑结构大致分为分层网络和互联网络两种。分层网络中最典型的结构为前馈网络，即最先接收输入向量的那一层（输入层），将之称为最后一层；其处理的结果输出传送到比它的位置较前的下一层，依次类推，直至数据达到"最前层"的输出层。这表现为信号的流程是前馈的，信息处理过程是前向表达的。互联网络中每一个节点都表示一个计算单元，同时接受外加输入和其他各个节点的反馈输入，每个节点也都直接向外部输出。

由于学习功能是神经网络最主要的特征之一，因此学习算法的研究在人工神经网络理论与实践发展过程中起着重要作用。各种算法都围绕一个核心展开：网络中权矩阵的调整过程。经过不断的反复计算调整，确定合理的权矩阵，最终形成稳定的神经网络模型。目前最常用的学习规则大致分为三类：

（1）有教师学习。利用训练样本数据，将网络"培养"成能以很高的概率实现输入向量空间到输出空间的期望映射，或者对输入状态适量，网络以很高的概率演化、稳定到一个期望的状态空间点上，将其称为完成了网络学习演化过程。

（2）无教师学习。网络的学习过程完全是根据环境提供的数据（序贯输入于网络输入端口的一个个特征向量）当中的某些统计规律来调节自身的参数或结构；实现和模仿的完全是生物的，尤其是人学习过程的"自组织性"。

（3）增强学习。模仿生物在"试探—评价"的环境中获得知识，改进行动方案以适应环境的特点。它能够具有向环境学习以增长知识的能力，而且这种学习是自动的。

总体来说，人工神经网络的信息处理功能是由网络输入层，输出层、网络的拓扑结构（神经元的连接方式）所决定的。神经网络是通过物理硬件或计算机软件来模拟生物体中神经网络的某些结构与功能。就其结构看，神经网络可以通过案例的学习，模拟生物的神经元结构及生物神经网络的运作，构造人工神经网络，同时吸取生物神经网络的部分优点。

人工神经网络的基本工作原理大致分为两步：第一步是通过训练样本的"训练"，"学会"对输入信号的处理，并给出正确"答案"，若"答案"的误差达到了可以接受的范围，则说明对人工神经网络的训练基本完成。第二步则是将新的信号输入人工神经网络，由输出层给出研究所期望的结果。

2. BP 神经网络概述

反向传播神经网络又称 BP 网络模型（Back Propagation Net），是指基于误差反向传播算法的多层前向神经网络。

如图 4-2 所示，标准的 BP 网络模型的拓扑结构为：最下层为输入层，中间层为隐含层，最上层为输出层。各层间神经元形成全互连接，各层次内的神经元没有连接。

BP 算法的学习过程是由正向传播和反向传播两个过程组成的。在正向传播过程中，输入信息从输入层经隐含层逐层处理，并传向输出层。每一层神经元的状态只影响下一层神经元的状态，如果在输出层不能得到期望输出，

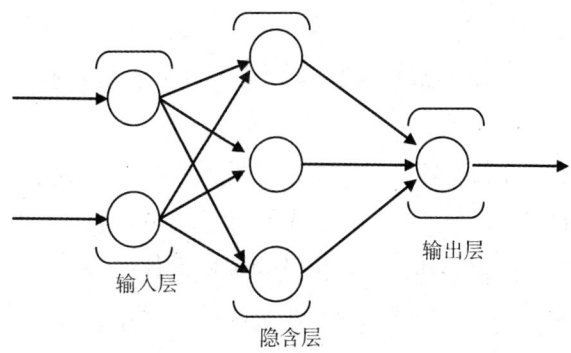

图4-2 BP人工神经网络拓扑结构模型

则转入反向传播,将误差信号沿原来的连接通路返回。

从理论上已经证明,从因变量(输出层输出结果)到自变量(输入层输入数据)的任意一种映射都可以由一个三层神经网络实现。由于在各种神经网络模型之中,BP网络模型具有较好的自学习、自联想功能,故而在本章的研究过程中采用BP算法来构造神经网络模型。

BP神经网络采用的是Delta算法(由儒哈莫特和麦克兰在1985年提出),该算法最大的特点便是对于多层结构的神经网络和高度非线性的模型具有较高的适应性。

关于网络拓扑设计,主要内容是网络中层的数目、各层的连接方式以及各层中节点的数量。一个三层的BP网可以以任意精度去逼近任意映射关系,而且经过实验发现,与一个隐含层相比,具备多个隐含层的网络训练并无助于提高准确率,三层的网络结构对于本章的分析而言比较合理,故本章采用三层BP神经网络进行研究。

对于BP网,输入层节点数目的确定相对简单,在因变量与自变量满足一定经济意义的框架下,可以采取适当的方法,对指标进行筛选,并确定每个样本的指标数目,即BP网中输入层节点数目。

在BP网中,隐含层节点数(神经元数目)的多少对网络整体性能具有较大影响,其最直接的体现是在对网络进行训练时,网络收敛的速度在一定程度上受此影响。当隐含层节点数过于充分时,会导致网络学习时间过长,甚至不能收敛;而当隐含层节点数不足时,会导致网络的容错能力差。经过大量的实验发现,隐含层节点数的选择较为复杂,而且至今在理论上并无统一的法则来确定隐含层节点的数量,因此只能根据一些经验法则,一般来说,可考虑的经验法则有:

(1) 隐含层节点数不能是各层中节点数最少的,也不是最多的;
(2) 较好的隐含层节点数是输入节点和输出节点数之和的50%~75%;
(3) 隐含层节点数的理论上限由其训练样本数据所限定。

对于三层网络,可以拟选取以下两个经验公式中适合的一个用来确定最佳的隐含层节点数。

$$L = \sqrt{I+O} + \alpha \qquad (4-1)$$

$$L = \log_2 I \qquad (4-2)$$

其中,I 为输入层节点数目,O 为输出层节点数目,α 为 1~10 的任意常数。本章在实证分析中根据实际情况选择采用式(4-1)来进行计算。采用以上方法构建神经网络模型后,通过误差反响传播调整各层网络单元的权系数,输入所有学习样本,重复进行学习过程,使输出误差限制在规定的范围内,此时权系数不再改变,则模型构建成功。

三、粗糙集理论与神经网络的结合应用

就方法本身的特性而言,粗糙集理论针对的是抽象、普遍的知识对象,神经网络则倾向于模拟具象思维,运用映射思想反映输入、输出关系。通过结合粗糙集理论与神经网络方法,可以将抽象与具象思维融合在一起,运用规范的定性、定量信息以及智能化的分析方法,进行知识系统处理。

在知识处理过程中,前期数据处理以及方法的选择是至关重要的两个过程。选择粗糙集理论与神经网络方法也正是基于它们各自的特点与相关研究的匹配性。粗糙集主要是根据对给定问题的已有知识,对实测数据进行分类处理以及论域划分,在保留关键数据信息的基础上对数据进行化简并求出知识约简,从而评估数据间的依赖关系,导出概念的分类规则。在运用粗糙集理论进行信息处理的过程中,通常仅需要提供待处理数据本身,而无须提供问题所需处理的数据之外的任何先验信息,因此运用粗糙集理论就更具客观性。粗糙集理论在内含信息处理方面的能力使之能够在大量数据中求取最小

不变集合与求解最小规则集。神经网络由于其具有强大的非线性系统处理能力，可以更好地提高识别精度和学习处理能力，从而克服统计学的局限。另外，对于任意足量样本，神经网络都可以实现任意空间非线性映射，其具有的超强容错能力和并行处理能力也就更能够适应大样本的财务研究需求。

当然，任何一种理论和方法都存在其自身的应用局限性。粗糙集理论在模糊信息的处理方面具有优势，但在财务分析的连续数据处理方面却受到一些限制。粗糙集在处理不确定信息时处理的数据通常为离散型，因此需要选择适当的方法对原样本进行数据离散化处理。另外，粗糙集处理数据抽取的信息全部来源于原始数据本身，并没有其他先验来源，因此所选取的样本数据要有一定的普遍性和代表性，否则当样本量不充足或不够全面时，得到的信息及指标评价将过于片面。同时，粗糙集理论的容错能力和推广能力也相对较弱。神经网络的黑箱原理从整体上来说较易于操作，但其结论解释能力相对较弱，而且神经网络的结论准确度随学习样本精确性的提高而提高，对定性数据的预处理要求也比较高。当样本量过大时，容易造成收敛速度过慢，训练时间增长。在输入节点以及隐含层数确定时，过高或过低的设定都会影响训练的精度和效率，从而降低网络的预测能力。

结合两种理论的优缺点，运用粗糙集理论进行数据预处理并采用神经网络进行黑箱模拟，可以更好地规避两者存在的不完善之处，并最大限度地发挥各自的优势。

运用粗糙集理论进行数据预处理，可以很好地利用该理论本身不依赖先验知识就能从数据本身提取相应特性的特点，通过知识约简，在保持分类能力不变的前提下剔除冗余信息，发挥粗糙集理论的信息处理优势，为后续方法提供更加客观、准确的数据来源。在这个精确处理的学习样本基础上，神经网络的数据输入复杂程度以及训练难度相应降低，预测准确性以及合理性会大大提高。基于以上论述，本章将整合粗糙集与神经网络方法，构建预警模型，整合方法如图4-3所示。

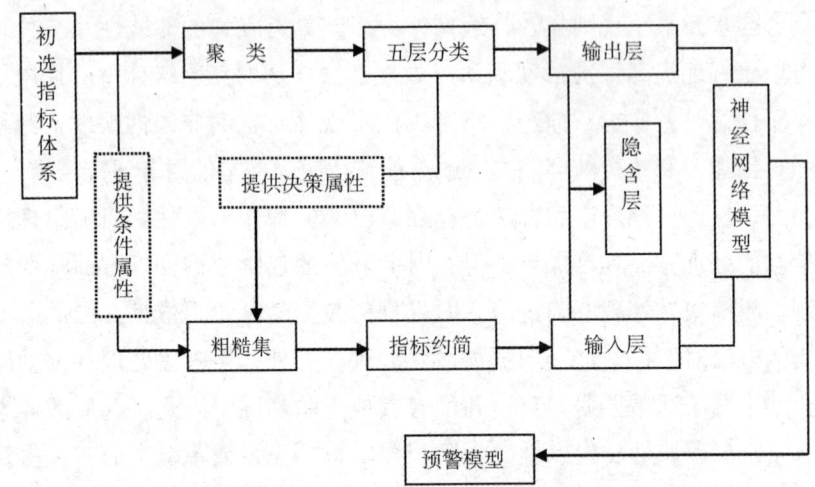

图 4-3 粗糙集与神经网络结合流程

第二节 指标体系及样本选择

根据前文的分析和综述,本章将对相关财务指标进行整理和筛选,运用粗糙集理论进行属性约简,并通过聚类分析规范输出分类,为运用神经网络建立预警模型提供精确的样本和具体的目标。在构建预警模型后,抽取样本进行检验,并得出相关结论。

一、样本数据的选择

关于上市公司财务运行状况最直接的数据来源即为上市公司披露的年报。年报数据因其公开透明、可用性强、统计全面,作为原始数据来源可以更全面地涵盖后续分析所需要的信息。因此本章使用来自年报披露的财务数据作为原始数据。根据在年报中筛选的指标数据进行后续处理,使研究更具现实意义,也更具有准确性和权威性。由于非财务指标具有不易量化的特性,为避免主观选择造成信息失真,本章仅选择财务指标构建指标体系。

在样本筛选过程中为避免行业样本数不足造成信息量不充分,以及不同行业运营模式、财务状况和市场规模等方面的不同对财务指标造成影响,选取沪市制造业的上市公司数据进行分析。另外,为提高样本整体的代表性和信息纯度,剔除同时发有 B 股和 H 股的公司数据。在样本公司的选择方面,本章根据粗糙集信息处理方面的特性,选择制造业全行业公司数据作为样本,打破了已有研究中健康公司与 ST 公司配比构成样本的方法,以避免信息不足造成的预测失真,从原始数据的选择开始保证预警体系的精确性。

在数据年份的选取方面,本章将根据我国上市公司发布年报的实际情况进行调整。通常情况下,T-1 年度的财务报告将在 T 年公布,因此本章选取制造业 2008 年的年报数据进行分析,并采用 2010 年的公司财务状况进行判断。

本章所采用的数据主要来自于锐思数据库以及上海证券交易所网站。应用 SPSS、ROSETTA、Matlab 等软件进行数据处理。

二、指标体系的建立

在相关财务分析理论以及前人研究成果的基础上,本章综合考虑了企业偿债能力、营运能力、获利能力、成长能力、获取现金能力等多方面的因素,如表 4-1 所示选取了 15 个财务指标作为初选指标体系进行分析。

表 4-1 初选财务指标体系

指标分类	指标名称	符号	计算公式
短期偿债能力	流动比率	X_1	流动资产/流动负债
	现金流量比率	X_2	经营活动现金流量/流动负债
	资产负债率	X_3	总负债/总资产
长期偿债能力	长期资产负债率	X_4	非流动资产/(非流动负债+股东权益)
	现金流量利息保障倍数	X_5	经营活动现金流量/利息费用
	现金流动负债比	X_6	经营活动现金净流量/流动负债
资产管理比率	存货周转率	X_7	销售成本/存货
	应收账款周转率	X_8	销售收入/应收账款
	总资产周转率	X_9	销售收入/总资产

续表

指标分类	指标名称	符号	计算公式
盈利能力比率	净资产收益率	X_{10}	利润/股东权益
	资产报酬率	X_{11}	税前净利/平均资产总额
	资产净利率	X_{12}	净利润/平均资产总额
成长能力比率	营业利润增长率	X_{13}	本年营业利润增长额/上年营业利润总额×100%
	营业收入增长率	X_{14}	本年营业收入增长额/上年营业收入总额×100%
	总资产增长率	X_{15}	本年总资产增长额/上年资产总额×100%

由于债务按到期时间分为短期债务和长期债务，所以偿债能力分析也分为短期偿债能力分析和长期偿债能力分析两部分。企业保持适当的偿债能力，具有重要意义。对于债权人来说，企业偿债能力不足可能导致他们无法及时、足额收回债券本息，因此他们希望企业具有尽可能强的偿债能力。因为偿债能力不足而导致的资不抵债通常是财务困境出现的原因和最直接表现。因此企业偿债能力的大小与财务状况及可能面临的风险息息相关。将偿债能力纳入财务困境预警的指标体系也充分考虑了企业在实际运营过程中所需要的流动性需求和偿债能力需求。

资产管理比率又称运营效率比率，是衡量企业资产管理效率的财务比率。其中，存货周转率是衡量和评价企业购入存货、投入生产、销售收回等环节管理效率的综合性指标。另外，在流动资产中，存货的流动性将直接影响企业流动比率。为了更好地评估存货管理业绩，在使用存货周转率时，应用销售成本作为分子，从而使分子分母保持口径一致。应收账款作为另一个衡量企业管理效率的指标则从资金使用效率方面考察了公司的整体运营，它表示公司从获得应收账款的权利到收回款项、变成现金需要的时间。总资产周转率则从总体角度反映了企业资产运营的效率，体现了企业在经营期间资产从投入到产出的流转，反映了企业全部资产的管理质量。

盈利能力是企业赚取利润的能力，也是企业多方利益相关人所关心的财务管理指标。本章在选取指标时，从资产和净资产的盈利能力方面进行了衡量，用净资产收益率、资产报酬率、资产净利率来代表企业赚取利润的能力。因为企业能否赚取利润直接关系到运营过程中是否有足够的利润来源以维系企业的稳定运行并收回投入，以及财务状况是否良好或是否有出现危机的风险，因此盈利能力指标是本章指标体系的重要组成部分。

成长能力比率可以衡量公司扩展经营的能力。结合前述几部分的能力指标，营业利润增长率、营业收入增长率以及总资产增长率等指标可以作为代表分析公司财务运行情况的成长能力。

因此，综合考虑了反映公司财务运行情况的各个方面，选取如上15个指标进行初步分析，力求通过初选指标体系涵盖充足的信息量，以便为后续的研究提供科学、合理的指标体系。

三、研究方法的组合设计

基于以上样本和指标体系，本章将根据各财务指标的实际意义和分布范围对原始数据进行离差标准化，并在此基础上进行离散化处理。对预处理数据运用层次聚类分析将制造业上市公司数据进行分类，生成4~6类聚类结果，并根据结果的精确性与合理性选取适量分类，以便形成多层次财务状况分类。

在以上聚类结果的基础上，由各财务指标形成条件属性集，各聚类结果形成决策属性集，整合形成制造业财务指标决策表。根据粗糙集理论对各财务指标的必要性进行判断，对此决策表进行属性约简，从而避免冗余属性降低数据处理效率。

属性约简后形成的新决策表中，条件属性个数将作为神经网络输入层节点数，决策属性分类个数作为输出层节点数，以此构建神经网络。运用神经网络的实证分析主要分为三个部分：模型的训练、模型的检测、模型反馈学习。模型的训练过程就是系统根据训练样本学习，不断调整各个权值，进而训练出分类模型；模型的检测属于系统应用环节，它利用第一步已经被训练的神经网络对检测样本进行分类评估；最后一步的反馈学习部分，系统将通过反馈学习来不断提高系统性能。

通过以上步骤，可以形成稳定的神经网络预警模型，从而对制造业上市公司的财务状况进行预警。整体系统框架如图4-4所示。

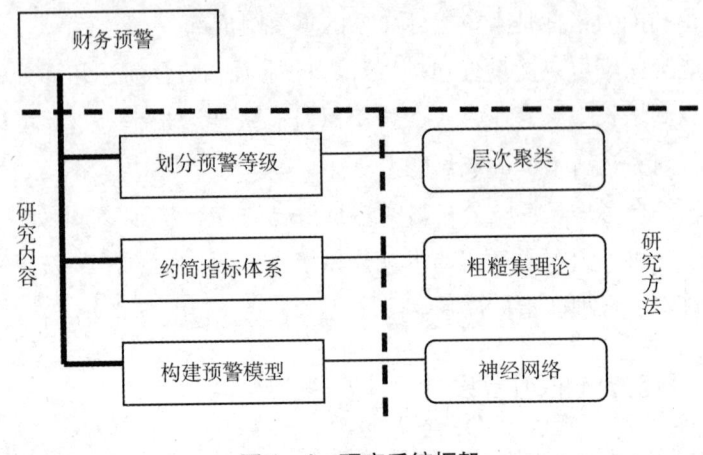

图 4-4 研究系统框架

第三节 实证分析

一、数据预处理

在多指标评价体系中,各评价指标的性质不同,通常具有不同的量纲和数量级。如果各指标间的水平相差很大,直接用原始指标值进行分析,就会造成数值较高的指标在综合分析中的影响较大,数值水平较低指标的作用则难以体现。因此,为了保证结果的可靠性,需要对原始指标数据进行标准化处理。

本章将采用离差标准化对财务指标数据进行处理。离差标准化是消除量纲影响和变异大小因素影响的最简单方法。经过离差标准化后,各种变量的观察值的数值范围都将在 [0,1] 区间内,并且经标准化后的数据都是没有单位的纯数量。

进行离差标准化,首先要对指标所属类型进行判断。指标的基本类型根据其变动对结果的影响方向分为收益型指标和成本型指标。简言之,收益型指标是指与结果呈正向变动关系的指标,而成本型指标则与结果呈反向变动关系。对于前述指标体系中的各个指标,现区分所属类型如表4-2所示。

表4-2　初始标准化指标类型

指标分类	指标名称	符号	指标类型
短期偿债能力	流动比率	X_1	收益型指标
	现金流量比率	X_2	收益型指标
	资产负债率	X_3	成本型指标
长期偿债能力	长期资产负债率	X_4	收益型指标
	现金流量利息保障倍数	X_5	收益型指标
	现金流动负债比	X_6	收益型指标
资产管理比率	存货周转率	X_7	收益型指标
	应收账款周转率	X_8	收益型指标
	总资产周转率	X_9	收益型指标
盈利能力比率	净资产收益率	X_{10}	收益型指标
	资产报酬率	X_{11}	收益型指标
	资产净利率	X_{12}	收益型指标
成长能力比率	营业利润增长率	X_{13}	收益型指标
	营业收入增长率	X_{14}	收益型指标
	总资产增长率	X_{15}	收益型指标

在衡量企业的偿债能力时,从财务预警的角度来看,资金越充分,无法偿还债务的可能性越低,企业陷入财务困境的可能性越低,财务预警的风险等级也越低。因此,在偿债能力指标体系中除资产负债率以外,其他指标均为收益型指标,资产负债率根据行业的不同,在一定区间范围内属于成本型指标。在资产管理比率、盈利能力比率以及成长能力比率体系中,各指标均在一定区间内呈现收益型指标特点。

因此,根据各指标的特点及行业整体特征,对各指标数据确定合理区间范围,超过此范围的数据则以边界值记,据此对以上样本公司的指标体系数据进行离差标准化处理。

根据数据类型不同,标准化过程中所采用的公式也不尽相同。对于成本型指标，其标准化公式为：

$$x_i^* = (x_{max} - x_i) / (x_{max} - x_{min})$$

而对于收益型指标，其标准化公式为：

$$x_i^* = (x_i - x_{min}) / (x_{max} - x_{min})$$

其中，x_i 表示某一指标下第 i 个原始数据，x_i^* 表示其标准化后的数据，x_{max} 表示该指标中的极大值，x_{min} 表示该指标中的极小值。

在对各财务指标数据进行标准化处理的过程中，由于各财务指标自身含义不同，相应的行业平均水平、极值水平均有所区别，因此本章根据相关研究经验及分析，分别确定各指标的极大、极小值，并进行标准化处理。由于篇幅所限，处理结果简略显示如表 4-3 所示。

表 4-3 部分标准化处理后指标体系

股票代码	X_1	X_2	X_3	X_4	X_5	X_6	X_7	…	X_{15}
600005	0.1839	0.2548	0.6046	0.1683	0.1826	0	0	…	0
600006	0.1990	0.1921	0.7611	0.6388	0.3801	0.7561	0	…	0.9313
600010	0	0	0.3367	0.5641	0	0	0	…	0
600019	0.2072	0.3044	1	0.3723	0.5080	0	0	…	0
600022	0.0311	0.0606	0	0.3109	0	0	0	…	0
600031	0.9789	1	1	0.9723	0.5578	1	0.8907	…	0
600038	0.2031	0.2038	0.0525	0.8387	0.4850	0	0	…	0
600055	0.4372	0.5528	1	0.7896	0.6895	0.6614	0.5893	…	0.8364
600059	0.1969	0.3678	0.2002	0.7791	0.6826	0	0	…	0
⋮	⋮	⋮	⋮	⋮	⋮	⋮	⋮	⋮	⋮

二、层次聚类分析

在以往的研究中，大多数文献将企业按是否被 ST 处理进行划分并做出预警判断。在这类研究中，一个较大的弊端在于将财务状况异常作为一个绝对突发性、时点性的事件处理，忽略了企业运行过程中财务状况的不断变化以及各方面因素的综合作用。而在实际情况下，企业陷入财务困境是一个逐步的过程。大多数财务困境企业是由财务状况正常到逐步恶化，最终导致财务困境或破产的,因此财务预警才成为可能。

基于这一理念,本章打破常规的 ST、非 ST 分类方法,运用层次聚类方法分析各指标特征,根据聚类结果确定合理的分类等级,运用多级渐变式分类来描述企业的财务状况,从而体现企业运行中出现的过渡阶段和状态,将简单的时点预测改为阶段预测,对于财务状况由好转差的阶段给予重点关注,将财务状况恶化或出现 ST 的阶段归为预警范畴,并通过分类确定轻警、重警等预警等级。

基于前述处理后指标体系,运用 SPSS 软件按公司代码进行层次聚类分析,结果如表 4-4 简略显示。

表 4-4 层次聚类分析结果

Case	6 Clusters	5 Clusters	4 Clusters	3 Clusters
1:600005	1	1	1	1
2:600006	2	2	2	2
3:600010	1	1	1	1
4:600019	3	3	1	1
5:600022	1	1	1	1
⋮	⋮	⋮	⋮	⋮
447:601989	2	2	2	2

对以上聚类结果进行显著性检验,分析各组间差异性的大小,从而判断合适的分类层次。根据分析报告显示,将样本公司分为五类较为合理,各组间差异显著,具有明显的层次性,其分析报告如表 4-5 所示。

表 4-5 聚类结果分析报告

			Sum of Squares	df	Mean Square	F	Sig.
X_1 * Ward Method	Between Groups	(Combined)	10.951	4	2.738	52.913	0.000
	Within Groups		22.869	442	0.052		
	Total		33.820	446			

续表

			Sum of Squares	df	Mean Square	F	Sig.
X_2 * Ward Method	Between Groups	(Combined)	18.370	4	4.592	76.077	0.000
	Within Groups		26.682	442	0.060		
	Total		45.052	446			
X_3 * Ward Method	Between Groups	(Combined)	34.276	4	8.569	96.280	0.000
	Within Groups		39.338	442	0.089		
	Total		73.614	446			
X_4 * Ward Method	Between Groups	(Combined)	3.282	4	0.821	13.376	0.000
	Within Groups		27.116	442	0.061		
	Total		30.399	446			
X_5 * Ward Method	Between Groups	(Combined)	11.905	4	2.976	27.697	0.000
	Within Groups		47.497	442	0.107		
	Total		59.403	446			
⋮	⋮	⋮	⋮	⋮	⋮	⋮	⋮

由以上聚类结果可以看出,五分类聚类结果通过显著性检验,聚类结果合理,能为后续研究提供精确的分类。

对于以上五类聚类结果,分析其各指标状况如表4-6所示。

表4-6 聚类均值情况

Ward Method		X_1	X_2	X_3	X_4	X_5	X_6	X_7	X_8	…
1	Mean	0.13805	0.17039	0.07840	0.47140	0.18272	0.02399	0.02143	0.11611	…
	N	94	94	94	94	94	94	94	94	…
2	Mean	0.21370	0.49218	0.15898	0.66778	0.58736	0.12064	0.78795	0.24680	…
	N	100	100	100	100	100	100	100	100	…
3	Mean	0.14048	0.25821	0.47065	0.59928	0.34887	0.04694	0.08880	0.22892	…
	N	98	98	98	98	98	98	98	98	…
4	Mean	0.58058	0.79114	0.93193	0.74135	0.64592	0.76906	0.60762	0.48269	…
	N	66	66	66	66	66	66	66	66	…
5	Mean	0.37111	0.31523	0.37271	0.60753	0.41819	0.78341	0.95685	0.54944	…
	N	89	89	89	89	89	89	89	89	…

根据表 4-6 平均值分布情况进行排序,可以将样本公司的财务状况分成一级、二级、三级、四级、五级分类,其中,一级代表财务状况良好,二级次之,依次类推,五级则代表财务状况危机,应予以关注。对以上五级分类,本章命名为健康、良好、中等、轻警、重警,其中轻警与重警状态下的企业财务状况应当引起重视,从中等到轻警的转变应予以关注。与以上五级相对应的,本章聚类分析的结果按健康到重警的排序为 4、5、2、3、1。

对以上聚类分析结果,本章采用样本公司 2010 年财务状况数据进行初步验证,制造业在 2010 年被 ST 处理的上市公司共有 23 家,其中有 10 家分布在重警等级中,8 家分布在轻警等级中,5 家分布在中等等级中,具体如表 4-7 所示。

总体来看,78.3% 的 ST 公司分布在财务状况出现异常的轻警、重警分类,21.7% 的 ST 公司分布在中等分类中。结合聚类 ANOVA 分析报告可以看出,此聚类结果较为合理,可以为后续的神经网络研究提供良好的目标依据。

表 4-7　2010 年被 ST 处理的上市公司分布情况

Case	29	50	70	131	133	172	206	213
等级	重警	中等	重警	重警	轻警	中等	中等	重警
Case	230	257	270	297	298	323	325	335
等级	轻警	重警	重警	重警	中等	轻警	轻警	轻警
Case	341	349	355	392	407	426	429	
等级	重警	重警	轻警	中等	轻警	轻警	重警	

三、粗糙集属性约简

经过标准化处理后,各财务指标数据均分布在 0~1,且消除了个别偏离均值较远的数值。据此,运用 ROSETTA 软件对各指标数据进行离散化处理,并加入聚类形成的财务状况决策属性,形成财务数据的决策表。其中,公司由代号表示,15 个指标数据构成条件属性集,财务状况为决策属性,由 0、1、2、3、4 依次代表重警、轻警、中等、良好、健康。处理结果简略表示为表 4-8。

表 4-8 离散化处理后决策

代号	X_1	X_2	X_3	X_4	X_5	X_6	X_7	…	X_{15}	D
1	0	2	2	0	2	0	1	…	2	0
2	0	2	1	2	2	2	0	…	2	2
3	0	2	1	2	2	0	2	…	1	0
4	0	1	1	2	2	0	0	…	0	1
5	0	1	1	2	2	0	2	…	0	0
6	0	1	1	1	1	0	0	…	0	4
7	0	1	1	1	0	0	2	…	0	0
8	1	1	0	1	1	0	1	…	1	4
9	0	1	1	0	1	0	0	…	0	0
⋮	⋮	⋮	⋮	⋮	⋮	⋮	⋮	⋮	⋮	⋮

根据粗糙集属性约简方法，运用 ROSETTA 软件对此决策表进行分析，察看各条件属性是否冗余。在分析过程中，首先以条件属性为基础求等价关系，形成关于条件属性的划分 U/C 以及对决策属性的划分 U/D，并针对每一属性求解相关划分 U/$\{X_i\}$ 以及 U/C - $\{X_i\}$，在这些划分的基础上，求各属性以及去除某属性后条件属性集的正域。例如，对于属性 X_1，

$|pos_C(D)| = 124$；

$|pos_{C-\{X_1\}}(D)| = 43$；

因此，$sig_{X_1}(D) = \dfrac{|pos_C(D)| - |pos_{C-\{X_1\}}(D)|}{|U|} = \dfrac{124-43}{447} = 0.1812$。

显然，如果某条件属性的正域与去除该属性后条件属性集的正域相同，则该属性的属性重要度为 0，该指标被约简。以此类推计算各属性重要度，并对属性重要度为 0 的条件属性进行约简，形成更加合理、精简的决策表。约简后决策表条件属性集由流动比率、资产负债率、现金流动负债比、存货周转率、应收账款周转率、净资产收益率、资产报酬率、营业利润增长率、营业收入增长率 9 个指标构成。

根据属性重要度公式及软件运行结果计算新指标体系各属性重要度，如表 4-9 所示。

表4-9 约简后指标体系

指标分类	指标名称	符号	属性重要度
短期偿债能力	流动比率	C_1	0.1812
	资产负债率	C_2	0.2528
长期偿债能力	现金流动负债比	C_3	0.2013
资产管理比率	存货周转率	C_4	0.2819
	应收账款周转率	C_5	0.1185
盈利能力比率	净资产收益率	C_6	0.2125
	资产报酬率	C_7	0.2125
成长能力	营业利润增长率	C_8	0.0246
	营业收入增长率	C_9	0.4698

在由各财务指标构成的信息表达系统中，去除属性重要度为0的各个指标后该信息表达系统的分类能力不变，删除冗余属性不影响该系统的信息表达能力。

在新的指标体系中，9个指标仍然涵盖了企业偿债能力、资产管理能力、盈利能力以及成长能力四个方面。精简后的财务数据能以较少的数量提供较多的信息量，因此可以作为神经网络输入层的数据来源，以确保构建神经网络所需的信息量充足、准确、精简，避免因输入数据维度过多而造成网络效率下降，同时也避免了盲目选择指标数据造成的信息失真或信息不充分，进而影响网络预警效果。

四、神经网络训练

基于以上数据预处理及分析，本章构建三层BP神经网络。输入层为接收外部数据的缓冲存储器，其输入节点数通常根据实际问题确定，在本章中即为前述粗糙集约简后形成的指标个数9。

输出层节点数通常由输出数据类型以及表示方法来确定。概括地讲由待分类模式来确定。对于待分类模式总数为m的问题，通常有两种方法确定输出层节点数：①节点数即待分类模式总数m，此时对应每一个对象待分类模式的输出有m位，其中某一节点输出为1，其余输出为0，则代表该对象位于相应位置的分类模式。②节点数为1，待分类模式总数为m，以基数表示相应分类模式,即输出值即为分类号。本章在研究过程中,选取方法①进行表示,则输出节点数为5。

在 BP 网络设计中,隐含层节点数的确定将直接影响神经网络的性能,节点数过多可能造成学习时间过长,或者误差不佳;节点数过少则有可能造成网络训练不充分或容错性差。由于具备多个隐含层的网络训练并无助于提高准确率,因此本章设置一个隐含层。隐含层的节点数根据式(4-1):$L = \sqrt{I+O} + \alpha$ 来确定。其中,$I = 9$,$O = 5$,$\alpha = 6.3$,求得构建网络的合理隐含层节点数 $L = 10$。

影响神经网络训练效率的另一个因素是传递函数。在本章中,输入层到隐含层的传递函数为双曲正切 S 型传递函数 tansig,隐含层到输出层的传递函数为对数 S 型传递函数 logsig,它将神经元的输入范围影射到 (0,1)。其中,对数 S 型传递函数形式为:$\text{logsig}(n) = \log \frac{1}{1+e^{-x}}$;正切 S 型传递函数形式为:$\text{tansig}(n) = \frac{1-e^{-2x}}{1+e^{-2x}}$。

因此在 Matlab 中设计网络的拓扑结构如图 4-5 所示。

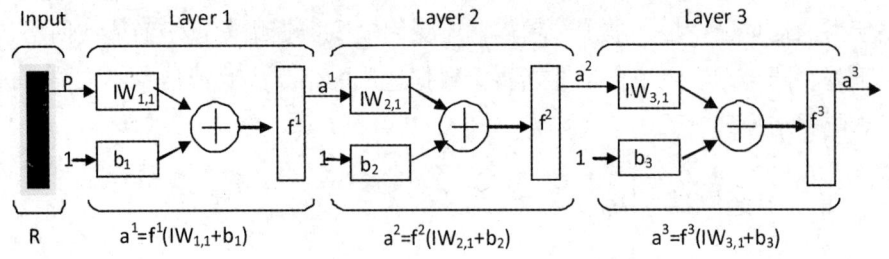

图 4-5 网络拓扑结构

本研究中的神经网络结构参数设置如表 4-10 所示。

表 4-10 主要参数设置

层数	节点数			训练次数	白噪声	衰减率
	输入层	隐含层	输出层			
3	9	10	5	200	0	0

为方便神经网络学习,抽取样本中第 1~300 家公司数据及所属分类,形成神经网络输入层学习样本输入向量矩阵 A,该矩阵简略表示如下:

$$A = \begin{bmatrix} 0.1839 & 0.1990 & 0 & \cdots & 0 \\ 0.2548 & 0.1921 & 0 & \cdots & 0 \\ 0.6046 & 0.7611 & 0.3367 & \cdots & 0.1592 \\ 0.1683 & 0.6388 & 0.5641 & \cdots & 0.1690 \\ 0.1826 & 0.3801 & 0 & \cdots & 0.2795 \\ 0 & 0.7561 & 0 & \cdots & 0 \\ 0 & 0 & 0 & \cdots & 0 \\ 0 & 0.3612 & 0 & \cdots & 0.3618 \\ 0 & 0.9313 & 0 & \cdots & 0.8920 \end{bmatrix}$$

对应的,学习样本预期值矩阵 B 简略表示如下:

$$B = \begin{bmatrix} 1 & 0 & 0 & \cdots & 0 \\ 0 & 1 & 0 & \cdots & 0 \\ 0 & 0 & 0 & \cdots & 1 \\ 0 & 0 & 0 & \cdots & 0 \\ 0 & 0 & 1 & \cdots & 0 \end{bmatrix}$$

其中,输入向量矩阵 A 中每行由 300 家公司数据组成,每列由 9 个指标标准化后的数值构成,从而避免未处理数据麻痹网络;预期值矩阵 B 每一列中 1 所在的行数代表该列公司所属的聚类分类数,如第一行代表第一类。

本章神经网络的训练和分析采用 Matlab7.1 软件实现,将训练样本数据依次输入神经网络的输入端,对网络进行训练,经过 189 次训练后达到一定的稳定状态,网络达到收敛,网络训练过程如图 4-6 所示。

学习样本训练值如下简略显示:

$$E = \begin{bmatrix} 1 & 1E-15 & 1 & 1.6E-11 & \cdots & 0 \\ 2.73E-13 & 1 & 0 & 0 & \cdots & 5.74E-12 \\ 0 & 8.1E-14 & 8.55E-09 & 1 & \cdots & 0 \\ 0 & 4.42E-10 & 0 & 6.4E-09 & \cdots & 1 \\ 0 & 0 & 0 & 0 & \cdots & 0 \end{bmatrix}$$

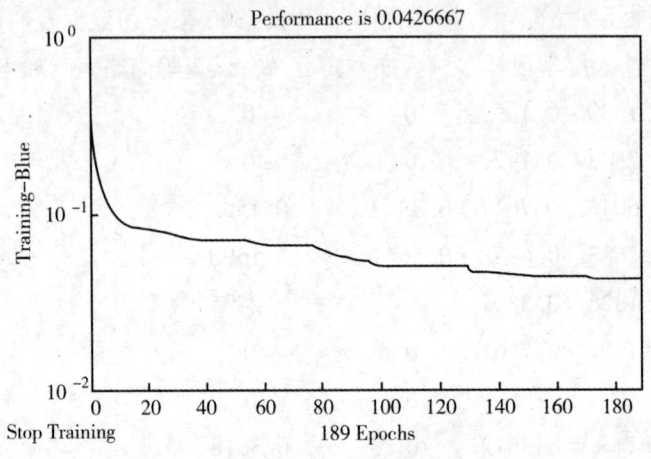

图 4-6 训练过程

经过训练,学习状况良好,在训练输出矩阵中,每一列上 1 所在的位置对应样本财务状况分类,输出矩阵中各元素值的拟合情况良好,阈值和权值确定以后,神经网络的映射规则提取完毕,预警模型确立。

以此网络模型进行检验样本分析,选取样本中第 301~447 家公司数据作为检验样本,形成检验样本输入向量矩阵 C 以及检验样本预期值矩阵 D,如下简略所示:

$$
C = \begin{bmatrix}
0.1392 & 0.3491 & 0.1062 & \cdots & 0.3900 \\
0.2466 & 0.3402 & 0.2724 & \cdots & 0.3660 \\
0.4001 & 0.6095 & 0.2449 & \cdots & 0 \\
0.4671 & 0.3244 & 0.7233 & \cdots & 1 \\
0.2354 & 0 & 0.6214 & \cdots & 0.4880 \\
0 & 0 & 0 & \cdots & 0.7794 \\
1 & 1 & 1 & \cdots & 0.2582 \\
0.5204 & 0 & 0.1063 & \cdots & 0.8376 \\
0 & 0.2855 & 0 & \cdots & 0
\end{bmatrix}
$$

$$D = \begin{bmatrix} 0 & 0 & 0 & 0 & \cdots & 0 \\ 0 & 0 & 0 & 0 & \cdots & 1 \\ 0 & 0 & 1 & 0 & \cdots & 0 \\ 0 & 0 & 0 & 0 & \cdots & 0 \\ 1 & 1 & 0 & 1 & \cdots & 0 \end{bmatrix}$$

将学习训练获得的权值矩阵和阈值矩阵用于对检验样本的仿真,可以对模型的精度和判别率进行检验。将以上检验样本输入到已经构建好的神经网络模型中,经过 Matlab 软件的处理,最终可以得到输出值矩阵 M:

$$M = \begin{bmatrix} 1.6E-14 & 1.7E-12 & 0 & 4.53E-12 & 1.4E-12 & \cdots & 6.3E-11 \\ 0 & 0 & 0 & 0 & 0 & \cdots & 0.0496 \\ 1.02E-09 & 2.89E-09 & 2.4E-14 & 1 & 2.7E-09 & \cdots & 0.6177 \\ 0 & 0 & 0 & 0 & 0 & \cdots & 5.97E-12 \\ 1 & 1 & 1 & 0 & 1 & \cdots & 0 \end{bmatrix}$$

对照检验样本预期值矩阵 D 得到公司分类判别比较,如表 4-11 简略所示。

表 4-11 结果对照

	实际个数	错判个数	正确率 (%)
健康	18	0	100
良好	29	1	96.6
中等	34	1	97.1
轻警	34	0	100
重警	32	0	100
合计	147	2	98.6

如表 4-11 所示,通过对采用 trainlm 方法构建的 BP 神经网络进行仿真,其综合判断正确率达到了 98.6%,判断正确 145 个,判断错误 2 个。其中,良好与中等各误判 1 个,总体预警情况良好,该网络设计有效,网络训练科学合理。应用此网络模型,可以对制造业上市公司进行财务预警,将目标公司的各项财务数据整合成输入向量,即可根据此网络输出相应判断结果。在

进行预警的过程中,根据模型输出结果,对于分类判断为轻警的公司应予以关注,在一段时间内其财务状况有进一步恶化的可能;对于分类判断为重警的公司应予以重点关注,公司面临严重的财务困境风险。

第四节 本章小结

本章通过运用粗糙集理论对指标进行属性约简,从源头控制了数据信息的精确性和信息含量的充分性,并且通过层次聚类分析为神经网络的设计提供合理的输出层节点数,打破传统的 ST、非 ST 分类方法,建立更加多层次的预警体系,并最终运用合理的网络拓扑结构进行神经网络分析,制定预警规则。通过研究发现:

(1) 层次聚类分析结果通过了显著性检验,为神经网络输出层提供了适量合理的节点数。在对聚类结果进行筛选和检验的过程中,通过 2010 年实际发生的 ST 处理情况初步验证了聚类的合理性,也为神经网络的拓扑结构设计提供了充分的选择说明。

(2) 运用粗糙集方法约简形成的指标体系在财务困境预警体系的建立方面具有较高的有效性。本章通过对粗糙集表征的属性重要度的深入研究,综合考察属性集中非冗余的条件属性,并运用这一方法对上市公司数据进行了实证分析,对财务困境预警系统各原始指标进行了合理约简。从分析结果可以看出,约简后指标体系从偿债能力、盈利能力、资产管理能力和成长能力等方面反映了对企业财务困境预警的作用。

(3) 神经网络较好地学习了样本数据,并形成了规范的预警体系。通过检验样本的运行对网络学习结果进一步做出规范和验证,并最终形成基于粗糙集和神经网络的预警体系。

由于受时间、篇幅等限制,本研究还有如下不足之处,在以后的研究中还有待补充和进一步阐述:

(1) 在应用粗糙集理论进行属性约简的过程中,采用的是较为传统的属性约简方法,而粗糙集理论涵盖的内容较多,对于其他方法进行属性约简得出的结果的准确性以及几种方法的对比有待进一步研究。

（2）在结合粗糙集与神经网络进行财务预警的研究中，指标体系涵盖了相关企业的财务指标，并对各指标依重要度进行了约简。在后续的研究中，可以考虑将企业相关的非财务指标纳入指标体系，并综合进行筛选，从而为完善管理、防控风险提供更为全面的信息。

第五章 基于决策树理论的财务困境预警

第一节 决策树模型原理

一、CHAID 决策树模型

Kass 于 20 世纪 80 年代提出 CHAID（Chisquare Automatic Interaetion Deteetion）决策树算法，又称卡方自动交叉检验决策树算法。CHAID 算法以目标最优为依据，适用于对分类和序次等级数据的分析，是一种具有聚类、目标选择和量筛选功能的分析方法。

CHAID 以训练样本为出发点，首先确定所需的分类目标变量；然后选取分类指标，并分别与分类目标变量进行交叉分类，生成一系列的二维频数表。对生成的二维表，分别计算它们的似然估计统计量或卡方统计量，以统计量最大的二维表作为最佳初始分类表。根据递归算法的思想，在最佳初始分类表上使用相同方法生成更小最佳分类表，重复上述过程直到满足分类停止条件为止。

假设令 y 为分类变量，即决策变量，文章中使用的是企业财务状况等级。同时假设 x_1, x_2, …, x_m 为 m 个解释变量，即各个财务指标。

CHAID 决策树具体算法步骤如下：

(1) 生成交叉分类表。对解释变量 x_k（$1 \leq k \leq m$），将其与 y 进行交叉分类，形成一个二维交叉分类表。同理，对所有的解释变量 x_k 均与 y 进行交叉分类，可以得到 m 个交叉分类表。

(2) 计算所有交叉分类表的极大似然估计值或卡方统计量。计算公式如下：

极大似然估计：$L^2 = 2 \times \sum_i \sum_j f_{ij} \ln \frac{f_{ij}}{\hat{F}_{ij}}$ (5-1)

卡方统计量：$\chi^2 = \sum_i \sum_j \frac{(f_{ij} - \hat{F}_{ij})^2}{\hat{F}_{ij}}$ (5-2)

其中，$f_{ij} = y_{ij}/n$，为第 k 个交叉分类表 x_k 的第 i 类 x 第 j 类 y 的实际分布频率，其中 y_{ij} 为第 i 类 x 第 j 类 y 的分布频数，n 为训练样本总数。$y._j$ 和 $y_i.$ 分别表示二维交叉分类表第 i 行元素总和与第 j 列元素总和。$\hat{F}_{ij}$ 为与 f_{ij} 对应的估计值，其中，$\hat{F}_{ij} = (y_i./n) \times (y._j/n)$。

(3) 确定分类变量。计算并比较 m 个交叉分类表 χ^2 或 L^2 相伴概率 P 值的大小。目标变量 y 的变量类型不同，P 值的计算方法也不同。如果目标变量 y 是定类变量，则构成一个以 y 类别作为行和 x 类别作为列的二维交叉分类表，用似然估计统计量进行检验或者 χ^2 统计量检验；如果 y 是离散型变量或定序变量，使用似然估计统计量检验；如果目标变量 y 是连续型变量，则使用 F 检验。

本章以公司财务状况等级作为目标变量，属于离散型变量。

假如解释变量 x_k 与目标变量 y 的 P 值最大，则以 x_k 为最佳交互分类变量进行生长，即在所有的解释变量里 x_k 与 y 的交叉分类最能体现 y 的分布差异，以 x_k 与 y 的交叉分类表作为最佳初始分类表。

(4) 确定分类方向。确定了最佳初始分类表之后，对已分好的最优二维表，排除已经使用的解释变量，继续用其他解释变量对 y 进行交叉分类形成三维交叉表。重复步骤 (1) ~ (3)，便可以生成一棵决策树，就得到分阶段多维交互表，并找到针对 y 的最优分类，形成一系列分类规则。

(5) 确定分类停止条件。决策树一般用以下 3 种方法确定停止分类的条件：第一，预先设定显著性水平 α，如果 χ^2 或 L^2 统计量相伴概率 P < α，则停止分类；第二，设置结点最小样本数，如果交叉分类表中的样本数小于给

定的最小值,则停止分类;第三,设置树的深度,从而限制树的高度,如果决策树的高度超过给定的最大值,则停止生长。

CHAID 算法使用统计量作为分类的标准同时结合了决策树的思想,它既有浓厚的统计学色彩又具有机器学习的特点。选取训练样本,通过对训练样本进行训练,得到一棵决策树,根据决策树提取一系列分类规则。这些规则可以对训练样本之外的数据进行分类,文章将上市公司财务状况类别作为目标变量,使用 CHAID 决策树方法对公司财务状况进行预警。

二、基于变精度加权平均粗糙度建立决策树模型

我们选取测试属性的目的是使所选条件属性包含的确定性因素更多,而条件属性的变精度加权平均粗糙度越小,则相应的其包含的确定性因素就越多,因此,我们将变精度加权平均粗糙度选为测试属性。相关定义如下:

定义 5 - 1 加权平均粗糙度:

$$\gamma_{R_i} = 1 - \sum_{j=1}^{m} \omega_j \mu_{R_i}(X_j) \tag{5-3}$$

其中,$\mu_{R_i}(X_j) = |\underline{R_i}X_j| / |\overline{R_i}X_j|$,$\omega_j = |X_j| / |U|$,$R_i$ 表示第 i 个条件属性,m 是决策属性等价类的个数,j 表示决策属性的第 j 个等价类,U 表示论域,X_j 表示决策属性的第 j 个等价类集合。

定义 5 - 2 变精度加权平均粗糙度:

$$\gamma_{R_i}^{\beta} = 1 - \sum_{j=1}^{m} \omega_j \mu_{R_i}^{\beta}(X_j) \tag{5-4}$$

其中,$\mu_{R_i}^{\beta}(X_j) = |\underline{R_i^{\beta}}X_j| / |\overline{R_i^{\beta}}X_j|$,β 为分类误差,它的取值范围是 [0, 0.5],$\omega_j = |X_j| / |U|$,R_i 表示第 i 个条件属性,j 表示决策属性的第 j 个等价类,X_j 表示决策属性第 j 个等价类的集合,m 是决策属性等价类的个数。

$\underline{R_i^{\beta}}X_j$ 称为 X_j 的 β 下近似,$\overline{R_i^{\beta}}X_j$ 称为 X_j 的 β 上近似。R_{ip} 表示第 i 个条件属性的第 p 个等价类,$r_{ip,n} \in R_{ip}$,则有:

$$\underline{R_i^{\beta}}X_j = \bigcup_{p=1} \{r_{ip,n} \in R_{ip} \| X_j \cap R_{ip} | / | R_{ip} | \geq 1 - \beta\} \tag{5-5}$$

$$\overline{R_i^{\beta}}X_j = \bigcup_{p=1} \{r_{ip,n} \in R_{ip} \| X_j \cap R_{ip} | / | R_{ip} | \geq \beta\} \tag{5-6}$$

现实财务数据中不可避免地存在很多噪声数据,使用变精度近似精度可

以克服噪声数据对精确性的影响,在一定程度上消除噪声数据对刻画精度的影响。

$\gamma_{R_i}^{\beta}$ 的取值范围是 [0,1],它越小则反映第 i 个属性包含的近似确定性越大。于是,在决策树生长过程中,每次选择值最小的属性作为分支结点。

第二节 指标体系及样本选择

一、数据选取

根据不同的研究需要,样本选取的方法及原则也不尽相同。但一般而言,数据样本的选取有以下原则:

(1) 有针对性地选择样本行业进行预警研究。行业不同的上市公司,其财务结构及财务流程可能存在差异,如果不加区分地选取全行业数据建立预警模型,将难以识别各个行业的上市公司财务状况,所得到的结果也不尽合理。

(2) 计价方式与会计准则相一致。由于 A 股、B 股和 H 股在会计准则的规定、计价方式等方面存在差异,应分别根据它们的数据特点使用不同的方法建立相应预警模型进行研究,本章主要针对 A 股上市公司财务困境进行研究。

(3) 样本有效性原则。应保证所选取的样本数据的准确和完整;同时,在选取样本的时候要考虑获取样本可行性,剔除难以获得数据的样本,并删除数据指标缺失过多的样本;为保证所选样本数据的准确性,还要将一些有明显错误的数据样本剔除掉。

(4) 使用合理的抽样方法。根据研究需要,可以采用全抽样、分层抽样或简单随机抽样等方法在所有样本中抽取训练样本进行研究,各个抽样方法优缺点不同。

全抽样的方法能保留完整的数据信息,无数据丢失,这样建立的模型比较真实全面,是对现实状况的全面反映;但同时样本数据中可能包含一些数据极度异常的值,这些异常样本的存在会破坏模型的预警有效性,降低预警精度，而且全抽样可能会使得样本数据复杂冗余，建立预警模型的难度加大。

分层抽样或简单随机抽样方法可以根据研究需要，按照某些方式抽取有代表性的样本做研究，这样可以剔除异常数据的影响，也节约建模成本；但是它也存在不足，采用部分抽样的方式所抽取的样本并不能全面地反映总体状况，使用抽样样本来代表总体样本会有一定的误差，这样可能会影响预警模型的有效性。

由于不同行业财务数据可比性不明显，具有明显差异性，鉴于此，本章选取同行业数据作为研究样本，同时对样本异常值进行了剔除。制造业数据总体来说稳定性较好，异常值较少。因此，本章选用沪深两市制造业上市公司的财务数据为样本，同时剔除中小板A股股票70只、创业板14只、B股7只，数据不全的股票60只（含），最后得到沪深两市C4行业2009年A股主板85只股票的财务数据，即本章的样本数据为85家制造业上市公司2009年的财务数据。

二、原始指标体系构建

企业财务状况出现异常时，可能会对其营运能力、现金流量等方面产生影响。例如，当企业陷入财务困境时，可能出现流动性不足、偿债能力下降、资金周转困难、盈利能力降低等情况。当然，流动性降低、资产周转不灵、盈利能力下降可能也是导致企业陷入财务困境的原因。为了研究企业财务指标与财务困境之间的关系，本章选取影响公司财务状况的六方面共计33个指标对企业财务状况进行评价。这六个方面分别是：营运能力、现金流量、资本结构、偿债能力、成长能力和盈利能力，如表5-1所示。

表5-1 原始指标体系

一级指标	二级指标	指标编号
营运能力指标	存货周转率	X_1
	应收账款周转率	X_2
	流动资产周转率	X_3
	固定资产周转率	X_4
	总资产周转率	X_5

续表

一级指标	二级指标	指标编号
现金流量指标	销售商品劳务收入现金/营业收入	X_6
	销售现金比率	X_7
资本结构指标	资产负债率	X_8
	长期负债/股东权益	X_9
偿债能力指标	流动比率	X_{10}
	速动比率	X_{11}
	产权比例	X_{12}
	经营净现金流量/带息债务	X_{13}
	利息保障倍数	X_{14}
	现金流动负债比	X_{15}
成长能力指标	每股收益增长率	X_{16}
	营业收入增长率	X_{17}
	利润总额增长率	X_{18}
	经营活动现金流量净额增长率	X_{19}
	股东权益相对年初增长	X_{20}
盈利能力指标	净资产收益率	X_{21}
	资产报酬率	X_{22}
	资产净利率	X_{23}
	销售净利率	X_{24}
	销售毛利率	X_{25}
	销售成本率	X_{26}
	销售期间费用率	X_{27}
	净利润/营业总收入	X_{28}
	销售费用率	X_{29}
	管理费用率	X_{30}
	财务费用率	X_{31}
	息税前利润	X_{32}
	营业利润率	X_{33}

三、变精度加权平均粗糙度预警技术路线

决策树的基本算法是贪心算法,采用自顶向下的递归方式构造决策树。也就是说,决策树每次生长过程都是使用相同的标准来确定测试属性。

构造决策树过程,测试属性用来确定树的非叶子节点,树的每一次生长都要确定一个测试属性,所以说测试属性的选择至关重要,直接影响分类的质量。树的生长过程中,把变精度加权平均粗糙度作为决策树测试属性选择的标准,每次选择变精度加权平均粗糙度最小的属性作为树的测试结点。

决策树自顶向下生长,每次生长都选择变精度加权平均粗糙度值最小的属性作为树的测试属性。输入决策表和分类误差 β,即可输出一棵决策树。

算法步骤如下:

步骤1:根据输入的决策表计算每一个条件属性的变精度加权平均粗糙度,并比较它们的大小;

步骤2:选择变精度加权平均粗糙度最小的属性 ψ 作为决策树测试的属性;

步骤3:用选择的属性 ψ 去划分训练集,相应地该属性的每一个取值产生一个分支(子表),这样训练集被划分为若干小的决策表;

步骤4:若子表中属于某一类别实例个数占表中总实例个数大于等于 $(1-\beta)$ 或表中没有可选的属性,则以该子表中占多数的实例类别标识该节点,并作为叶子节点;否则,将子表中的条件属性去掉已选划分属性 ψ,重复以上步骤;

步骤5:返回。

算法步骤比较简单,决策树使用递归算法,对训练集划分,可以得到一个局部最优解。根据分类的结果可以形成一系列规则,根据这些规则可以对公司财务状况进行评价,进而对公司财务进行预警。

树的生长过程如下:

树的生成过程运用粗糙集中的变精度加权平均粗糙度作为选择测试属性的方法,每次选择变精度加权平均粗糙度值最小的属性作为分支结点。这种

方法复杂性较低,并能有效提高分类效果,应用到财务领域,对财务预警效果较好。

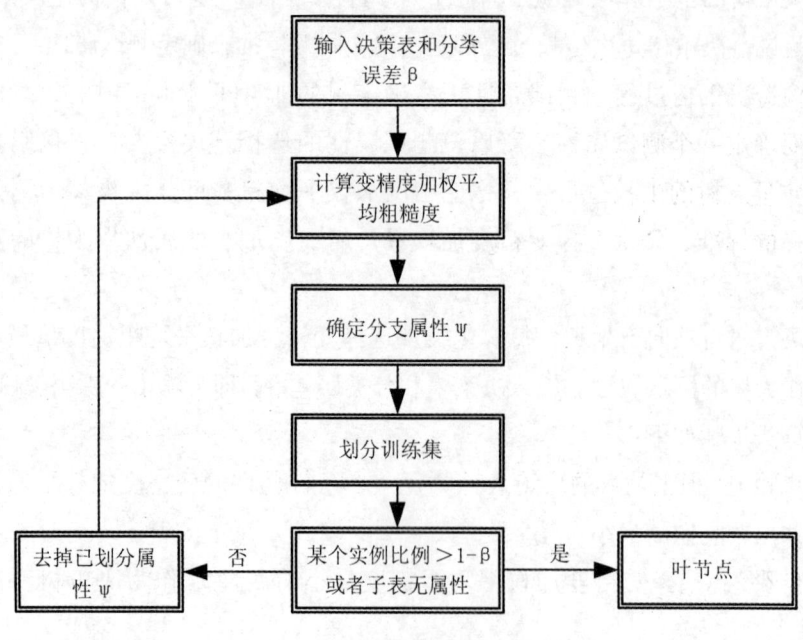

图5-1 决策树生长过程

第三节 实证分析

一、数据标准化

聚类分析及建树的要求需要对各个原始数据进行相互比较运算,而各个原始数据往往由于量纲不同而影响这种比较和运算。因此,需要对原始数据进行必要的变换处理,以消除量纲不同造成的影响,即对数据进行标准化处理。数据的标准化是将数据按比例缩放,使之落入一个小的特定区间。标准化可以去除数据的单位限制,将其转化为无量纲的纯数值,便于不同单位或量级的指标能够进行比较和加权。常用的标准化方法有 0-1 标准化和 Z-score 标准化。

0-1 标准化也叫离差标准化,是对原始数据的线性变换,使结果落到 [0,1] 区间内。本章选择 0-1 标准化方法,算法描述如下:

对于一个正向指标 X_i,假定当它取值大于或者等于 α 时为最佳,此时,把它所有取值等于或者大于 α 的值标准化后取值为 1;同理,假定当 X_i 的取值小于或者等于 β 时为最差,标准化后取值为 0;取值为区间 (β, α) 的数据 δ,标准化之后为:

$$x^* = \frac{\delta - \beta}{\alpha - \beta} \quad (5-7)$$

将选取的 85 家上市公司的财务数据运用上述方法进行标准化。

二、指标约简

由于财务指标之间会有较强的相关性,同时考虑到各个指标对公司财务状况影响程度不同,本章基于聚类和粗糙集中指标重要度来对指标约简,以消除指标间共线性并选取对财务状况影响较显著的财务指标,构建决策树的指标体系。

1. 指标聚类

系统聚类也称为层次聚类,是聚类分析中广泛应用的一种方法。聚类分析是建立在某种优化意义下,对样品或指标(变量)之间存在的相似性进行比较,将"相近似"的对象或者指标归并成一类的方法。聚类分析主要分为两个步骤:

(1) 计算聚类统计量。聚类统计量是根据标准化变换以后的数据计算得到的。它用来表明各样品或变量间的关系相似或者近似程度。常用的统计量有距离和相似系数两大类。比较常用的距离公式有马氏距离、绝对值距离、欧式距离、明科夫斯基距离等。本章使用欧式距离计算聚类统计量。

欧式距离计算方法如下:

假设每个样品有 p 个指标,用 y_{ij} 表示第 i 个样品的第 j 个指标,d_{ij} 表示第

i 个样品与第 j 个样品之间的距离,欧式距离可表示为:

$$d_{ij} = \left[\sum_{k=1}^{p}(y_{ik} - y_{jk})^2\right]^{1/2} \tag{5-8}$$

(2) 选择合适的聚类方法。选择合适的聚类方法,将关系近似的样品或者变量聚为一类,关系不近似的加以区分。聚类方法的选择至关重要。常用的聚类方法有最短距离法、最长距离法、重心法、离差平方和法等。本章使用离差平方和法,即 Ward 法。Ward 法的思想来源于方差分析,如果分类正确,同类样品的离差平方和应当最小,类与类之间的离差平方和应当最大。

假设将 n 个样品分成 k 类 $G_1, \cdots, G_k$,用 x_{it} 表示类 G_t 中的第 i 个样品(x_{it} 是 p 维向量),n_t 表示 G_t 中样品个数,$\bar{x}_t$ 是类 G_t 的重心,则在类 G_t 中的样品离差平方和是:

$$S_t = \sum_{i=1}^{n_t}(x_{it} - \bar{x}_t)'(x_{it} - \bar{x}_t) \tag{5-9}$$

整个类内平方和是:

$$S = \sum_{t=1}^{k}\sum_{i=1}^{n_t}(x_{it} - \bar{x}_t)'(x_{it} - \bar{x}_t) = \sum_{t=1}^{k}S_t \tag{5-10}$$

当 k 固定时,要选择使 S 达到最小的分类。Ward 法就是找局部最优解的一个方法。其思想是先将 n 个样品各自成一类,然后每次缩小一类,每缩小一类离差平方和就要增大,选择使 S 增加最小的两类合并,直到所有的样品归为要求的类的个数为止。

本章从消除指标的共线性角度出发,使用系统聚类方法对 33 个财务指标进行聚类。指标聚类可以把相关性较强的指标聚为一类,如果分类较少,比如两类或三类,那么指标聚类没有多大意义。本章综合考虑指标之间相关性和指标经济含义,运用系统聚类的方法把所选指标聚为 9 类。

分别根据这 9 类指标把所选 85 家企业聚类分析,得到最优的分类数,就会有 9 种不同的聚类结果,根据每一种聚类结果各数据表现情况分别确定每个企业的财务状况,依此来计算每一类中每个指标的重要度。把 33 个原始指标分为 9 类,分别为:

$Y_1 = \{X_2, X_4, X_{19}\}$,$Y_2 = \{X_{10}, X_{11}\}$,$Y_3 = \{X_{14}, X_{16}, X_{17}, X_{18}, X_{25}\}$,$Y_4 = \{X_1, X_3, X_5, X_{13}, X_{15}\}$,$Y_5 = \{X_{27}, X_{30}\}$,$Y_6 = \{X_6\}$,$Y_7 = \{X_7, X_9, X_{29}, X_{31}\}$,$Y_8 = \{X_8, X_{12}\}$,$Y_9 = \{X_{20}, X_{21}, X_{22}, X_{23},$

X_{24}, X_{26}, X_{28}, X_{32}, X_{33}}。

结合指标的经济意义来看，{X_2, X_4, X_{19}} 代表 {应收账款周转率，固定资产周转率，经营活动现金流量净额增长率}，主要反映的是营运能力；{X_{10}, X_{11}} 代表 {流动比率，速动比率}，是对偿债能力说明性强的指标。显然，将 {X_2, X_4, X_{10}, X_{11}, X_{19}} 划分为两类是合理的。{X_7, X_9, X_{29}, X_{31}} 代表 {销售现金比率，长期负债/股东权益，销售费用率，财务费用率}，主要是反映销售收入结构的指标，而 {X_8, X_{12}} 代表 {资产负债率，产权比率}，反映的是企业资本结构，从二者的计算过程来看，将它们聚在一起，并与其他指标分开比较合理。

2. 计算指标重要度并进行指标约简

指标重要度，一般来说，不同的条件属性（解释变量）对决策属性（目标变量）重要性不同。为了确定每个条件属性对于决策属性的重要性，粗糙集中常用的一种方法是将该属性从决策表中删除，然后考察没有这个属性的情况下决策表分类的变化情况。

定义 5-3 重要度：给定一个决策表 DT = （U，C∪D，V，f），∀B⊆C，∀β∈C 以及 ∀α∈C-B，定义：

$$\text{sig}(\alpha, B; D) = \gamma_{\text{IND}(B \cup \{\alpha\})}(D) - \gamma_{\text{IND}(B)}(D) = \frac{|\text{pos}_{B \cup \{\alpha\}}(D)| - |\text{pos}_B(D)|}{|U|}$$

(5-11)

为条件属性 α 对条件属性集 B 相对于决策属性 D 的重要度；其中，U 表示一个论域，C 为条件属性，D 为决策属性，V 表属性集的值域，f 为一个信息函数，表任一对象的属性在 V 上的取值。

$$\text{sig}(\beta, C; D) = \gamma_C(D) - \gamma_{C-\{\beta\}}(D) = \frac{|\text{pos}_C(D)| - |\text{pos}_{C-\{\beta\}}(D)|}{|U|}$$

(5-12)

为条件属性 β 对条件属性全集 C 相对于决策属性 D 的重要度；

$$\text{sig}(B, C; D) = \gamma_C(D) - \gamma_{C-B}(D) = \frac{|\text{pos}_C(D)| - |\text{pos}_{C-B}(D)|}{|U|}$$

(5-13)

为条件属性子集 B 对条件属性全集 C 相对于决策属性 D 的重要度。

其中，决策表中的属性重要度定义与式（5-14）是等价的：

$$\text{sig}(\alpha, B; D) = \gamma_B(D) - \gamma_{B-\{\alpha\}}(D) \tag{5-14}$$

根据重要度的计算公式，分别计算聚类结果中的每一类财务指标的重要度，并分别将每一组指标重要度进行排序，结果如表 5-2 所示。

表 5-2　指标重要度

聚类结果	粗糙集对指标重要度排序	所选指标
$\{X_2, X_4, X_{19}\}$	$X_2(0.506) > X_4(0.341) > X_{19}(0.224)$	X_2
$\{X_{10}, X_{11}\}$	$X_{10}(0.012) > X_{11}(0.011)$	X_{10}
$\{X_{14}, X_{16}, X_{17}, X_{18}, X_{25}\}$	$X_{17}(0.224) > X_{25}(0.176) > X_{14}(0.082) > X_{18}(0.023) > X_{16}(0)$	X_{17}
$\{X_1, X_3, X_5, X_{13}, X_{15}\}$	$X_3(0.224) > X_5(0.223) > X_1(0.2) > X_{15}(0.071) > X_{13}(0.059)$	X_3
$\{X_{27}, X_{30}\}$	$X_{27}(0.329) = X_{30}(0.329)$	X_{27}
$\{X_6\}$	—	X_6
$\{X_7, X_9, X_{29}, X_{31}\}$	$X_9(0.318) > X_{31}(0.271) > X_{29}(0.247) > X_7(0.129)$	X_9
$\{X_8, X_{12}\}$	$X_8(0.365) > X_{12}(0.35)$	X_{12}
$\{X_{20}, X_{21}, X_{22}, X_{23}, X_{24}, X_{26}, X_{28}, X_{32}, X_{33}\}$	$X_{26}(0.259) > X_{32}(0.118) > X_{23}(0.094) > X_{20}(0.032) > X_{21}(0.035) = X_{22}(0) = X_{24}(0) = X_{28}(0) = X_{33}(0)$	X_{26}

以第一步中每一类聚类结果中的指标为条件属性，确定每个指标对决策属性的重要程度。在每一类指标中挑选重要度最大的指标作为最终指标，构建最终指标体系，如表 5-3 所示。

表 5-3　最终财务指标

指标	一级指标	原始指标	指标名称
V_1	营运能力指标	X_2	应收账款周转率
V_2		X_3	流动资产周转率
V_3	现金流量指标	X_6	销售商品劳务收入现金/营业收入

续表

指标	一级指标	原始指标	指标名称
V_4	资本结构指标	X_9	长期负债/股东权益
V_5	偿债能力指标	X_{10}	流动比率
V_6		X_{12}	产权比例
V_7	成长能力指标	X_{17}	营业收入增长率
V_8	盈利能力指标	X_{26}	销售成本率
V_9		X_{27}	销售期间费用率

本章最终构建的财务指标体系从33个财务指标中最终筛选出9个指标，它们从6个方面描述企业的财务状况，并且指标之间无明显的共线性。我们对最终的财务指标进行了重编号，依次为V_1,…,V_9，如表5-3所示。

三、公司财务状况等级划分

为了确定每家单位所属的财务状况等级，我们需要对这些单位进行分类。文章运用系统聚类的方法，把所选的国内制造业上市公司分为五类。根据各指标值的表现情况，第一类为财务状况健康的公司，第二类为财务状况良好的公司，第三类为财务状况一般的公司，第四类为财务状况预警的公司，第五类为财务状况危机的公司。

利用处理过的数据，然后通过系统聚类把85家企业分为5类，为方便起见，我们对85家公司进行了编号。聚类结果如下：

a = {9, 30, 37, 43, 49, 50, 53, 55, 56, 57, 60, 64, 69, 73, 78, 81, 84};

b = {4, 5, 7, 13, 15, 21, 24, 26, 27, 31, 32, 33, 36, 38, 39, 40, 45, 47, 48, 63, 66, 68, 71, 74, 82, 83};

c = {3, 8, 10, 11, 14, 17, 29, 32, 34, 46, 58, 59, 62, 72};

d = {2, 12, 16, 23, 25, 28, 35, 42, 61, 67, 70, 75, 76, 77, 80, 85};

e = {1, 6, 18, 19, 20, 41, 44, 51, 52, 54, 65, 79}。

以上聚类结果把85家企业分为5类，并根据每类公司各指标值的表现情况，a、b、c、d、e 分别表示财务状况危机、预警、一般、良好、健康。从聚类结果来看，大多数 ST 公司被聚到了第一类，聚类效果较好。

同时，为了满足建树的需要，我们需对数据进行离散化处理。数据离散化把连续型数据转化为离散型数据，对标准化后的数据，把每个条件属性按照取值划分为 5 个等价类，分别为：[0, 0.1) 表示财务状况差，用数字"1"表示；[0.1, 0.3) 表示财务状况较差，用数字"2"表示；[0.3, 0.6) 表示财务状况中等，用数字"3"表示；[0.6, 0.8) 表示财务状况较好，用数字"4"表示；[0.8, 1] 表示财务状况好，用数字"5"表示。由此，每个条件属性都有 5 个等价类。

四、基于 CHAID 模型的实证分析

1. 决策树生成

根据前述选取的上市公司财务数据，以公司财务等级为目标变量，以 V_1、V_2、V_3、V_4、V_5、V_6、V_7、V_8 和 V_9 为解释变量，显著性水平 $\alpha = 0.05$。按照之前对公司财务等级的划分，将目标变量划分为 5 个等级，依次为财务状况危机、预警、一般、良好和健康阶段，分别用字母 a、b、c、d 和 e 表示。使用 CHAID 决策树模型进行建树。

CHAID 决策树算法使用了变量 V_3、V_5、V_8、V_9，即销售商品劳务收入现金/营业收入、流动比率、销售成本率和销售期间费用率对样本公司分类。这 4 个变量中 V_8 最重要，贡献最大，V_5 次之，然后是 V_3、V_9。

节点 0 为根节点，它只有子节点，没有父节点，它反映样本的最初状态。决策树中共有 7 个叶节点，每个叶节点形成一条路径，因此，自顶向下决策树可以形成 7 条决策规则。根据决策表的信息，可以得到 CHAID 决策树生成规则如表 5-4 所示。

表 5-4 CHAID 决策树决策规则

序号	节点	决策规则	判别为	准确率（%）
1	1	$V_8 \in (-\infty, 0]$	a	100

续表

序号	节点	决策规则	判别为	准确率（%）
2	2	$V_8 \in (0, 0.282]$	a	62.5
3	3	$V_8 \in (0.282, 0.636]$	b	76.5
4	6	$V_8 \in (0.636, 1]$, $V_5 \in (0.304, 1]$	c	73.7
5	7	$V_8 \in (0.636, 1]$, $V_5 \in [0, 0.304]$, $V_3 \in [0, 0.506]$	b	87.5
6	9	$V_8 \in (0.636, 1]$, $V_5 \in [0, 0.304]$, $V_3 \in (0.506, 1]$, $V_9 \in [0, 0.454]$	d	87.5
7	10	$V_8 \in (0.636, 1]$, $V_5 \in [0, 0.304]$, $V_3 \in (0.506, 1]$, $V_9 \in (0.454, 1]$	e	50

2. 决策树 CHAID 算法预警效果

运用 CHAID 决策树算法，生成 7 个叶子节点。对每个公司来说，我们已经将其分类，每个公司均有所属财务等级类别，我们称为"观测"的；根据 CHAID 模型算法对公司的分类我们称为"预测"的。对每个等级的公司来说，预警精确度如表 5-5 所示。

表 5-5 CHAID 决策树分类精确度

观测	预测					正确百分比（%）
	a	b	c	d	e	
a	14	2	0	0	1	82.4
b	3	20	1	0	2	76.9
c	0	0	14	0	0	100.0
d	0	0	1	14	1	87.5
e	0	3	3	2	4	33.3
总计百分比（%）	20.0	29.4	22.4	18.8	9.4	77.6

检出性能，从预测结果可以看到，CHAID 决策树算法对上市公司第 d 类（财务状况良好）样本的检出率达 87.5%，对第 c 类（财务状况一般）的样本公司预测准确率达 100%，与其他等级相比有较高的预测精度。但对第 e

类（财务状况健康）的样本公司预测准确率较低。同时，总体预测精度达77.6%，因此，总的来说 CHAID 决策树模型对企业财务困境预警有较好的效果。CHAID 对财务状况一般及财务将要预警的企业检出率较高，但对财务状况健康的企业检出率较低。

一般而言，我们较关注的是企业将要发生财务困境或者已经发生危机但企业还未察觉的阶段，这样企业能够提前预知企业财务状况走势，并及时采取相应策略防止企业财务陷入更糟糕的情形。

五、基于变精度加权平均粗糙度决策树的实证分析

分类误差反映决策树分类精确度，综合考虑分类精度与防止决策树过度拟合问题，本章设定分类误差 $\beta = 0.2$。

以标准化后的数据表计算每个条件属性的变精度加权平均粗糙度，分别为 $\gamma_{X_2}^{0.25} = 1$，$\gamma_{X_3}^{0.25} = 0.9915$，$\gamma_{X_6}^{0.25} = 0.9517$，$\gamma_{X_9}^{0.25} = 9718$，$\gamma_{X_{10}}^{0.25} = 1$，$\gamma_{X_{12}}^{0.25} = 1$，$\gamma_{X_{17}}^{0.25} = 0.9636$，$\gamma_{X_{26}}^{0.25} = 0.7818$，$\gamma_{X_{27}}^{0.25} = 1$。此时，条件属性 X_{26} 的变精度加权平均粗糙度为最小，为 0.7818，故而选择 X_{26}，即销售成本率为该树的根节点，根据销售成本率的五个等价类生成 5 个子表。

若子表中属于某一类别实例个数占表中总实例个数比例大于等于 0.8 或者表中没有可选的属性，则以该子表中占多数的实例类别标识该节点，并作为叶子节点；否则，将子表中的条件属性去掉已选划分的条件属性 R_3，重复上述步骤。

按照建立决策树的方法，我们可以得到决策树结果如图 5-2 所示。

由图可知，销售成本率作为树的根节点，把训练集分成了五类，其中销售成本率在区间 [0,0.1) 的公司有 10 家，而这 10 家中有 9 家是属于财务状况健康的公司，$9/10 = 0.9$，大于 $1-\beta = 0.8$。因此，销售成本率在区间 [0,0.1) 的等价类财务状况为健康。据此，我们可以认为训练集以外的公司销售成本率在区间 [0,0.1) 的财务状况为健康。而且，得出的决策树把大部分被 ST 的公司分到财务困境的一类，总体分类准确率比较高。

树中"1"表示区间 [0,0.1)，"2"表示区间 [0.1,0.3)，"3"表示区间 [0.3,0.6)，"4"表示区间 [0.6,0.8)，"5"表示区间 [0.8,1]。

第五章 基于决策树理论的财务困境预警

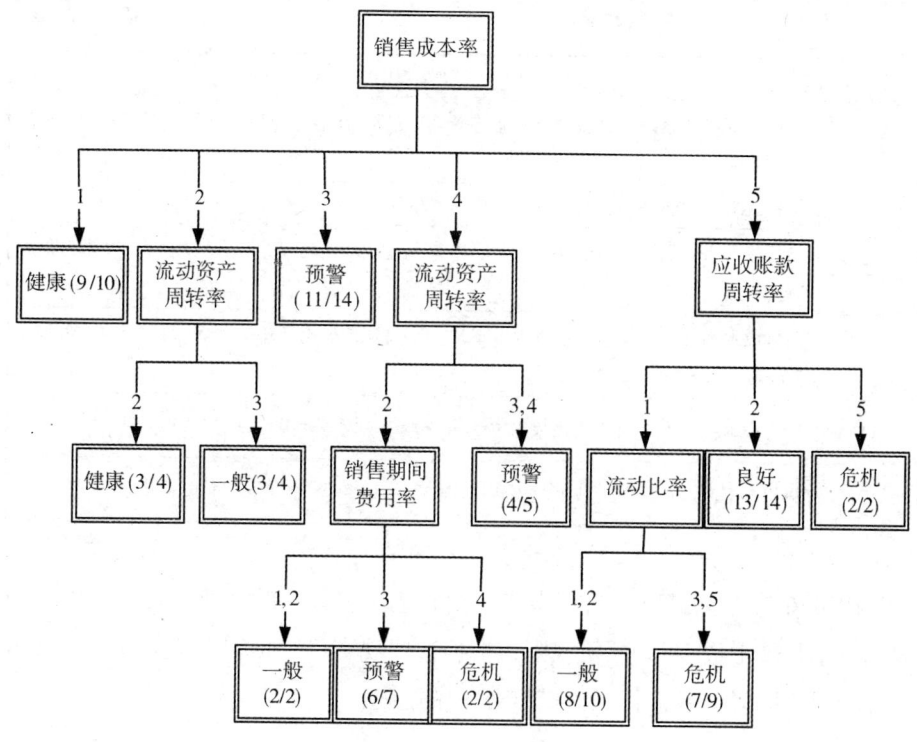

图5-2 决策树结果

根据决策树形成规则如表5-6所示。

表5-6 变精度加权平均粗糙度形成决策规则

编号	决策规则
1	销售成本率"差"→财务状况"健康"
2	销售成本率"较差"且流动资产周转率"较差"→财务状况"良好"
3	销售成本率"较差"且流动资产周转率"中等"→财务状况"一般"
4	销售成本率"中等"→财务状况"预警"
5	销售成本率"较好"且流动资产周转率"较差"且销售期间费用率"差"和"较差"→财务状况"一般"
6	销售成本率"较好"且流动资产周转率"较差"且销售期间费用率"中等"→财务状况"预警"

续表

编号	决策规则
7	销售成本率"较好"且流动资产周转率"较差"且销售期间费用率"较好"→财务状况"危机"
8	销售成本率"较好"且流动资产周转率"中等"和"较好"→财务状况"预警"
9	销售成本率"好"且应收账款周转率"差"且流动比率"差"和"较差"→财务状况"一般"
10	销售成本率"好"且应收账款周转率"差"且流动比率"中等"和"好"→财务状况"危机"
11	销售成本率"好"且应收账款周转率"较差"→财务状况"良好"
12	销售成本率"好"且应收账款周转率"好"→财务状况"危机"

决策树总共生成12个叶子节点，自顶向下，每个叶子节点表示一条预警规则，于是就形成12条预警规则，根据这些规则可以预测训练集以外的公司财务状况。同时，我们得到该模型分类精度表：

表5-7 模型分类精度

财务状况	标记数	预测数	预测准确率（%）	总体预测准确率（%）
健康	12	12	100	82.4
良好	16	13	81.3	—
一般	14	13	92.9	—
预警	26	21	80.8	—
危机	17	11	64.7	—

从表5-7可以发现，基于变精度加权平均粗糙度建立的决策树总体预警精度较高，对财务状况处于"健康"这个阶段的公司财务预警精度最高，其次是财务状况一般的企业，然后是良好与预警，但对发生财务困境的企业检出率较低。一般情况下，我们较关心的是将要出现财务困境的公司，这样可以提前预知企业财务状况走势，并采取相关措施使得公司财务状况向健康的方向发展。

第四节 本章小结

为了对公司财务状况进行更加精确的预警，本章把公司财务状况分为5个等级，与以往两个等级的财务预警相比，分类更具渐进性，更加合理。同时本章利用粗糙集中重要度理论对所选33个指标进行了约简，最终得到可以代表公司财务状况的9个财务指标，这9个财务指标从6个方面描述公司的财务状况，并且消除了指标之间的相关性。数据离散过程，不是平均地划分为5个区间，而是偏向于正态分布的趋势，符合数据分布的一般规律。

CHAID是一种传统的决策树算法，实证研究显示它对所选样本的整体预测准确度达77.6%。将变精度加权平均粗糙度作为构造决策树的测试属性选择的标准，通过实证研究，我们得到一棵决策树，根据这棵决策树形成12条规则。这些规则对财务状况健康的企业预警精度为100%，构造出的决策树把大多数ST公司全部分到财务状况危机的一类；对公司财务状况一般的企业预警精度为92.9%，总体预测准确度达82.4%。相比CHAID决策树模型，基于变精度加权平均粗糙度的决策树有较高的预警精度，可见此模型对公司财务状况预警有较好的效果，两个模型对相同财务等级的预测准确度也比较接近。

根据决策树提取的一系列规则以及决策树模型，我们可以构建一个财务困境预警系统，从而对企业财务困境预警。由于引入了变精度加权平均粗糙度，生成的决策树有效弱化了少数实例对决策树造成的不良影响，虽然决策中存在一定的误差，但决策树总体分类是比较好，最终生成的决策树也比较符合实际，分类精度也比较高，且有效地处理了噪声数据。

由于本章使用聚类的方法将所有企业的财务状况划分为5个等级，在对除财务困境以外的等级划分的时候，划分标准比较主观，没有较客观的评价方法；公司陷入财务困境有很多种原因，本章没有针对每个公司产生危机的具体原因进行分析与评价。

第六章 基于粒子群 K 均值算法的财务困境预警

第一节 算法原理

一、粒子群算法

粒子群算法（PSO）是一种群智能算法，它源于对鸟群捕食的行为研究。在 PSO 中将每个优化问题的解看作搜索空间中的一只鸟，称为"粒子"，所有的粒子都有一个由被优化的函数 fn 决定的适应值，每个粒子还有一个速度决定它们飞翔的方向和距离，然后粒子们就追随当前的最优粒子在解的空间中搜索。PSO 初始化为一群随机粒子（随机解），然后通过迭代找到最优解。在每一次迭代中，粒子通过跟踪两个"极值"来更新自己。一个是粒子本身所找到的最优解，称为个体极值 pbest，另一个是整个种群目前找到的最优解，称为全局极值 gbest。在找到这两个最优值时，每个粒子根据如下两个公式来更新自己的速度和新的位置：

$$\overrightarrow{v_{k+1}} = w\overrightarrow{v_k} + c_1(\overrightarrow{pbest_k} - \overrightarrow{x_k}) + c_2(\overrightarrow{gbest_k} - \overrightarrow{x_k}) \qquad (6-1)$$

$$\overrightarrow{x_{k+1}} = \overrightarrow{x_k} + \overrightarrow{v_{k+1}} \qquad (6-2)$$

其中，$\overrightarrow{v_k}$ 代表粒子的速度向量；$\overrightarrow{x_k}$ 是当前粒子的位置；$pbest_k$ 表示粒子本身所找到的最优解的位置；$\overrightarrow{gbest_k}$ 表示整个种群当前找到的最优解的位置；w 为惯性权重，c_1、c_2 表示群体认知系数，w 的经验取值为（0，1）区间内的随机数，c_1 和 c_2 经验取值为（0, 2）区间内的随机数。

二、基于 PSO 的 K 均值算法

数据挖掘是一个从大量数据中挖掘或发现隐藏在其中的、先前未知的、对决策有潜在价值的知识和规则。数据挖掘中的聚类分析是一种无导师分类的学习方法，根据数据对象间的差异与特定的判别规则将数据对象集合划分成多个簇。一簇数据对象即为一个数据集合，集合之内的数据对象彼此相似，集合之外的数据对象彼此相异。

传统的 K 均值聚类算法是以平均值作为类的"中心"的一种分割聚类方法。假设某数据集 S 中有 n 个对象，每个对象有 d 个属性，即 $X = \{x_i | x_i \in R^d, i = 1, 2, \cdots, n\}$，将其分成 k 类，$w_1, w_2, \cdots, w_k$，各类中心依次为 $c_1, c_2, \cdots, c_k$。其中，$c_i = \frac{1}{n_i} \sum_{x \in w_i} x$，$n_i$ 为类 w_i 中对象的个数。分成的聚类个数 k 是预先设定的参数。聚类效果的好坏用目标函数 J 表示：$J = \sum_{i=1}^{k} \sum_{j=1}^{n_i} d_{ij}(x_j, c_i)$，其中，$d_{ij}(x_j, c_i)$ 是 x_j 与 c_i 之间的欧氏距离，$d_{ij}(x_j, c_i) = \sqrt{\sum_{j=1}^{n_i}(x_j - c_i)^2}$。目标函数 J 实质上是每个点与所在聚类中心的距离之和。当 J 值越小，聚类就越紧凑。K 均值算法就是通过不断优化 J 的值来寻求好的聚类方案，当 J 取极小值时，对应的聚类方案即为最优方案。聚类过程可以通过下述几个步骤来描述：

（1）首先随机地选择 k 个对象，$c_1, c_2, \cdots, c_k$，每一个对象作为一个类的初始"中心"。

（2）根据距离"中心"最近的原则，对 X 进行划分，将其他对象分配到各个相应的类中，即如果 $d_{ij}(x_j, c_i) < d_{mj}(x_j, c_m)$，其中，$i = 1, 2, \cdots, n$；$j = 1, 2, \cdots, k$；$m = 1, 2, \cdots, k$；且 $j \neq m$。

（3）在完成对象的分配之后，针对每一个类，计算其所有对象的平均值，作为该类的新的"中心" $c_1^*, c_2^*, \cdots, c_k^*$。

（4）若对任意 $i \in \{1, 2, \cdots, k\}$，$c_i = c_i^*$ 都成立，则结束运算，当前的 $c_1^*, c_2^*, \cdots, c_k^*$ 代表最终聚类中心，否则，返回步骤（2）。

为了防止（4）中的终止条件不能满足而出现无限循环，通常在算法中设置一个最大的迭代次数 n_{max}，经验规则为 $n_{max} \leq \sqrt{n}$。

传统 K 均值算法实质上是寻找多重聚类中心方案的一个优化过程，正是在这个切入点上，使粒子群的优化方法与聚类算法相结合成为可能。基于粒子群优化算法的 K 均值算法描述如下：

（1）初始化粒子群。设样本集合为 $X = \{x_i | x_i \in R^d, i = 1, 2, \cdots, n\}$，给定聚类类别 k，设定最大循环次数 t、最大速度 V_{max}、最小速度 V_{min}、初始惯性权重 w、群体认知系数 c_1 和 c_2。先将每个样本随即指派为某一类，作为初始聚类划分，并计算各类的聚类中心，作为各粒子的初始位置 c_0，并随机给定初始速度 V_0。

（2）计算适应度。根据聚类划分，计算适应度 $J = \sum_{i=1}^{k} \sum_{j=1}^{n_i} d_{ij}(x_j, c_i)$。对每个粒子，比较它的适应度值和它经历过的最好位置 pbest 的适应度值，如果更小，更新 pbest。同时，比较它的适应度值和群体所经历的最好位置 gbest 的适应度值，如果更小，更新 gbest。

（3）更新惯性权重。$w = w_{max} - (w_{max} - w_{min}) \frac{m}{t}$，m 为当前迭代次数，t 为总迭代次数。

（4）更新粒子的速度和位置。根据前面的公式调整粒子的速度和位置，按照最近邻法则，重新确定对应该粒子的聚类划分，更新粒子的适应度值，取代原来的适应度值。如果达到结束条件（足够好的位置或最大迭代次数）则结束，否则转步骤（3）。

第二节　指标体系及样本选择

一、样本公司选取

有学者用因子分析法计算出代表上市公司盈利能力的综合指标——综合

因子得分，然后用该指标作为因变量、以行业为自变量进行多元回归分析，发现我国上市公司行业门类对上市公司的盈利能力具有显著的解释能力。新的巴塞尔协议对信贷公司的信用评级的有关规定，也强调了行业对企业财务能力的影响，因此本章选取上市公司制造业模块的127家家用电器制造业企业为研究对象，以消除行业对企业财务能力状况的影响。

二、财务指标选取

本章从锐思金融研究数据库提供的偿债能力、成长能力、营运能力、盈利能力四大类指标中初选取12个指标对企业的财务状况进行评价。盈利能力指标主要分析企业取得利润的能力。一个企业的盈利能力越好，说明其越有可能获得足够的现金来偿还到期债务，其资信状况就会越好。偿债能力对于债权人具有重要意义，企业偿债能力不足可能导致债权人无法及时、足额收回债券本息。企业的成长能力说明企业的长远扩展能力，企业未来生产经营实力。成长能力较强的企业能保证盈利的持续性，其财务状况才会好。企业的营运能力指标衡量企业资产管理效率。营运能力强说明企业资金利用的效率高，这将有助于提高企业的盈利能力，从而有助于企业偿债能力的增强。初选取的财务指标及其定义如表6-1所示。

表6-1 财务指标及其计算公式

盈利能力	净资产收益率 C_1	=净利润/净资产
	总资产报酬率 C_2	=EBIT/总资产
偿债能力	流动比率 C_3	=流动资产/流动负债
	速动比率 C_4	=速动资产/流动负债
	现金流量比率 C_5	=经营净现金流量/流动负债
	资产负债率 C_{12}	=负债总额/资产总额
成长能力	营业收入增长率 C_6	=（当年营业收入-上年营业收入）/上年营业收入
	营业利润增长率 C_7	=（当年营业利润-上年营业利润）/上年营业利润
	净利润增长率 C_8	=（当年净利润-上年净利润）/上年净利润

续表

营运能力	存货周转率 C_9	=销售收入/平均存货
	应收账款周转率 C_{10}	=销售收入/平均应收账款
	总资产周转率 C_{11}	=销售收入/平均总资产

第三节 实证分析

一、数据预处理

1. 填补缺失值

从数据库获取的财务数据中,有少量指标值的缺失。由于相关计算指标的原始数据的缺失造成该指标无法计算得到,为保持数据的完整性又考虑到该指标对整体聚类的影响,用剔除畸高值和畸低值的行业平均值来代替缺失数据。

2. 数据标准化

在对数据进行 [0,1] 区间标准化处理时,对于效益型指标,如净资产收益率、流动比率、营业收入增长率等,采用公式 $Z_{i,j} = \dfrac{Data_{i,j} - MinData_j}{MaxData_j - MinData_j}$ 进行标准化,其中,$Data_{i,j}$ 为实验数据表中第 i 行的第 j 列数值,$MaxData_j$ 为所在列的最大值,$MinData_j$ 为所在列的最小值。对于成本型指标,如资产负债率,采用公式 $Z_{i,j} = \dfrac{MaxData_j - Data_{i,j}}{MaxData_j - MinData_j}$ 进行标准化,以保证所有指标标准化后方向上的一致性。

3. 数据离散化

将每项指标标准化后的数据离散成 5 等,分别用 1、2、3、4、5 代替,表示这项指标为低、较低、中等、较高、高。在进行离散化时,传统的做法是将 [0, 1] 均分成 5 等。观察行业总体标准化结果发现,处于 [0, 0.1] 和 (0.9, 1] 的公司数量较多,为合理区分公司差异,将数据按 [0, 0.1]、(0.1, 0.3]、(0.3, 0.6]、(0.6, 0.9]、(0.9, 1] 进行离散,离散化后公司的数量分布符合正态分布的基本规律。将各项指标构成条件属性,决策属性为二态变量,即若为 ST 公司,决策属性为 0,否则为 1。

4. 指标约简

利用粗糙集理论中关于属性依赖度和重要度的定义,运用粗糙集软件 Rosetta 计算各项指标的重要度,将重要度为 0 的属性进行约简。经过约简得到重要度不为 0 的 5 个属性,分别为净资产负债率 C_1、流动比率 C_3、营业收入增长率 C_6、净利润增长率 C_8、总资产周转率 C_{11}。

二、分类预警

1. PSO – K 均值聚类

本章运用 MATLAB7.1 编程,对公司进行聚类。输入的数据矩阵为标准化后的指标值矩阵,相关参数设定及说明如下:

V_{max} 决定粒子在一个循环中最大的移动距离,可以视为当前位置与最好位置之间的区域的分辨率(或精度)。如果 V_{max} 太高,微粒可能会飞过最优解,如果 V_{max} 太小,微粒不能在局部最优区域之外进行足够的探索,导致陷入局部最优值。因此,本模型取 $V_{max}=0.7$,$V_{min}=0.1$。群体认知系数 c_1、c_2 也称为学习因子,代表将每个微粒推向 pbest 和 gbest 的程度。低的取值允许微粒在被拉回来之前可以在目标区域外徘徊,而过高的值会导致微粒突然的冲向或者越过目标区域。c_1 和 c_2 经验取值为 (0, 2) 区间内的随机数,本模型取 $c_1=c_2=1.5$。为使粒子充分搜索最优值,模型取最大循环次数 t = 1000。循环结果如表 6 – 2 所示。

表6-2 聚类结果

第一类						
深康佳A	德赛电池	深圳华强	东北电气	银河科技	*ST阿继	上风高科
得润电子	东源电器	三变科技	实益达	江特电机	方正电机	伊立浦
ST天龙	国电南自	平高电气	联创光电	百利电气	科力远	风帆股份
精达股份	泰豪科技	海立股份	飞乐音响	ST渝万里	ST宝诚	陕鼓动力
第二类						
TCL集团	许继电气	东方电子	数源科技	ST科龙	德豪润达	雪莱特
康强电子	沃尔核材	蓉胜超微	智光电气	奥特迅	浙富股份	万马电缆
鑫龙电器	摩恩电气	长高集团	中超电缆	向日葵	清畅电力	永邦科技
富机达能	永鼎股份	长城电工	浙江阳光	华仪电气	动力源	亨通光电
长园集团	天威保变	卧龙电气	四川长虹	ST春兰	ST厦华	四方股份
中国西电						
第三类						
华意压缩	小天鹅A	美的电器	万家乐	佛山照明	格力电器	航天电器
荣信股份	深圳惠程	九阳股份	大洋电机	太阳电缆	北京科锐	森源电气
中恒电气	科远股份	圣莱达	科士达	新时达	金杯电工	九洲电气
南都电源	金利华电	当升科技	东方日升	锐奇股份	启源装备	特变电工
宝光股份	国电南瑞	湘电股份	置信电气	青岛海尔	东方电气	宝胜股份
第四类						
美菱电器	思源电气	金风科技	中利科技	理工监测	英威腾	卓翼科技
胜利精密	兆驰股份	汉缆股份	老板电器	万和电气	特锐德	南风股份
中元华电	金龙机电	合康变频	中能电气	经纬电材	汇川技术	和顺电气
科泰电源	合纵科技	双杰电气	海信电器	中天科技	合肥三洋	正泰电器

2. 描述性统计

为检验分类结果是否合理，需对每类公司的数据进行描述性统计。本章选取五项指标作为变量，以平均值、标准差以及每一类中包括的公司个数作为统计量，比较每类指标特征，统计结果如表6-3所示，各类别指标均值趋势如图6-1所示。

表6-3 不同类别五项财务指标描述统计量

PSO		净资产收益率	流动比率	营业收入增长率	净利润增长率	总资产周转率
第一类	均值	0.1281	0.1294	0.1916	0.2252	0.2373
	N	28	28	28	28	28
	标准差	0.1124	0.0852	0.1638	0.2682	0.2008
第二类	均值	0.2786	0.2530	0.3708	0.4463	0.2771
	N	36	36	36	36	36
	标准差	0.1944	0.2091	0.1992	0.3194	0.2415
第三类	均值	0.5612	0.3109	0.4153	0.4422	0.4156
	N	35	35	35	35	35
	标准差	0.2157	0.2372	0.2185	0.2582	0.2491
第四类	均值	0.7225	0.4510	0.6933	0.5086	0.5073
	N	28	28	28	28	28
	标准差	0.2600	0.3179	0.2423	0.1886	0.3000

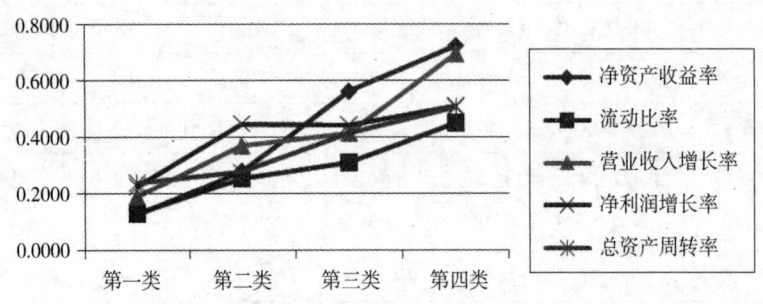

图6-1 不同类别指标均值趋势

由描述统计报告可知,各类别指标的标准差均小于0.35,类内指标值比较集中,波动较小,类内聚集度高。第四类的公司5项指标均值均高于其他三类,因此判定第四类公司为财务健康公司。第一类的公司各项指标均值明显低于其他三类,且本行业的7家ST公司有4家在此类中,因此第一类为高度预警公司。第三类公司净资产收益率、流动比率、营业收入增长率和总资产周转率明显高于第二类;净利润增长率略低于第二类,因此第三类定义为财务良好公司,第二类为轻度预警公司。

对聚类结果进行方差分析,结果如表6-4所示,可以看出,检验的P值均接近0,表明不同类别财务指标之间有显著差异。综合表6-3和表6-4可知,把127家公司分成4个类别是合理的,并且效果较好。

表6-4 不同类别5项财务指标方差分析

ANOVA 表			平方和	df	均方	F	显著性
净资产收益率×PSO	组间	(组合)	6.365	3	2.122	51.453	00.000
	组内		5.072	123	0.041		
	总计		11.437	126			
流动比率×PSO	组间	(组合)	1.510	3	0.503	9.723	0.000
	组内		6.369	123	0.052		
	总计		7.879	126			
营业收入增长率×PSO	组间	(组合)	3.635	3	1.212	28.005	0.000
	组内		5.322	123	0.043		
	总计		8.957	126			
净利润增长率×PSO	组间	(组合)	1.313	3	0.438	6.158	0.001
	组内		8.739	123	0.071		
	总计		10.052	126			
总资产周转率×PSO	组间	(组合)	1.385	3	0.462	7.402	0.000
	组内		7.670	123	0.062		
	总计		9.055	126			

三、综合评价及检验

1. 权重计算

利用粗糙集原理中的公式 $W(c_i) = \dfrac{\mathrm{Sig}(c_i)}{\sum_{c \in C} \mathrm{Sig}(c)}$ 计算每项指标的权重,计算结果如表6-5所示。

表6-5　指标权重计算结果

条件属性	重要度	权重
净资产负债率 C_1	$SigC_1 = 0.0236$	$W(C_1) = 0.2308$
流动比率 C_3	$SigC_3 = 0.0315$	$W(C_3) = 0.3077$
营业收入增长率 C_6	$SigC_6 = 0.0157$	$W(C_6) = 0.1538$
净利润增长率 C_8	$SigC_8 = 0.0157$	$W(C_8) = 0.1538$
总资产周转率 C_{11}	$SigC_{11} = 0.0157$	$W(C_{11}) = 0.1538$

2. 综合评分

每家公司的综合财务评价得分为 $\sum C_i \times W(C_i)$，其中，C_i 为指标 i 标准化后的值，$W(C_i)$ 为指标 C_i 的权重。i = 1, 3, 6, 8, 11。

3. 检验

为进一步检验聚类结果的正确性，对各类别中的公司综合评分进行描述性统计和方差分析。结果如表6-6和表6-7所示。

表6-6　不同类别公司综合评分描述性统计量

综合评分	均值	N	标准差	极小值	极大值
第一类	0.1700	28	0.0563	0.0285	0.2585
第二类	0.3105	36	0.0397	0.2429	0.3810
第三类	0.4210	35	0.0295	0.3691	0.4968
第四类	0.5685	28	0.0714	0.4861	0.7543
总计	0.3669	127	0.1477	0.0285	0.7543

表6-7　不同类别公司综合评分方差分析

ANOVA 表						
			平方和	df	均方	F	显著性
综合评分 × PSO	组间	（组合）	2.440	3	0.813	325.030	0.000
	组内		0.308	123	0.003		
	总计		2.748	126			

由描述性统计报告可知，从第一类至第四类，综合评分均值呈现明显递增趋势。方差分析表中 P 值接近于 0，说明综合评分均值在不同类别间的差异是十分显著的。但从统计报告中各类的极小值和极大值看，各类中综合评分的范围有部分重合，如图 6-2 所示。得分处于重合部分的公司共有 17 家，这些公司的分类不够精确。其他公司的分类结果与粗糙集评价结果一致，整体分类吻合度达到 88.2%。

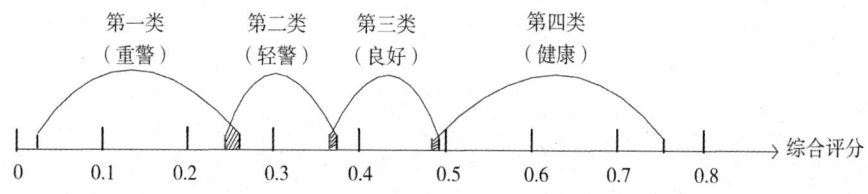

图 6-2 各类别综合评分数轴

第四节 本章小结

本章运用基于粒子群的 K 均值聚类算法，客观并且合理地把公司分为 4 类，各类别内部公司财务指标聚集度高，类间差异明显，效果较好。结合粗糙集客观地综合评价上市公司的财务状况，对聚类结果的准确性进行了进一步检验，结果表明，基于粒子群的 K 均值算法能对公司进行合理分类，其结果与粗糙集评价结果的吻合度可达 88.2%。但是本章仅针对一年数据进行处理，未考虑连续时间下公司的预警问题，该模型是否能应用于时序数据将有待研究。

第七章 基于面板离散选择模型的财务困境预警

第一节 面板离散选择模型原理

在经济研究中经常遇到时间序列和横截面相结合的数据。例如，在企业投资需求分析中可能会遇到多省市若干年份人力投入、创新投入、FDI溢出效应的数据；在分析居民收入与消费关系时会遇到不同地域居民若干年份的消费和收入数据。这些固定一组调查对象在多个时期连续观测得到的数据被称为面板数据或平行数据。它们是同时在时间和截面上取得的具有三维（截面、时期、变量）信息的数据，因而也被称为时间序列与截面混合数据（Pooled Time Series and Cross Section Data）。

面板数据（Panel Data）模型是最近几十年发展起来的一种数据处理方法，历史不长，但优势很多：它比时间序列模型的样本信息更多，共线性更低，估计量有效性更高；与截面数据模型相比，它的模型设定更合理、参数的样本估计量更准确；它能更好地识别以及度量时间序列或截面数据不可发觉的效应，有助于建立和检验更复杂的行为模型。此外，动态面板数据模型还能准确地反映经济变量的动态调整，能够分析仅用截面数据或时间序列数据集难以完成的更复杂行为的经济问题。不过面板数据也存在一些缺陷，它是时序与截面数据的结合体，而搜集多时期的数据需要付出更大的成本，甚至在有些情况下数据并不可得。因而微观经济中常见时期短而截面宽的短面板数据，少见时期长而截面窄的长面板数据。

考虑到单纯使用截面数据进行财务困境预警将无法反映多期指标所包含的信息。另外，摸索具有某些共同特征的公司陷入财务困境的规律能够帮助人们正确分析公司财务状况，预测未来的变化趋势。因此，使用面板数据模型进行财务困境预警比使用截面数据和时间序列更具合理性和实用性。目前，国内学者已经开始建立基于面板数据的模型研究财务困境预警，但是真正使用面板数据模型进行财务困境预警的文献却并不多见。面板数据模型分为多种，本章将在下文介绍面板离散选择模型的原理，为实证研究作铺垫。

线性面板数据模型适合于被解释变量为连续型变量的情形。但是在实际经济问题特别是微观经济研究中，被解释变量可能是离散型变量。在这种情况下，线性面板数据模型不再适用，我们需要建立面板离散选择模型（Discrete Choice Model，DCM）。如果被解释变量只存在两种选择，如财务困境和非财务困境，则可建立二元选择模型（Binary Choice Model）。常用的面板离散选择模型有面板 Logit 模型和面板 Probit 模型。其中，面板 Probit 模型要求随机误差项服从正态分布，而面板 Logit 模型无此要求，因此，本章采用面板 Logit 模型建模。下面介绍该模型的基本原理。

二元选择模型通常以隐变量形式出现。以存在个体效应的仅含一个解释变量的面板二元选择模型为例：

$$y_{it}^* = \xi_i + x_{it}\beta + u_{it}$$

其中，$u_{it} \sim i.i.d(0, \sigma_u^2)$，其概率分布函数为 $F(\cdot)$，并且 u_{it} 与解释变量 x_{it} 独立；ξ_i 是个体效应；y_{it}^* 是可观测的二元选择变量 y_{it} 的隐性变量（Latent Variable），当 $y_{it}^* > 0$ 时，我们观察到 $y_{it} = 1$；当 $y_{it}^* \leq 0$ 时，$y_{it} = 0$。

y_{it} 取值为 1 的概率为 $p_{it} = \dfrac{e^{y_{it}}}{1+e^{y_{it}}}$。通过计算可以知道，当 $y_{it}^* > 0$ 时，$p_{it} > 0.5$，从而我们判断 $y_{it} = 1$；当 $y_{it}^* \leq 0$ 时，$p_{it} \leq 0.5$，从而我们判断 $y_{it} = 0$。也就是说，以 y_{it}^* 大于或小于 0 来判断 y_{it} 的取值，采用的临界点是 0.5。

结合研究内容，这里可以假设隐含变量 y_{it}^* 表示公司 i 在时期 t 的一种状态，x_{it} 表示公司 i 在时期 t 所选指标的取值，$y_{it} = 1$ 表示公司 i 在 t 时期被 ST，$y_{it} = 0$ 表示公司 i 在 t 时期没有被 ST。当计算结果显示 $y_{it}^* > 0$ 时，根据预警模型判断 $y_{it} = 1$，即公司 i 在 t 时期被 ST（不管实际情况是否为 ST）；当 $y_{it}^* \leq 0$

时,根据预警模型判断 $y_{it}=0$,即公司 i 在 t 时期没有被 ST(不管实际情况是否为非 ST)。做出判断时采用的临界点是 0.5。这里需要说明的是,0.5 不一定是最合适的临界点。因此,本书将研究不同临界点下模型的预警能力,以期找到相关的证据支持这一观点。

当代表个体异质性的截距项 u_i 与某个解释变量相关时,OLS 估计不再是一致估计,应当建立固定效应面板 Logit 模型。当 u_i 与所有解释变量都不相关时,应当建立随机效应面板 Logit 模型。通常使用 Hausman 检验确定应该选择何种效应。Hausman 检验的原假设为:随机效应模型为正确的模型。在某一显著性水平下,接受原假设意味着应当选择随机效应模型;否则建立固定效应模型。

第二节 指标体系及样本选择

一、样本公司选择

根据马若微的研究,在构造上市公司财务困境预测模型时应充分考虑行业类型和资产规模这两个指标的重要性。截至 2012 年 4 月 2 日,沪深两市 CSRC 不同门类行业交易股票数如表 7-1 所示。各行业交易股票数占股票总数的比例如图 7-1 所示,沪市各行业股票市值占沪市总市值的比重如图 7-2 所示。

表 7-1 沪深两市 CSRC 不同门类行业交易股票数

代码	行业名称	交易股票数(只)	占股票总数比例(%)	沪市市值(亿元)	沪市市值百分比(%)
A	农、林、牧、渔业	46	1.89	914.36	0.59
B	采掘业	56	2.30	33544.42	21.65
C	制造业	1469	60.38	38069.26	24.57
D	电力、煤气及水的生产和供应业	73	3.00	5360.45	3.46

续表

代码	行业名称	交易股票数（只）	占股票总数比例（%）	沪市市值（亿元）	沪市市值百分比（%）
E	建筑业	53	2.18	4453.32	2.87
F	交通运输、仓储业	80	3.29	6957.73	4.49
G	信息技术业	194	7.97	3217.77	2.08
H	批发和零售贸易	125	5.14	3691.88	2.38
I	金融、保险业	41	1.69	49341.70	31.85
J	房地产业	130	5.34	4652.56	3.00
K	社会服务业	77	3.16	1414.80	0.91
L	传播与文化产业	33	1.36	1421.00	0.92
M	综合类	56	2.30	1903.09	1.23
	总计	2433	100.00	154942.35	100.00

数据更新日期：2012年4月2日。

资料来源：根据上海证券交易所网站和深圳证券交易所网站数据整理得到。

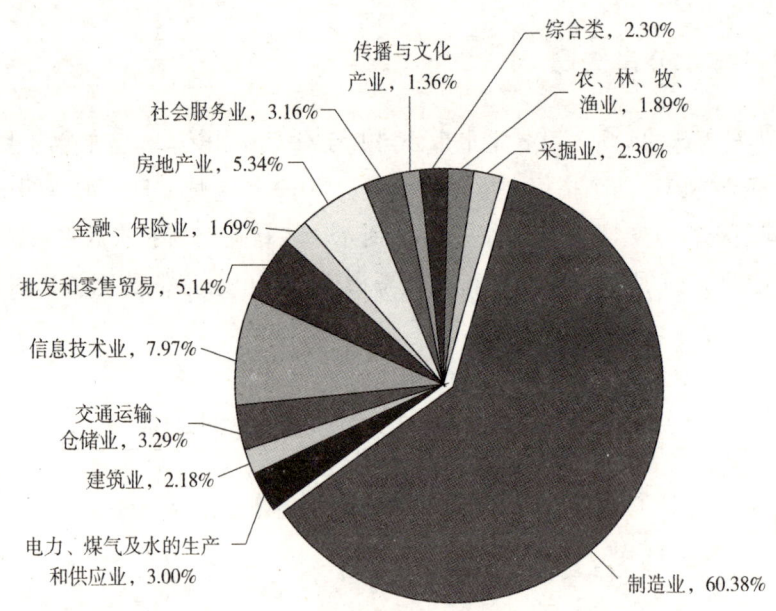

图7-1　沪深两市各行业交易股票数比重

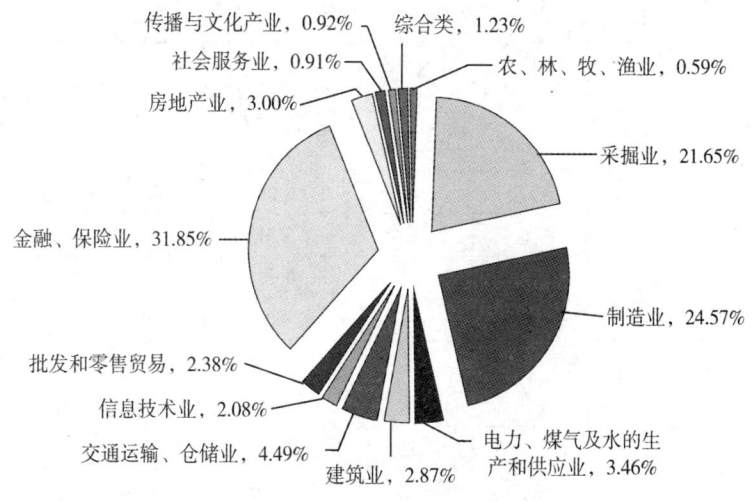

图 7-2 沪市各行业股票市值比重

从表 7-1 和图 7-1 可以看出，截至 2012 年 4 月 2 日，在沪深两市交易的 2433 只股票中，制造业为 1469 只，占 60.38%，比重最大且远高于第二名信息技术业的 7.97%，从数量上表明了制造业上市公司在我国经济中的重要地位。由于没有搜集到深市各行业交易股票的市值，这里仅对沪市的市值情况进行分析。根据图 7-2，从市值来看，13 个门类行业中，制造业交易股票的市值占总市值的 24.57%，仅次于金融保险业的 31.85%，略高于第三名采掘业的 21.65%，从市价总值方面反映了制造业不容忽视的经济地位。

根据 CSRC 的行业分类标准，根据主营业务的差异，制造业公司被划分到石油、化学、塑胶、塑料，电子，金属、非金属，机械、设备、仪表 10 个次类行业。每个次类行业的公司在生产周期、不同资产比重、资金流转、利润率方面都有各自的特点，因而在财务指标上可能存在差异。为了反映交易股票数及其市值情况的行业分布，本章通过统计沪深两市证券交易所网站公布的信息得到表 7-2。图 7-3 直观地显示了两市制造业各次类行业股票数比重及沪市制造业各次类行业的市值比重。

表 7-2 制造业次类行业交易股票数量及市值统计

CSRC 次类行业代码	CSRC 次类行业名称	交易股票数（只）	占制造业股票总数比例（%）	沪市市价总值（亿元）	沪市市值百分比（%）
C0	食品、饮料	92	6.26	4695.71	12.33
C1	纺织、服装、皮毛	81	5.51	1305.88	3.43
C2	木材、家具	12	0.82	103.89	0.27
C3	造纸、印刷	44	3.00	497.44	1.31
C4	石油、化学、塑胶、塑料	257	17.49	3862.70	10.15
C5	电子	147	10.01	1721.83	4.52
C6	金属、非金属	189	12.87	8044.54	21.13
C7	机械、设备、仪表	473	32.20	13798.62	36.25
C8	医药、生物制品	147	10.01	3754.67	9.86
C9	其他制造业	27	1.84	283.98	0.75
合计		1469	100.00	38069.26	100.00

数据更新日期：2012 年 4 月 2 日。

资料来源：根据上海证券交易所网站和深圳证券交易所网站数据整理得到。

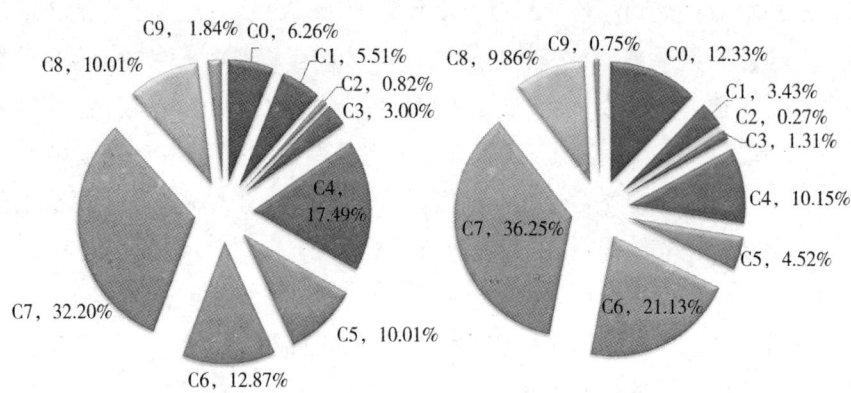

图 7-3 两市各次类行业股票数比重（左）及沪市市值比重（右）

从图 7-3 可以看出，制造业内部各行业的股票数量差异很大，受此影响，各次类行业市值比例也存在较大差异。从股票比重来看，C4、C5、C6、C7 和 C8 行业的累计股票数比重达到了 82%，市值比例累计接近 82%，其中 C7 行业在这两方面的比重均为第一位,在32%以上,并远远大于第二名C6行业。

综上所述,本章选择制造业上市公司作为财务困境预警的样本公司,原因有两点:①从公司数量和市值来看,制造业在我国经济发展中均占有重要地位;②与其他行业相比,制造业行业内上市公司数量最多,次类行业数目较多,有利于数据搜集、比较各次类行业间的差异,研究行业类别对预警模型的影响。

本章以上市公司被ST作为公司陷入财务困境的标志。在公司样本上,由于我国1998年开始要求编制现金流量表,并于2001年对现金流量表进行了修改,考虑到数据的可比性,同时为了更全面地利用公司陷入财务困境过程中各指标的信息,本章搜集了2001~2010年的多个指标的原始数据,并通过计算得到了最终所用指标的数据。为了研究公司陷入财务困境前后各指标的变化情况,剔除在此期间退市的公司和交易状态为PT的公司。对于ST公司,只保留由于财务状况异常而被ST的公司,剔除由于其他财务状况异常而被ST的公司。这样一共得到363家上市公司十年的平衡面板数据。样本中CSRC次类行业股票数量和2001~2011年不同交易状态的股票数量如表7-3和表7-4所示。图7-4直观地反映了各年ST股票数与非ST股票数的比例。本章所用数据来源于www.ccerdata.com、www.resset.cn、上海证券交易所网站、深圳证券交易所网站,以及多家上市公司的年度报告。

从表7-3可以看出,样本股票的次类行业分布与目前沪深两市制造业股票次类行业分布大致相同。其中,机械、设备、仪表(C7),石油、化学、塑胶、塑料(C4),以及金属、非金属(C6)三个次类行业的股票数比重之和均约为60%。木材、家具(C2)和其他制造业(C9)的股票数比重最小,二者之和仅为2.5%左右。说明制造业内不同次类行业公司分布非常不均匀,存在较大差异。

表7-3 样本中CSRC次类行业股票数量统计

CSRC次类行业代码	CSRC次类行业名称	样本股票数(只)	占样本比重(%)	目前交易股票数(只)	占制造业股票比重(%)
C0	食品、饮料	35	10.19	92	6.26
C1	纺织、服装、皮毛	20	6.34	81	5.51

续表

CSRC 次类行业代码	CSRC 次类行业名称	样本股票数（只）	占样本比重（%）	目前交易股票数（只）	占制造业股票比重（%）
C2	木材、家具	2	0.28	12	0.82
C3	造纸、印刷	11	3.31	44	3.00
C4	石油、化学、塑胶、塑料	78	20.66	257	17.49
C5	电子	15	4.13	147	10.01
C6	金属、非金属	53	14.05	189	12.87
C7	机械、设备、仪表	100	27.82	473	32.20
C8	医药、生物制品	43	11.02	147	10.01
C9	其他制造业	6	2.20	27	1.84
	合计	363	100.00	1469	100.00

数据更新日期：2012年4月2日。

资料来源：根据上海证券交易所网站和深圳证券交易所网站数据整理得到。

表7-4 2001~2011年不同交易状态的样本股票数量统计

年份	2001	2002	2003	2004	2005	2006	2007	2008	2009	2010	2011
ST	6	14	22	28	27	27	32	23	28	36	37
非ST	357	349	341	335	336	336	331	340	335	327	326
ST比重（%）	1.65	3.86	6.06	7.71	7.44	7.44	8.82	6.34	7.71	9.92	10.19
合计	363	363	363	363	363	363	363	363	363	363	363

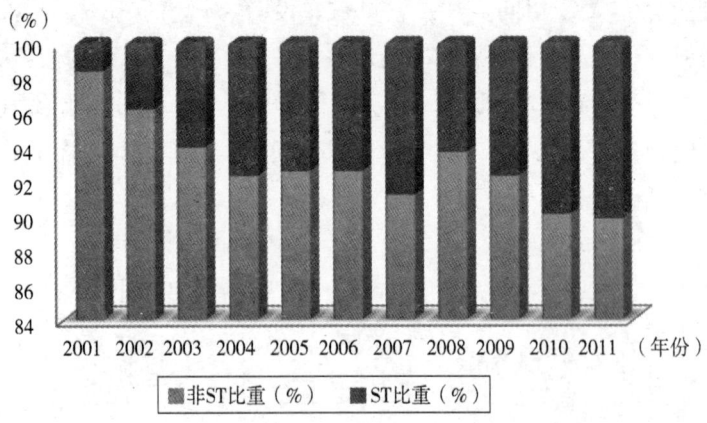

图7-4 2001~2011年样本公司ST与非ST股票数比重

根据表 7-4 和图 7-4，2001~2011 年，样本中被特别处理的股票数呈逐渐上升的趋势，这表明样本公司的财务状况好坏不同，并且财务状况较差公司的比例在逐渐上升。因此，实施财务困境预警，及时发现存在的问题，对于降低上市公司财务困境风险和成本具有实际意义。

二、指标的初选

评价企业的财务状况一般可以从盈利能力、营运能力、成长能力、偿债能力等多个方面来评价。本章在总结以往预警模型中显著指标的基础上，选择了 20 个财务指标。另外，由于国内学者关于财务困境预警的研究中很少使用非财务指标，为了探讨非财务指标对预警模型判别准确率的影响，本章选择了 9 个非财务指标。此外，为了消除公司规模的影响，本章选取资产的自然对数作为控制变量。下面详细介绍本章所选的各类指标。

（1）盈利能力指标。盈利企业生存与发展的前提是企业在市场经济中生存的基本条件。长期亏损的企业不仅无法为所有者创造价值，而且还在不断毁损价值。如果公司盈利水平微弱，从经济增加值或资本成本的角度来看，也可能是一个价值毁损型企业。因此，在评价一个公司财务状况时，盈利能力通常是不可忽视的一个方面。考虑到主要业务盈利能力对公司生存的重要意义，以及盈利能力差的上市公司为了美化公司业绩，有可能通过非经常性损益项目调整公司的净利润，本章在选择净资产收益率（净利润）的同时，还选取了净资产收益率（营业利润）作为盈利能力指标。选取的其他盈利能力指标包括：资产收益率、营业利润/营业收入、销售净利率。

（2）营运能力指标。营运能力是公司利用经济资源或资本的效率的反映。营运能力越强的公司运用各项资产赚取利润的能力越强，越不容易陷入财务困境。考虑到制造业存货和固定资产金额较大，是企业全部资产中的重要部分，本章选取了存货周转率、固定资产周转率、资产周转率三个财务指标作为经营能力指标。

（3）成长能力指标。成长能力反映一个公司的成长速度。根据第二章对公司增长速度的文献综述，本章选择营业收入增长率、营业利润增长率、净利润增长率、总资产增长率、净资产增长率五个财务指标代表公司的成长能力。前三个指标均来自于利润表。由于上市公司存在粉饰财务报表、抬高利润质量的可能性，本章选择收入、营业利润、净利润三者的增长率，以期筛选并保留能真正反映公司实际财务状况的指标。

（4）偿债能力指标。绝大多数公司均为负债经营。债权人对公司享有优先索取权，如果公司无法保障债权人的权益，无法偿还到期债务，就很可能意味着无法保障所有者的索取权，因为债务违约有可能致使公司破产。因此偿债能力的强弱是衡量一个企业财务状况好坏的重要方面。本章选取了现金流量负债比、资产负债率、流动比率、速动比率、市值/负债、市净率、市销率7个指标代表公司的偿债能力。它们从公司现金流量情况、长期偿债能力、短期偿债能力、市场对公司投资价值的判断等方面反映了公司的偿债能力。

（5）非财务指标。公司的非财务指标包含多个方面的信息，并能够提供财务指标所不具备的信息，根据文献综述中对非财务因素的总结，本书选择了审计意见、最终控制人、股权结构指标以及行业虚拟变量共9个非财务数据。另外，为了控制公司规模对研究结果的影响，选取了资产的自然对数作为控制变量。本章所选指标及其意义如表7-5所示。

表7-5 初选指标及其说明

	指标名称	计算公式	符号
盈利	净资产收益率（营业利润）	营业利润/平均所有者权益	ROEsales
	净资产收益率（净利润）	净利润/平均所有者权益	ROENI
	资产收益率	（利润总额+财务费用）/平均资产	ROA
	营业利润/营业收入	营业利润/营业收入	oprinctosales
	销售净利率	净利润/营业收入	Nitosales
营运	存货周转率	营业成本/平均存货	invtn
	固定资产周转率	营业收入/平均固定资产	fixasstn
	资产周转率	营业收入/平均资产	asstn

第七章　基于面板离散选择模型的财务困境预警

续表

	指标名称	计算公式	符号
成长	营业收入增长率	本年营业收入/上年营业收入－1	salesgrw
	营业利润增长率	本年营业利润/上年营业利润－1	oprincgrw
	净利润增长率	本年净利润/上年净利润－1	Nigrw
	总资产增长率	本年末资产/上年末资产－1	assgrw
	净资产增长率	本年末所有者权益/上年末所有者权益－1	equitygrw
偿债	现金流量负债比	经营活动现金净流量/流动负债	oprCFtoCL
	资产负债率	负债/资产	debttoass
	流动比率	流动资产/流动负债	currentratio
	速动比率	（流动资产－存货）/流动负债	quickratio
	市值/负债	市值/负债	mrkttodebt
	市净率	每股股价/每股净资产	Peq
	市销率	总市值/营业收入	PS
非财务指标	第一大股东持股比例	第一股东持股比例	owncon1
	CR_5 指数	前五大股东持股比例之和	owncon5
	CR_10 指数	前十大股东持股比例之和	owncon10
	Herfindahl_5	前五大股东持股比例的平方和	H5Index
	Herfindahl_10	前十大股东持股比例的平方和	H10Index
	Z 指数	第一、第二股东持股比例之比	Zindex
	行业虚拟变量	0—C0；1—C1；2—C2；3—C3；4—C4；5—C5；6—C6；7—C7；8—C8；9—C9	Industry
	最终控制人类型虚拟变量	0—国有控股；1—民营控股；2—外资控股；3—集体控股；4—社会团体控股；5—职工持股会控股；6—不能识别	Holder
	审计意见虚拟变量	1—标准无保留意见；2—加说明段的无保留意见；3—保留意见；4—无法/拒绝表示意见；5—未经审计	Audit
其他	资产的自然对数	控制变量	LnAss

三、确定指标体系

1. 均值比较

公司陷入财务困境的过程中,一些财务指标会明显发生变化,由此可以猜测:财务困境公司与非财务困境公司的财务指标存在显著差异。为了验证这个猜测,本章对 2001~2010 年不同交易状态股票财务指标的均值进行了比较,详细数据如表 7-6 所示。

表 7-6 2001~2010 年不同交易状态股票财务指标均值比较

指标	1-ST (1)	0-非ST (2)	差值 (2)-(1)	指标	1-ST (3)	0-非ST (4)	差值 (4)-(3)
ROEsales	-37.27%	7.74%	45.01%	Nigrw	-330.55%	-64.30%	266.25%
ROENI	-24.82%	6.45%	31.27%	assgrw	-5.47%	17.91%	23.38%
ROA	-5.67%	5.94%	11.61%	equitygrw	-43.98%	17.07%	61.05%
oprinctosales	-64.52%	5.01%	69.53%	oprCFtoCL	0.06	0.18	0.12
Nitosales	-66.20%	4.05%	70.25%	debttoass	85.44%	49.01%	-36.43%
invtn	4.07	5.18	1.11	currentratio	0.91	1.51	0.6
fixasstn	1.96	3.34	1.38	quickratio	0.66	1.07	0.41
asstn	0.5	0.78	0.28	mrkttodebt	3.96	5.16	1.2
salesgrw	15.30%	26.71%	11.41%	Peq	10.05	3.78	-6.27
oprincgrw	-385.64%	-91.39%	294.25%	PS	8.34	3.38	-4.96

从表 7-6 可以发现,ST 与非 ST 股票财务指标的差异非常明显。ST 公司的偿债能力、盈利能力、营运能力、现金流量、成长能力等明显弱于非 ST 公司,并且负债水平偏高,财务风险较大。另外,财务困境公司的市净率、市销率较高,说明市场认为 ST 公司的投资价值较低。

具体来看,ST 公司盈利能力指标均为负数,与非 ST 公司的正数形成鲜明对比,说明陷入财务困境的公司盈利能力确实会下降。非 ST 公司 ROENI 的均值低于 ROEsales 的均值,而 ST 公司则正好相反。其中原因可能是 ST 公司主营业务的利润不高,但公司为了美化财务报表,或实现扭亏为盈的目的,因而设法增加非经常性损益项目的收益,从而使得净利润高于营业利润。投资者在进行投资时,需要谨慎识别这些调整手段,辨别公司的利润质量。

在营运能力方面,ST 公司的存货周转率、固定资产周转率和总资产周转率与非 ST 公司差异明显,原因可能是陷入财务困境的公司出现营业收入减少、存货积压的情况。由于制造业存货和固定资产价值比较大,不论是 ST 公司还是非 ST 公司,总资产周转率都不高。

在成长能力方面,ST 公司的营业收入增长率不及非 ST 公司,营业利润增长率差距更大,同时也说明 ST 公司的盈利能力不如非 ST 公司。ST 公司的所有者权益增长率均值为 -43.98%,远低于非 ST 公司的 17.07%,说明非 ST 公司所有者权益的价值增长更快。

在负债能力方面,ST 公司资产负债率均值为 85.44%,远高于非 ST 公司的 49.01%。另外,通过查阅财务报表,本章发现部分 ST 公司还存在资不抵债的情况,这类公司大多通过重组方式摆脱财务困境。这不仅说明 ST 公司大都高负债率运营,财务风险非常大,也反映了本章以 ST 作为公司陷入财务困境标志的合理性。

2. 均值差异性检验

为探讨两类公司财务指标均值是否存在显著性差异,本章通过 PASW18.0 软件中的 Mann - Whitney U 非参数检验对指标均值进行差异性检验。由于通过图形分析发现样本公司财务指标并不符合正态分布,本章没有采用 t 检验。

由于 T 时期股票的交易状态需要根据前一年的财务状况确定,本章以 T+1 期的股票交易状态(0 表示非 ST,1 表示 ST)为分组变量,对 2001~2010 年 ST 和非 ST 公司的指标进行了 Mann - Whitney U 检验,结果如表 7-7 所示。

表 7-7 Mann - Whitney U 检验结果

指标	Mann - Whitney U	显著性	指标	Mann - Whitney U	显著性
ROEsales	142762.0	0.000	currentratio	209822.0	0.000
ROENI	194501.0	0.000	quickratio	240946.0	0.000

续表

指标	Mann – Whitney U	显著性	指标	Mann – Whitney U	显著性
ROA	200030.0	0.000	mrkttodebt	406357.0	0.001
oprinctosales	126891.0	0.000	Peq	416686.5	0.010
Nitosales	212489.0	0.000	PS	310809.0	0.000
invtn	362930.0	0.000	LnAss	211557.0	0.000
fixasstn	306221.0	0.000	owncon1	390128.5	0.000
asstn	285032.0	0.000	owncon5	420415.5	0.018
salesgrw	315181.0	0.000	owncon10	418228.0	0.013
oprincgrw	400331.0	0.000	H5Index	395517.5	0.000
Nigrw	413204.0	0.005	H10Index	395341.5	0.000
assgrw	202879.0	0.000	Zindex	401930.0	0.001
equitygrw	260210.0	0.000	Industry	457761.5	0.902
oprCFtoCL	283822.0	0.000	Holder	412261.0	0.000
debttoass	187892.0	0.000	Audit	308507.0	0.000

根据表7-7，在1%显著性水平下，财务指标都通过了Mann – Whitney U检验，即ST与非ST公司的指标均值存在显著差异。对股权结构和其他虚拟变量的Mann – Whitney U检验结果显示：除行业虚拟变量以外，其他指标均在5%显著性水平下通过检验，这说明各个行业的公司都可能发生财务困境；ST与非ST公司的股权结构、最终控制人类型和审计意见存在显著差异。

3. 相关性分析

本章使用PASW18.0中的偏相关命令对非虚拟变量进行相关性分析，并以年份和股票交易状态为控制变量。发现有些指标间相关系数比较高。由于相关矩阵太大，不便全部列出，这里只挑选相关系数大于0.5的变量，将相关矩阵列在表7-8、表7-9、表7-10、表7-11中。软件分析结果显示下列相关系数均在1%的显著性水平上通过检验。

第七章 基于面板离散选择模型的财务困境预警

表7-8 盈利能力指标相关矩阵

	ROEsales	ROENI	oprinctosales	Nitosales
ROEsales	1.000	—	—	—
ROENI	0.800	1.000	—	—
oprinctosales	0.083	0.075	1.000	—
Nitosales	0.079	0.102	0.939	1.000

根据表7-8可知，ROEsales与ROENI的相关系数为0.8，二者强相关，需要剔除一个指标。由于净资产收益率（净利润）更常用，因此，根据表7-8保留净资产收益率（净利润），剔除净资产收益率（营业利润）、营业利润/营业收入。

表7-9 成长能力指标相关矩阵

	salesgrw	assgrw
salesgrw	1.000	—
assgrw	0.649	1.000

总资产增长率不仅受到所有者权益变动的影响，还会随债务规模的变化而变化。公司有可能通过举债摆脱财务困境。资产规模的增长不能很好地反映财务状况的变化。因此根据表7-9剔除总资产周转率，保留营业收入周转率。

表7-10 偿债能力指标相关矩阵

	oprCFtoCL	currentratio	quickratio	mrkttodebt
oprCFtoCL	1.000	—	—	—
currentratio	0.517	1.000	—	—
quickratio	0.524	0.988	1.000	—
mrkttodebt	0.189	0.828	0.821	1.000

根据国内学者对财务困境预警研究的结果，流动比率的预警能力很强，并且流动比率计算简便，因此根据表7-10保留流动比率，剔除现金流量负

债比、速动比率、市值/负债。

和财务指标相比，股权结构指标之间的相关系数更大。前五大股东持股比例的平方和（H5Index）与前十大股东持股比例的平方和（H10Index）两个指标的相关系数更是达到了1，说明制造业上市公司的股权主要集中在前五大股东手中。考虑到我国上市公司中第一大股东一般持有控制权，本章根据表7-11保留第一股东持股比例（owncon1）和Z指数，剔除前五大股东持股比例之和、前十大股东持股比例之和、前五大股东持股比例的平方和、前十大股东持股比例的平方和。

表7-11 股权结构指标相关矩阵

	owncon1	owncon5	owncon10	H5Index	H10Index
owncon1	1.000	—	—	—	—
owncon5	0.692	1.000	—	—	—
owncon10	0.637	0.985	1.000	—	—
H5Index	0.963	0.770	0.718	1.000	—
H10Index	0.963	0.770	0.719	1.000	1.000

通过 Mann–Whitney U 非参数检验和相关性分析，本章剔除在5%显著性水平上未通过这两类检验的指标，得到如表7-12所示的20个指标用于财务困境预警建模。通过筛选的指标从财务和非财务两个方面反映了公司情况，体现了公司的盈利、营运、成长、偿债能力，并涵盖股权集中度、行业类型、审计意见、最终控制人信息，系统地反映了公司多方面的状况。

4. 最终指标体系的确定

根据前文的研究设计，本章将在实证部分展开针对制造业全行业和次类行业的财务困境预警研究。在接下来的实证部分，为了研究非财务指标对提高模型预警能力的影响，本章在财务指标预警模型的基础上，增加了包含不同非财务的预警模型；为了研究预警模型的行业适用性，以制造业为样本建立了预警模型，并对比模型对制造业及其他行业的判别准确率；由于研究结果显示预警模型对不同行业的判别准确率不同，为了进一步说明行业类型对模型的影响，本章提取了机械、设备、仪表行业的数据再次构建预警模型。另外，判别临界点对模型的预警能力存在直接影响，本章检验了各个模型在不同临界点下的判别准确率，并得到了有意义的结果。具体请见下一节内容，该部分采用的数据处理软件是 STATA 11.0。

表 7-12　财务困境预警建模指标

	指标名称	符　号
盈　利	净资产收益率（净利润）	ROENI
	资产收益率	ROA
	销售净利率	Nitosales
营　运	存货周转率	invtn
	固定资产周转率	fixasstn
	资产周转率	asstn
成　长	营业收入增长率	salesgrw
	营业利润增长率	oprincgrw
	净利润增长率	Nigrw
	净资产增长率	equitygrw
偿　债	资产负债率	debttoass
	流动比率	currentratio
	市净率	Peq
	市销率	PS
非财务指标	第一大股东持股比例	owncon1
	Z 指数	Zindex
	行业虚拟变量	Industry
	最终控制人类型虚拟变量	Holder
	审计意见虚拟变量	Audit
其　他	资产的自然对数	LnAss

第三节 实证分析

一、基于制造业的实证分析

上市公司由于过去一年或两年的财务状况异常而被特别处理,所以本章以第 T 期的股票交易状态(1 表示 ST,0 表示非 ST)为被解释变量,以表 7-12 所示指标的第 T-1 期的数据为解释变量,建立面板 Logit 模型用于财务困境预警。根据前文文献综述部分的介绍,本章将在研究财务指标预警能力的基础上加入非财务指标,以研究不同非财务指标的信息增量。为此,本章设计了如表 7-13 所示的 6 个模型。对于模型设置的具体说明如下。

(1) 模型 1-1 用于检验仅含财务指标的预警模型的判别准确率。财务指标是公司财务预警中的基础指标,能从多个方面直观地反映企业的财务状况,因此是财务困境预警领域很多学者的重点研究对象。本章建立模型 1-1 的目的不仅是要研究财务指标的预警作用,还希望在此基础上添加非财务指标,以分析非财务指标对预警模型判别准确率的影响。本章提出预期一:非财务指标的加入能提高模型的预警能力。

(2) 模型 1-2 在模型 1-1 的基础上添加了行业虚拟变量,用于验证不同行业需要建立不同的预警模型,而不能将其他行业的预警模型照搬到特定行业的假设。根据第二章文献综述的部分内容,本章提出预期二:加入了行业虚拟变量的预警模型,其判别准确率将会有所上升。

(3) 模型 1-3 在模型 1-1 的基础上添加了审计意见,用于考察外部审计师的意见对财务预警模型准确率的影响。由于外部审计师审计责任的约束,审计意见在一定程度上保证了公司财务报表的真实和公允。上市公司为了保持自身的形象,往往会想方设法获得标准审计意见,因而被出具非标准审计意见的公司更可能存在财务隐患。因此,本章提出预期三:审计意见变量的加入会提高模型的预测准确率,非标准审计意见类型比标准审计意见类型具有更高的信息含量,能更好地提高预警模型的判别准确率。

(4) 模型1-4在模型1-1的基础上添加了最终控制人类型。根据本书第二章对非财务指标的研究综述,最终控制人类型也是影响预警模型判别准确率的一个重要因素。所以本章的预期四为:模型1-4的判别准确率将高于模型1-1。并且,由于国有企业承担一定的社会责任,政府势必会对其进行扶持,因此,本章还预期国有控股的企业更不容易陷入财务困境。

(5) 模型1-5在模型1-1的基础上添加了股权结构变量。目前,针对股权结构的研究主要存在两种结果:一种结果显示,股权集中度越高,公司越能在财务状况出现异常变化时迅速做出应对决策,采取应对措施,避免公司陷入财务困境;另一种结果则发现股权分散能产生制衡监督作用,从而在一定程度上保障公司的健康运行,降低陷入财务困境的可能性。目前来看,大部分研究得到的是第一种结果。据此,本章提出预期五:股权越集中,公司越不易陷入财务困境。

根据本书第三章的介绍,对于每一个模型,在得到模型参数之后,为了确定应该建立固定效应模型还是随机效应模型,需要进行 Hausman 检验。检验结果均显示 P 值大于5%,认为可以接受原假设,需要建立随机效应模型,而非固定效应模型。本章通过 Hausman 检验后所选模型效应见表7-13最后一列。

表7-13 各模型所用指标及模型说明(制造业)

模 型	所用指标	备 注
1-1	财务指标	随机效应
1-2	财务指标+行业虚拟变量	随机效应
1-3	财务指标+审计意见	随机效应
1-4	财务指标+最终控制人类型	最终控制人类型变量不显著
1-5	财务指标+股权结构变量	股权结构变量不显著
1-6	财务指标+行业虚拟变量+审计意见	随机效应

通过观察每个模型中不同变量系数的显著性,本章发现最终控制人类型和股权结构两类指标的均值虽然通过了 MW 显著性检验,但是在模型中系数 P 值均大于5%,即变量不显著,对提高模型预警能力没有帮助,与本章预期

并不相符。在其他模型中，非财务指标均存在系数 P 值小于 5% 的指标。因此，本章舍弃模型 1-4 和模型 1-5，并认为最终控制人类型和股权结构两类变量对本章建立的制造业上市公司财务困境预警模型而言没有信息增量。为了研究显著的非财务指标，即行业虚拟变量和审计意见对预警效果的综合影响，本章还建立了模型 1-6，如表 7-13 的最后一行所示。由于包含了更多的非财务信息，本章预期模型 1-6 的预警能力将高于其他几个模型。Hausman 检验结果显示模型 1-6 应当选用随机效应模型。在这一过程中，本章主要使用 STATA11.0 软件中 xtset、xtlogit、estimates store 以及 Hausman 四条命令处理面板数据。剔除模型 1-4 和模型 1-5 之后，其他四个模型中通过显著性检验的指标及其系数如表 7-14 所示。

表 7-14 通过显著性检验的各变量系数（制造业）

	1-1	1-2	1-3	1-6
constant	27.790	28.660	25.480	27.570
ROA	-9.270	-6.960	-5.660	—
fixasstn	-0.200	-0.230	-0.190	-0.220
asstn	-1.300	1.370	—	—
debttoass	13.500	13.840	13.460	13.510
currentratio	0.047	0.460	0.410	0.430
LnAss	-1.820	-1.830	-1.730	-1.780
Industry (3)	—	-3.280	—	-3.270
Industry (4)	—	-2.330	—	-2.320
Industry (8)	—	-2.240	—	-2.350
Audit (2)	—	—	1.990	2.030
Audit (3)	—	—	1.160	—

注：表中系数均在 5% 显著性水平上通过检验。"—"表示对该模型不适用，或未通过显著性检验。

分析表 7-14 中各变量的系数可以得出如下四条结论。

(1) 资产收益率、固定资产周转率、资产的对数的系数显著为负，说明资产收益率越高、固定资产周转越快、资产规模越大的公司发生财务困境的可能性越小。这同时也说明，公司应该设法提高自身盈利能力和营运能力，从而避免陷入财务困境。另外，大规模公司较小规模公司更具优势，其原因可能在于大规模公司拥有更高的管理水平以及更强的市场竞争力，能够更加规范和健康地运营，在逆境中更容易获得来自公司内部和外部多方的支持，从而降低发生财务困境的概率。

(2) 资产负债率的系数显著为正，并且系数绝对值最大，说明该指标在财务困境预警中的作用非常重要，这一点也与国内很多学者的研究结果相同。流动比率系数为正，但绝对值很小，说明流动比率越大，公司陷入财务困境的可能性越大。这可能说明公司对净营运资本的运作效率不佳，需要控制净营运资本，提高资金运转效率。

(3) 根据行业虚拟变量的系数来看，C3、C4、C8行业的行业虚拟变量系数显著，而其他次类行业并不显著。根据已有文献的研究，不同行业之间的许多财务指标存在显著差异，本章认为造成部分次类行业虚拟变量的原因可能在于这些次类行业内部公司之间财务差异较小，从而容易得到一致性的财务状况恶化的变化趋势。

(4) 审计意见虚拟变量中，Audit (2) 表示加说明段的无保留意见，Audit (3) 为保留意见，其系数显著为正，说明外部审计师的审计意见，尤其是非标准无保留意见可以作为判断公司陷入财务困境可能性的参考因素。另外，由于样本中无法/拒绝表示意见和未经审计的样本量分别为8家和1家，样本量太小可能是造成这两种审计意见的虚拟变量不显著的原因。

在建立了上述模型以后，本章以2010年的363家公司为检验样本，验证了模型的预警能力。具体的检验设计为：以这363家公司2011年的交易状态（1表示ST，0表示非ST）为被解释变量，以表7-14中的通过显著性检验的指标为解释变量，根据表7-14不同模型的指标系数计算各模型股票交易状态y_{it}（$y_{it}=0$表示正常交易，$y_{it}=1$表示被特别处理）的隐性变量y_{it}^*，如表7-15所示。

表7-15 各模型股票交易状态 y_{it} 的隐性变量 y_{it}^* 计算公式

模型	隐性变量 y_{it}^*
1-1	$y_{it}^* = 27.79 - 9.27\text{ROA} - 0.2\text{fixasstn} - 1.3\text{asstn} + 13.5\text{debttoass} - 1.82\text{LnAss}$
1-2	$y_{it}^* = 28.66 - 6.96\text{ROA} - 0.23\text{fixasstn} + 1.37\text{asstn} + 13.84\text{debttoass} - 1.83\text{LnAss} - 3.28\text{Industry}(3) - 2.33\text{Industry}(4) - 2.24\text{Industry}(8)$
1-3	$y_{it}^* = 25.48 - 5.66\text{ROA} - 0.19\text{fixasstn} + 13.46\text{debttoass} - 1.73\text{LnAss} + 1.99\text{Audit}(2) + 1.16\text{Audit}(3)$
1-6	$y_{it}^* = 27.57 - 0.22\text{fixasstn} + 13.51\text{debttoass} - 1.78\text{LnAss} - 3.27\text{Industry}(3) - 2.32\text{Industry}(4) - 2.35\text{Industry}(8) + 2.03\text{Audit}(2)$

针对363家制造业上市公司2010年的数据，根据表7-15的计算公式得到不同模型下隐性变量 y_{it}^* 的计算结果以后，便可利用公式 $p_{it} = \dfrac{e^{y_{it}^*}}{1 + e^{y_{it}^*}}$ 计算 y_{it} 取值为1的概率，然后就可使用检验样本在特定年份是否会陷入财务困境。以往的研究通常以0.5为临界点：如果 y_{it} 取值为1的概率大于0.5，则判断公司将陷入财务困境；否则，公司不会陷入财务困境。

根据石晓军等人的研究，在不同临界点下，模型的预测能力不同，因此，本章计算出不同模型中股票交易状态为ST的概率之后，计算了不同临界点情况下，面板Logit模型对制造业上市公司财务困境预警的效果。不同模型在不同临界点的判别准确率具体结果见表7-16。分析表7-16可以得到如下结论：

（1）不管是只含财务指标的模型，还是既包含财务指标，又包含非财务指标的模型，临界点越小，模型对ST公司的判别率越高，对非ST公司的判别率越低。例如，当临界点从0.5降到0.1时，模型1-1对ST公司的判别准确率由40.54%上升到51.35%，对ST公司正确判别个数由15家增加到19家，对非ST公司的判别准确率由99.39%下降到97.24%，即判断正确的公司由324家下降到317家；模型1-2对ST公司的判别准确率由59.46%上升到67.57%，对ST公司正确判别个数由22家增加到25家；对非ST公司的判别准确率由94.79%下降到84.36%，即判断正确的公司由309家下降到275

家。值得注意的是，随着临界点的变化，模型对 ST 的判别率波动比对非 ST 的判别率波动大，原因可能是非 ST 公司样本数量较大。因此需要选择合适的临界点进行预测，而不能直观地以 0.5 为临界点。

（2）在控制临界点的情况下，既包含财务指标，又包含非财务指标的模型，其判别准确率均高于仅含财务指标的预警模型。即使在临界点为 0.1 的情况下，模型 1-1 对 ST 公司的预警准确度也只有 51.35%，而其他模型的准确度均在 60% 以上。这充分说明了非财务指标的加入能提高模型的预警能力，预期一得到证实，在进行财务预警时不仅要考虑财务指标的影响，还要考虑非财务因素的影响。

（3）模型 1-2 对 ST 公司的判别率最高，比模型 1-1 的 51.35% 高出 16.22%，说明行业因素能够在很大程度上提高模型预警能力，预期二得以证实。因此，在进行财务困境预警时，需要将不同行业的数据区分开来，而不能混合处理。

（4）对比模型 1-1 和模型 1-3 可以发现审计意见也有助于提高模型的预警能力，预期三得以证实，公司的利益相关者可以将外部审计师的审计意见作为预测公司陷入财务困境可能性的依据。另外，模型 1-3 对 ST 公司的判别准确率不如模型 1-2，这说明行业对预警模型准确性的影响高于审计意见的影响。

（5）由于模型 1-4 和模型 1-5 中非财务指标系数不显著，预期四和预期五无法得到验证。模型 1-6 虽然综合了行业和审计意见因素，但其判别率却不是最高的。这可能是由于模型（虚拟）变量过多形成的陷阱，由此得到的启示是在建立模型进行预警时，不仅要考虑各变量的经济含义，还要结合模型对数据的要求合理设置模型参数。

表7-16 模型在不同临界点的判别准确率（基于制造业数据）

模型编号	2010年	1-1			1-2			1-3			1-6		
临界点		1-ST	0-非ST	合计	1-ST	0-非ST	合计	1-ST	0-非ST	合计	1-ST	0-非ST	合计
0.1	实际	37	326	363	37	326	363	37	326	363	37	326	363
	预测	19	317	336	25	275	300	24	305	329	24	300	324
	正确率（%）	51.35	97.24	92.56	67.57	84.36	82.64	64.86	93.56	90.63	64.86	92.02	89.26
0.2	实际	37	326	363	37	326	363	37	326	363	37	326	363
	预测	16	321	337	24	292	316	22	312	334	22	312	334
	正确率（%）	43.24	98.47	92.84	64.86	89.57	87.05	59.46	95.71	92.01	59.46	95.71	92.01
0.3	实际	37	326	363	37	326	363	37	326	363	37	326	363
	预测	16	323	339	22	303	325	18	317	335	21	316	337
	正确率（%）	43.24	99.08	93.39	59.46	92.94	89.53	48.65	97.24	92.29	56.76	96.93	92.84
0.4	实际	37	326	363	37	326	363	37	326	363	37	326	363
	预测	16	323	339	22	307	329	16	320	336	20	317	337
	正确率（%）	43.24	99.08	93.39	59.46	94.17	90.63	43.24	98.16	92.56	54.05	97.24	92.84
0.5	实际	37	326	363	37	326	363	37	326	363	37	326	363
	预测	15	324	339	22	309	331	16	321	337	16	318	334
	正确率（%）	40.54	99.39	93.39	59.46	94.79	91.18	43.24	98.47	92.84	43.24	97.55	92.01

二、基于其他门类行业的实证分析

根据前面对表 7-16 的分析结果，模型 1-2 的判别率最高，说明行业虚拟变量对财务困境预警模型的预警效果影响非常突出。为了分析基于制造业数据建立的预警模型是否适用于其他行业，本章用前面的模型来对其他门类行业上市公司进行财务困境预警研究。在本小节中，本章根据建立的指标体系，搜集了除制造业、金融、保险业以外的上市公司 2009~2010 年的相关数据。在剔除数据不全的公司之后，最终得到各行业 2010 年数据齐全的公司数据。各行业股票数据及财务困境公司数如表 7-17 所示。

表 7-17 其他门类行业样本公司统计

CSRC 行业代码	A	B	D	E	F	G	H	J	K	L	M	合计
样本股票数	36	36	65	35	63	104	94	91	48	12	58	642
财务困境公司数	4	0	3	1	1	5	5	2	3	1	3	28
困境公司比重（%）	11.1	0.0	4.6	2.9	1.6	4.8	5.3	2.2	6.3	8.3	5.2	4.4

数据更新日期：2012 年 4 月 2 日。
资料来源：CCER 数据库。

由于传播与文化产业（L）的样本太少，只有 12 家，因此剔除该行业，只对剩余的 10 个行业进行分析。

根据表 7-17 的结果，本章针对这 10 个行业样本公司选择了如下几个指标：交易状态、资产收益率、固定资产周转率、资产周转率、资产负债率、流动比率、资产的自然对数、审计意见。由于 T 期的交易状态根据 T-1 期或 T-1 期、T-2 期的财务状况来确定，因此，建模时采用这些股票 2011 年的交易状态，其他的指标均为 2010 年的数据。根据表 7-16 显示的结果，在不同临界点下，模型 1-2 的判别准确率最高，因此，本章选用模型 1-2 对各个行业在不同临界点下的数据进行分析，结果如表 7-18、表 7-19 所示。

表7-18 模型1-2在不同临界点对其他行业的判别准确率(1)

临界点	行业 2010年	A 1	A 0	A 合计	B 1	B 0	B 合计	D 1	D 0	D 合计	E 1	E 0	E 合计	F 1	F 0	F 合计
0.1	实际	4	32	36	0	36	36	3	62	65	1	34	35	1	62	63
	预测	2	29	31	0	36	36	1	60	61	0	32	32	0	58	59
	正确率(%)	50.00	90.63	86.11	0.00	100.00	100.00	33.33	96.77	93.85	0.00	94.12	91.43	0.00	93.55	93.65
0.2	实际	4	32	36	0	36	36	3	62	65	1	34	35	1	62	63
	预测	2	31	33	0	36	36	1	61	62	1	33	33	1	59	60
	正确率(%)	50.00	96.88	91.67	0.00	100.00	100.00	33.33	98.39	95.38	100.00	97.06	94.29	100.00	95.16	95.24
0.3	实际	4	32	36	0	36	36	3	62	65	1	34	35	1	62	63
	预测	2	32	34	0	36	36	1	62	63	0	33	33	0	59	60
	正确率(%)	50.00	100.00	94.44	0.00	100.00	100.00	33.33	100.00	96.92	0.00	97.06	94.29	0.00	95.16	95.24
0.4	实际	4	32	36	0	36	36	3	62	65	1	34	35	1	62	63
	预测	2	32	34	0	36	36	1	62	63	1	33	33	1	59	60
	正确率(%)	50.00	100.00	94.44	0.00	100.00	100.00	33.33	100.00	96.92	100.00	97.06	94.29	100.00	95.16	95.24
0.5	实际	4	32	36	0	36	36	3	62	65	1	34	35	1	62	63
	预测	2	32	34	0	36	36	1	62	63	1	34	34	1	61	62
	正确率(%)	50.00	100.00	94.44	0.00	100.00	100.00	33.33	100.00	96.92	100.00	100.00	97.14	100.00	98.39	98.41

表7－19　模型1－2在不同临界点对其他行业的判别准确率（2）

临界点	行业 2010年	G 1	G 0	G 合计	H 1	H 0	H 合计	J 1	J 0	J 合计	K 1	K 0	K 合计	M 1	M 0	M 合计
0.1	实际	5	99	104	5	89	94	2	89	91	3	45	48	3	55	58
	预测	3	95	98	4	84	88	1	87	88	2	45	47	1	53	54
	正确率（%）	60.00	95.96	94.23	80.00	94.38	93.62	50.00	97.75	96.70	66.67	100.00	97.92	33.33	96.36	93.10
0.2	实际	5	99	104	5	89	94	2	89	91	3	45	48	3	55	58
	预测	3	97	100	3	86	89	1	87	88	2	45	47	0	53	53
	正确率（%）	60.00	97.98	96.15	60.00	96.63	94.68	50.00	97.75	96.70	66.67	100.00	97.92	0.00	96.36	91.38
0.3	实际	5	99	104	5	89	94	2	89	91	3	45	48	3	55	58
	预测	3	97	100	3	86	89	1	87	88	2	45	47	0	54	54
	正确率（%）	60.00	97.98	96.15	60.00	96.63	94.68	50.00	97.75	96.70	66.67	100.00	97.92	0.00	98.18	93.10
0.4	实际	5	99	104	5	89	94	2	89	91	3	45	48	3	55	58
	预测	3	98	101	3	87	90	1	88	89	2	45	47	0	54	54
	正确率（%）	60.00	98.99	97.12	60.00	97.75	95.74	50.00	98.88	97.80	66.67	100.00	97.92	0.00	98.18	93.10
0.5	实际	5	99	104	5	89	94	2	89	91	3	45	48	3	55	58
	预测	3	98	101	3	87	90	1	89	90	2	45	47	0	54	54
	正确率（%）	60.00	98.99	97.12	60.00	97.75	95.74	50.00	100.00	98.90	66.67	100.00	97.92	0.00	98.18	93.10

图 7-5、图 7-6 显示了不同临界点下,模型 1-2 对不同行业困境公司和非困境公司的判别准确率。对于每一个行业,从左到右的条形图案分别代表临界点为 0.1、0.2、0.3、0.4、0.5 时,模型对相应公司的判别准确率。

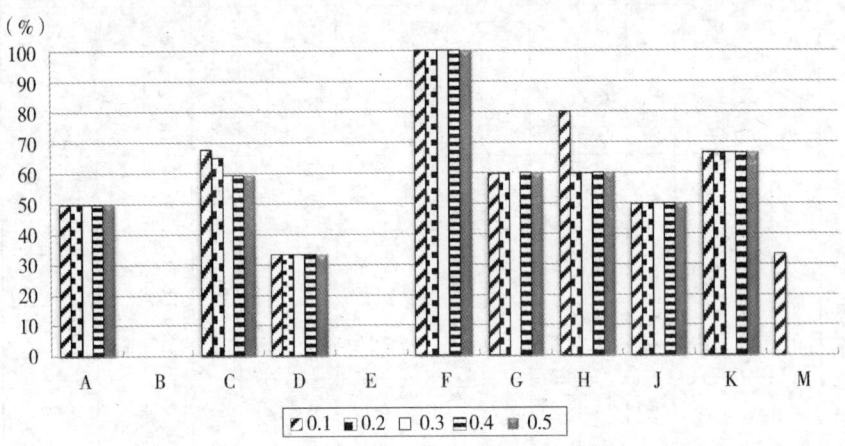

图 7-5 模型 1-2 在不同临界点下对不同行业 ST 公司的判别准确率

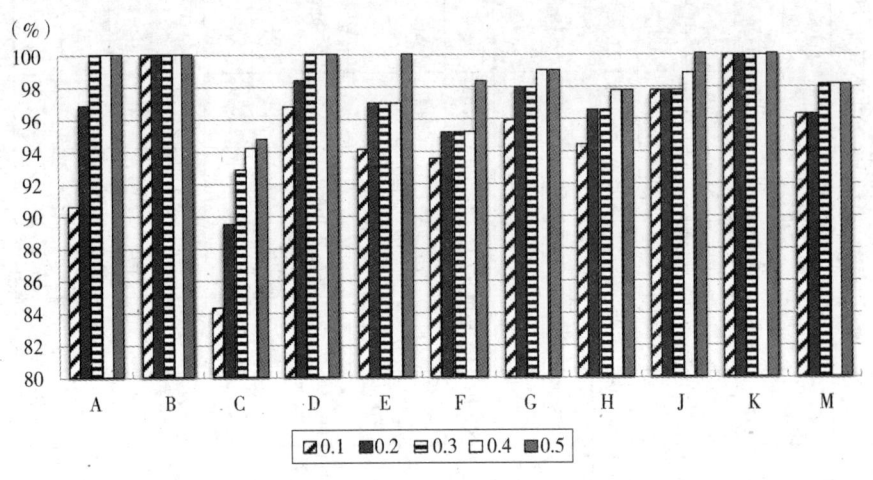

图 7-6 模型 1-2 在不同临界点下对不同行业非 ST 公司的判别准确率

根据图 7-5,模型 1-2 对财务困境公司的判别准确率仅次于交通运输、仓储业(F)和社会服务业(K)。查看样本数据,发现这两个行业中财务困境公司样本数非常小(见表 7-17),这可能是导致判别率偏高的原因。因此，结合样本量和图形，可以判断基于制造业数据处理得到的预警模型对制造业的判别率最高，对其他行业的判别率都较低。由此说明：进行财务困境预警时，需要针对不同行业建立预警模型，而不应该直接套用其他行业的模型参数。

另外，在不同临界点下，预警模型对制造业的判别准确率出现明显差异，临界点越小，准确率越高；而其他行业的准确率几乎没有变化。这说明针对制造业研究不同临界点下预警模型的判别率是有意义的。

与图7-5不同的是，根据图7-6来看，临界点越小，对非ST的判别率越低，这一规律不仅适用于制造业，而且也适用于其他多个行业。比较图7-5和图7-6发现：随着临界点的变化，模型对ST的判别率波动比对非ST的判别率波动大。通常情况下，将ST公司误判为非ST公司带来的损失比将非ST公司误判为ST公司大，因为相对于投资正常运营的公司而言，投资于风险较高的公司可能蒙受的损失要远远超过在正常运营公司可能获得的利益。因此，本章建议在预警过程中适当降低临界点，提高对ST公司的判别准确率，从而尽量减小由于误判而造成的损失。

对比两个部分的实证分析结果，本章认为在财务困境预警实证研究中应该注意以下两点：①不同行业有各自的特征，进行财务困境预警时，需要针对不同行业建立预警模型，而不应该直接套用其他行业的模型参数；②研究模型在不同临界点的判别准确率对制造业上市公司财务困境预警是有意义的，根据研究结果，在应用预警模型时，应当适当降低临界点，从而提高对ST公司的判别准确率，以减小由于误判可能带来的损失，而不能盲目地使用0.5作为预警临界点。

三、基于制造业次类行业的实证分析

根据前两小节的研究结果，行业差异对模型的判别能力有重要的影响，因此，本章特意提取制造业中的一个子行业C7机械、设备、仪表行业的数据进行研究。选择C7的原因是该行业股票数量相对较多，便于取得数据。由于重新限定了预警对象，本章使用非参数检验和相关分析对C7行业的指标进行了重新筛选。通过M-W检验剔除invtn、mrkttodebt、owncon5、owncon10、Zindex 五个指标。通过相关分析剔除 ROEsales、ROA、Nitosales、assgrw、quickratio、PS、H5Index、H10Index 八个指标。在剩余 17 个指标中,利用除行业虚拟变量以外的 16 个财务与非财务指标构建预警模型。在模型设置上,由于以制造业特定次类行业为研究对象,本章剔除了模型 1-2,并根据非财务指标的不同含义设置了模型 2-1 至模型 2-4,用于分析审计意见、最终控制人类型、股权结构变量这些非财务指标对预警模型判别准确率的影响。最后,根据这四个模型的具体结果设置了模型 2-5。模型设置与 Hausman 检验结果如表 7-20 所示。

表 7-20 各模型所用指标及模型说明(机械、设备、仪表行业)

模型编号	所用指标	备注
2-1	财务指标	随机效应
2-2	财务指标 + 审计意见	随机效应
2-3	财务指标 + 最终控制人类型	最终控制人类型变量不显著
2-4	财务指标 + 股权因素	随机效应
2-5	财务指标 + 股权因素 + 审计意见	随机效应

通过观察每个模型中不同变量系数的显著性,本章发现最终控制人类型变量不显著,因此舍弃模型 2-3。针对其他四个模型的 Hausman 检验显示显著性水平均大于 5%,因此建立随机效应面板 Logit 模型。各模型通过显著性检验的指标及其系数如表 7-21 所示。

表 7-21 通过显著性检验的各变量系数(机械、设备、仪表行业)

	2-1	2-2	2-4	2-5
constant	63.28	46.39	64.34	45.66
fixasstn	-0.38	—	—	—
asstn	-4.11	—	-4.53	—
debttoass	17.83	14.40	17.77	13.93
currentratio	1.11	0.96	1.08	0.90
LnAss	-3.66	-2.76	-3.63	-2.64
Audit(2)	—	2.72	—	2.87

注:表中系数均在 5% 显著性水平上通过检验。"—"表示对该模型不适用,或未通过显著性检验。

分析表 7-21 各变量系数可以发现：

（1）固定资产周转率、资产周转率、资产的对数的系数显著为负，说明营运能力越强、资产规模越大的公司发生财务困境的可能性越小。与之前的结论不同的是，盈利能力指标并不显著。

（2）资产负债率的系数显著为正，并且系数绝对值最大，说明该指标在预警中的作用非常大。流动比率系数为正，但绝对值很小，说明流动比率越大，公司陷入财务困境的可能性越大，说明公司需要控制净营运资本，提高资金运转效率。

（3）在审计意见虚拟变量中，加说明段的无保留意见 Audit（2）系数显著为正，说明外部审计师的审计意见，尤其是非标准无保留意见可以作为判断公司陷入财务困境可能性的参考因素。与之前的结论不同的是，Audit（3）的系数不再显著，查看数据之后，发现样本中保留意见 Audit（3）、无法/拒绝表示意见 Audit（4）以及未经审计 Audit（5）的样本量太小，分别为 13 家、5 家、0 家，可能导致这三个虚拟变量并不显著。

表 7-22 显示了基于 C7 行业的预警模型在不同临界点的判别准确率，分析表 7-22，并对比表 7-16 中的数据，本章得到以下结果：

（1）对比表 7-16 和表 7-22，发现基于 C7 行业的财务困境预警模型其判别准确率更高，对 ST 公司的判别准确率最高达到了 88.89%，比表 7-16 模型 1-2 的 67.57% 高出了 21.32%，充分说明了区分行业构建预警模型能够提高模型判别准确率。

（2）既包含财务指标，又包含非财务指标的模型，如模型 2-2、模型 2-4，其对 ST 公司的判别准确率均高于仅含财务指标的预警模型。当临界点为 0.1 时，添加审计意见的模型 2-2 对 ST 公司的判别准确率为 88.89%，添加股权结构变量的模型 2-4 为 77.78%，均高于仅含财务指标的模型 2-1 的判别准确率 55.56%。此外，随着临界点的降低，模型对 ST 公司的判别率越来越高，对非 ST 公司的判别率越来越低。这些结果与之前的结果一致。再次说明了在财务困境预警需要选择合适的临界点进行预测，而不能直观地以 0.5 为临界点；不仅要考虑财务指标的影响，还要考虑非财务因素，特别是审计意见和公司股权结构的影响。

表7-22 模型在不同临界点的判别准确率（基于C7行业数据）

临界点	模型编号		2-1			2-2			2-4			2-5		
	2010年		1-ST	0-非ST	合计	1-ST	0-非ST	合计	1-ST	0-非ST	合计	1-ST	0-非ST	合计
0.1		实际	9	72	81	9	72	81	9	72	81	9	72	81
		预测	5	71	76	8	65	73	7	68	75	8	49	57
		正确率（%）	55.56	98.61	93.83	88.89	90.28	90.12	77.78	94.44	92.59	88.89	68.06	70.37
0.2		实际	9	72	81	9	72	81	9	72	81	9	72	81
		预测	3	72	75	7	67	74	5	70	75	8	58	66
		正确率（%）	33.33	100.00	92.59	77.78	93.06	91.36	55.56	97.22	92.59	88.89	80.56	81.48
0.3		实际	9	72	81	9	72	81	9	72	81	9	72	81
		预测	3	72	75	5	69	74	5	70	75	8	65	73
		正确率（%）	33.33	100.00	92.59	55.56	95.83	91.36	55.56	97.22	92.59	88.89	90.28	90.12
0.4		实际	9	72	81	9	72	81	9	72	81	9	72	81
		预测	3	72	75	5	69	74	5	70	75	7	66	73
		正确率（%）	33.33	100.00	92.59	55.56	95.83	91.36	55.56	97.22	92.59	77.78	91.67	90.12
0.5		实际	9	72	81	9	72	81	9	72	81	9	72	81
		预测	0	0	0	5	69	74	4	70	74	7	67	74
		正确率（%）	0.00	0.00	0.00	55.56	95.83	91.36	44.44	97.22	91.36	77.78	93.06	91.36

(3) 对比模型判别准确率发现，在控制行业因素的前提下，审计意见的信息增量最大，股权结构变量次之，与之前的结论一致。不同的是，股权结构变量成为显著变量。这可能是由于制造业各次类行业间股权结构相差较大，使得总体不显著，但是 C7 行业的股权结构比较接近，因此成为显著变量。股权结构对提高预警能力有正向作用，这一结果验证了预期五。

(4) 通过分析发现，过多的非财务指标同时进入预警模型不但没有提高模型预警能力，反而降低了预警效果。这说明数学模型与实际经济问题之间存在一定的差异，构建预警模型时不仅要考虑指标的经济意义，还应合理设置参数，达到改善预警效果的目的。

第四节 本章小结

考虑到制造业上市公司在我国经济和社会发展中的重要作用，本章在总结已有财务困境预警文献的基础上，以上市公司被特别处理作为界定财务困境的标准，使用 CSRC 各门类行业数据，特别是对制造业财务指标和非财务指标进行了财务困境预警研究。在系统地确定初步指标体系之后，应用 Mann – Whitney U 非参数检验方法检验了 ST 公司和非 ST 公司各指标均值的差异性，发现这两类公司在盈利能力、营运能力、成长能力、偿债能力以及最终控制人类型、审计意见、股权结构方面确实存在显著差异。然后，本章应用相关性分析剔除了相关性较强的指标。通过 Mann – Whitney U 非参数检验和相关性分析，本章确定了用于构建财务困境预警模型的指标体系。

面板数据由于结合了截面数据和时间序列而具有其独特的优势，但由于兴起时间较短，在财务预警领域应用很少。因此，本章采用面板数据 Logit 模型作为构建预警模型的方法。在实证研究部分，本章首先基于制造业数据构建预警模型，分析了财务指标以及行业类型、最终控制人类型、审计意见、股权结构对预警模型判别准确率的影响。其次，本章将基于制造业的预警模型应用于其他行业，并对比了模型对各个行业的预警能力，分析结果显示应针对制造业构建的预警模型对制造业进行预警的效果最佳。最后，本章将行业类型缩小为制造业中的机械、设备、仪表行业,进一步论证了行业类型和非财务因素有利于提高预警模型的判别准确率。此外,本章还分析了不同临界点下模型的预警能力,为临界点的确定提供了参考依据。本章的主要结论如下:

(1) ST公司与非ST公司的指标均值存在显著差异;从均值来看,ST公司的盈利能力、营运能力、成长能力、偿债能力都不及非ST公司,投资者通过对比指标均值可以初步区分判断财务状况不同的公司。

(2) 从财务指标来看,公司的盈利能力、营运能力越强,资产规模越大,陷入财务困境的可能性越小。预警模型中资产负债率的系数最大且显著为正,即资产负债率每变化一个单位,带来的影响远远超过其他指标,是财务困境预警中必须给予高度关注的指标。ROA、总资产周转率、流动比率以及资产的自然对数这几个指标预警能力较好。

(3) 从非财务指标来看,行业类型对模型预警能力的影响最大;基于制造行业构建的模型对其他行业的预警能力稍弱;基于制造业子行业的预警模型比基于整个制造业的模型预警效果好。因此,应当针对特定行业展开财务困境预警研究,而不能将多行业数据混合起来。相对于股权结构因素和最终控制人类型,审计意见的信息增量最大,外部审计师出具的加说明段的无保留意见以及保留意见可以作为判断公司陷入财务困境概率的参考依据。相比于仅含财务指标的预警模型,同时包含财务和非财务指标的模型预警能力更强。

(4) 模型在不同临界点上的判别准确率存在差异。基于制造业和其他行业的研究结果都显示:临界点越小,对ST公司的判别准确率越高,对非ST公司的判别准确率越低。相对于将非ST公司判别为ST公司这种情况而言,将ST公司判别为非ST公司可能造成更严重的后果。因此,在预警过程中可以适当降低临界点,尽可能减小对财务困境公司的误判率,而不能盲目根据常识以0.5为临界点。

本章还存在诸多局限性,包括:

(1) 样本数量的限制可能致使部分指标(如保留意见Audit(3)和无法/拒绝表示意见Audit(4))的系数不显著,从而在模型中遗漏有用的预警指标。

(2) 根据目前的研究结果，ST 公司和非 ST 公司的配比比例也会对模型预警能力形成影响。本章限于样本公司的数量，没有研究不同配比情况下模型的预警能力，因而在模型预警能力上还存在可能的提升空间。

(3) 公司陷入财务困境是一个逐渐变化的过程，受模型理论的限制，本章只构建了静态面板离散选择模型，无法动态反映过去的财务状况对公司未来财务状况的影响。目前国内外对动态面板离散选择模型的研究还处于萌芽阶段，国内罕见使用动态面板离散选择模型的实证研究。如果能够使用动态面板数据模型研究公司财务状况的动态变化过程，可能会得到更多有意义的结果。

第八章 基于 Kalman 滤波的财务困境动态预警

第一节 状态空间模型和 Kalman 滤波原理

20 世纪 60 年代初，由于工程控制领域的需要，产生了 Kalman 滤波 (Kalman Filtering)。现代控制理论的创始人之一 R. E. Kalman 于 1960 年在论文 *A New Approach to Linear Filtering and Prediction Problem* 中提出了状态空间方法，状态空间 (State Space) 模型通常用来对不可观测的时间变量进行估计，如理性预期、测量误差、长期收入、不可观测因素等。状态空间模型可以将不可观测变量（也称状态变量）放入可观测模型中，利用 Kalman 滤波迭算法进行估计。进入 70 年代初，状态空间模型的标准形式被明确提出，并开始应用到经济领域。

时间序列模型，包括典型的线性回归模型和 ARIMA 模型都能作为特例写成状态空间的形式，并估计参数值。

一、状态空间模型

状态空间方法是一种时域方法，其中引入了状态变量概念，用状态方程描写动态系统，用量测方程描写量测信息，其关键和核心思想是：①状态变量概念的引入；②建立了描述状态变化的模型——状态方程；③给出了对状态方程进行量测的量测方程。由状态方程和量测方程构成状态空间模型。

状态空间模型主要应用于多变量时间序列，许多时间序列模型可以改写为状态空间模型，如经典线性回归模型和 ARMA 模型等。

状态空间方程的假设条件：

（1）初始状态向量 a_0 的均值为 a_0，协方差矩阵为 P_0；

（2）随机误差项 μ_t 和 ε_t 是相互独立的，且和初始状态向量 a_0 是不相关的。

状态空间模型一般用于多变量的时间序列模型估计中，设 y_t 是 $k \times 1$ 维可观测向量，其包括 k 个经济变量，有 $m \times 1$ 维状态向量 α_t，可观测向量 y_t 与 α_t 有关。则有：

$$y_t = Z_t \alpha_t + d_t + \mu_t \quad (t = 1, 2, \cdots, n) \quad (8-1)$$

式（8-1）被称为量测方程（Measurement Equation），也叫信号方程（Signal Equation）。其中，n 为样本长度，Z_t 是 $k \times m$ 矩阵，α_t 的元素是不可观测的，d_t 为 $k \times 1$ 维向量，μ_t 是 $k \times 1$ 维向量，均值为 0，协方差矩阵为 H_t 的连续的不相关误差项，即：

$$E(\mu_t) = 0$$
$$Var(\mu_t) = H_t \quad (8-2)$$

则有如下方程成立：

$$\alpha_t = T_t \alpha_{t-1} + c_t + R_t \varepsilon_t \quad (t = 1, 2, \cdots, n) \quad (8-3)$$

式（8-3）被称为转移方程（Transition Equation），也叫状态方程（State Equation）。其中，T_t 是 $m \times m$ 矩阵，c_t 是 $m \times 1$ 维向量，R_t 是 $m \times g$ 矩阵，ε_t 为 $g \times 1$ 维向量，均值为 0，协方差矩阵为 Q_t 的连续的不相关误差项，即：

$$E(\varepsilon_t) = 0$$
$$Var(\varepsilon_t) = H_t \quad (8-4)$$

量测方程中的 Z_t、d_t、H_t 矩阵和移动方程中的 T_t、c_t、R_t、Q_t 矩阵被统称为系统矩阵。

状态空间具有马尔科夫性。Markov 过程具有如下特性：在已知目前状态（现在）的条件下，它未来的演变（将来）不依赖于它以往的演变（过去）。

设 $\{X_t, t \in T\}$ 是一个随机过程，其状态空间为 S，如果 $\forall n \geq 2$，$\forall t_1 < t_2 < \cdots < t_n \in T$，在 $X_{t_i} = x_i$，$x_i \in S$，$i = 1, 2, \cdots, n-1$ 的条件下，X_{t_i} 的条件

分布函数恰好等于在条件 $X_{t_{n-1}} = x_{n-1}$ 下的条件分布函数,即 $P\{X_{t_i} \leq x_n \mid X_{t_1} = x_1, X_{t_2} = x_2, \cdots, X_{t_{n-1}} = x_{n-1}\} = P\{X_{t_i} \leq x_n \mid X_{t_{n-1}} = x_{n-1}\}$,$x_n \in R$ 则称 $\{X_t, t \in T\}$ 为 Markov 过程。

状态空间的马尔科夫性使其在长期预测中被广泛应用,但是很少有研究将其用在上市公司财务困境预警,本章将结合 Kalman 滤波和状态空间方程优良特性,建立上市公司动态财务预警模型。

二、Kalman 滤波

当一个模型被写成状态空间形式时,就可以用一些重要的算法对其进行求解,这些算法的核心就是卡尔曼滤波(Kalman Filter)。

滤波就是指从混合在一起的诸多信号中提取出所需信号的过程,Kalman 滤波是从与被提取信号有关的观测量中通过算法估计出所需信号的一种滤波方法。Kalman 滤波最早由 Kalman 于 1960 年首先提出,其基本思想是:首先进行模式状态的预报,然后引入观测数据,最后根据观测数据对模式状态进行重新分析。

卡尔曼滤波由状态方程和递推方法进行估计,其解是由估计值的形式给出的,设状态变量为:$x_1(t), x_2(t), x_3(t), \cdots, x_n(t)$。

由能完全表征时间域行为的一个最小内部变量组:

$$\begin{cases} 状态方程 \quad x_t = A_t x_{t-1} + w_{t-1} \\ 观测方程 \quad y_t = C_t x_t + v_t \end{cases}$$

其中,A_t、C_t 是已知的,y_t 是已知的观测数据,x_t 是未知的状态向量;w_{t-1}、v_t 分别是过程(状态)噪声和测量噪声,假设它们都是均值为零的白噪声。

卡尔曼滤波的目标是:基于观测值($y_0, y_1, y_2, \cdots, y_k$),寻找在最小均方误差准则下的估计值 $\hat{x}_k$。

卡尔曼滤波的主要作用是:当随机误差项和初始状态向量服从正态分布时,能通过预测误差分解计算似然函数,从而达到对模型中所有未知参数进行估计的目的,并且当获得新的观测值时,利用卡尔曼滤波可以修正状态向量的估计。

设 Y_n 表示在 $t=n$ 时刻所有可利用信息的集合，则状态向量的估计问题根据信息的多少可以分为三类：

（1）当 $t>n$ 时，超出样本的观测区间，是对未来状态的估计，将该种估计称为预测；

（2）当 $t=n$ 时，与样本观测区间相同，是对现在状态的估计，将该种估计称为滤波；

（3）当 $t<n$ 时，是利用到现在为止的观测值对过去状态的估计，将该种估计称为平滑。

三、Kalman 滤波的国内外相关研究

由于卡尔曼滤波算法不要求保存过去的测量数据，当新的数据测得之后，根据新的数据和前一时刻的估计值，借助于系统本身的状态转移方程（动态方程），按照递推公式，即可算出新的状态估计值。适用范围从平稳随机过程扩充到非平稳随机过程。Kalman 方法出现后，被成功地应用于飞行器的导航、导弹制导、火力控制等方面。但是，估计的准则不同，会导致不同的估计方法，滤波估计经历了最小二乘法、Wiener 滤波、Kalman 滤波、鲁棒滤波、粒子滤波等几个阶段，并伴随着它们的发展而不断地完善。

最早的估计方法是 1795 年由高斯（K. F. Gauss）提出的最小二乘法，由于其计算上比较简单，使得它成为一种应用最广泛的估计方法。但是最小二乘法没有考虑到被估参数和观测数据的统计特性，因此这种方法不是最优估计方法。1912 年费舍尔（R. A. Fisher）提出了极大似然估计法，从概率密度出发来考虑估计问题，对估计理论做出了重大贡献。1940 年，美国学者 N. Wiener 根据火力控制上的需要提出 Wiener 滤波，一种在频域中设计统计最优滤波器的方法。由于 Wiener 滤波采用频域设计法，运算复杂，解析求解困难，整批数据处理要求存储空间大，造成其适用范围极其有限，仅适用于一维平稳随机过程信号滤波。

为了克服 Wiener 滤波的缺陷，人们寻求时域内直接设计最优滤波器的新方法，1960 年，R. E. Kalman 提出了离散系统的 Kalman 滤波。R. E. Kalman 最初提出的滤波理论只适用于线性系统,并且要求观测方程也必须是线性的。Bucy 等提出并研究了扩展卡尔曼滤波(Extended Kalman Filtering,EKF),将卡尔曼滤波理论进一步应用到非线性领域,EKF 的基本思想是将非线性系统进行线性化,然后进行卡尔曼滤波,因此卡尔曼滤波是一种次优滤波。在国内,郭杭研究了迭代扩展卡尔曼滤波计算方法,并将其用于 GPS 数据的实时处理。贾志军针对 GPS 定位系统基于卡尔曼滤波器提出了一种自适应扩展卡尔曼滤波器算法。这种滤波方法虽然与 Wiener 滤波采用了相同的估计准则和基本原理,但是 Kalman 滤波是一种时域滤波方法,采用状态空间方法描述系统,算法采用递推形式,数据存储量小,不仅可以处理平稳随机过程,也可以处理多维和非平稳随机过程。

正是由于 Kalman 滤波具有以上一些其他滤波方法所不具备的优点,Kalman 滤波理论一提出,立即被应用到实际工程。阿波罗登月计划和 C-SA 飞机导航系统的设计是早期应用中最成功的实例。随着电子计算机的迅速发展和广泛应用,Kalman 滤波在工程实践中迅速得到应用。目前,Kalman 滤波理论作为一种最重要的估计理论被广泛应用于各种领域,如通信与信号过程、图像处理、全球定位系统、目标跟踪、惯性导航、制导系统、金融。在国内,卡尔曼计算在计算机图像处理领域中应用也较为广泛,例如人脸跟踪识别、车辆识别等。刘万春、贾云得、徐一华应用卡尔曼滤波计算的方法估计运动轨迹的跟踪,实现了人脸的实时跟踪识别。孙季丰、王成清等提出了一种基于特征点光流和卡尔曼滤波的运动车辆跟踪,把卡尔曼方法应用于智能交通系统的运动车辆实时跟踪。卡尔曼滤波计算还被应用在经济学领域,唐春艳等利用卡尔曼滤波理论建立了一种动态的股票价格预测模型。

虽然 Kalman 滤波应用范围广泛,设计方法也简单易行,但它必须在计算机上执行。随着微型计算机的普及应用,人们对 Kalman 滤波数值稳定性、计算效率、实用性和有效性的要求越来越高,而且传统 Kalman 滤波必须已知系统的初始状态、噪声统计特性,而实际系统中系统的初始状态、噪声统计往往是未知或部分已知的,系统参数亦可能包含有不确定性。种种要求与实际问题促使人们针对传统 Kalman 滤波提出了一系列的改进算法,包括平方根滤波、UD 分解滤波、奇异值分解滤波、H 二鲁棒滤波、联邦滤波等。这些改进的算法大大改善了传统卡尔曼滤波算法的稳定性,提高了效率,在实际工程中得到了更广泛应用。

Kalman 滤波在气象预测,机器人导航、控制,传感器数据融合甚至在军事方面的雷达系统以及导弹追踪等方面的广泛应用为本章财务预警模型的建立提供了一定的基础。

四、财务状况预警状态空间模型的建立

1. 模型建立

对企业财务状况进行短期预测可采用 Box – Jenkins 创立的 ARMA 模型,这是迄今最通用的时间序列预测方法。但是,应用 Box – Jenkins 法进行预测时所依据的基本假设是:一个时间序列的未来发展模式与其过去的模式是一致的。对未来的短期预测,这一假设往往是可以满足的,但对未来长期的预测,这一假设显然是不符合实际的。因此,对企业的财务状况进行中、长期预测可以采用状态空间模型,通过 Kalman 滤波估计理论实现上市公司财务状况预警模型参数估计。

利用状态空间方程形式建立上市公司财务动态状况系统具有以下优点:

(1) 状态空间模型将不可观测的变量(状态变量)并入可观测模型并与其一起得到估计结果;

(2) 状态空间模型是利用强有效的递归算法——Kalman 滤波来估计,Kalman 滤波可以用来估计单变量和多变量的 ARMA 模型、多指标和多因果模型、马尔科夫转换模型以及变参数模型。

根据以上理论,利用 Kalman 滤波理论,建立上市公司动态财务预警模型。用 x_t 代表一个公司第 t 年的财务状况,X_t 是由 x_t 组成的随机变量;y_t 代表一个公司在 t 年的财务比率,Y_t 是由 y_t 组成的 N 维随机向量。假设 x_t 不能被观测但是与 y_t 有关,即观测方程为:

$$y_t = A_t x_t + u_t$$

其中,A_t 是可以从历史数据被估计的参数向量,$u_t \sim N(0, H_t)$,H_t 是协方差矩阵;A_t 和 H_t 可以是与时间无关的向量;y_t、A_t 和 H_t 是在 t 时刻维数为 $N \times 1$ 的向量。

系统方程为：

$$x_t = B_t x_{t-1} + \varepsilon_t$$

其中，B_t 是参数，可以根据样本历史数据估计；$\varepsilon_t \sim N(0, Q_t)$，$Q_t$ 是方差。

2. 参数估计

建立状态空间财务预警模型之后，需要对模型中的参数进行估计，对这些未知参数用向量 Ψ 表示，并成为超参数。在本章建立的财务困境预警模型中 $\Psi = (B_t, C_t, Q_t)$。在许多问题中，特别在关于正态分布的各种参数估计问题中，极大似然估计法是最常用的参数估计方法，本章也采用极大似然估计未知超参数。

极大似然估计是一种建立在大样本基础上的参数估计方法，它具有一致性、渐近正态性和渐近有效性的特点。从理想上来讲，模型中所有未知参数应该尽量放在一起进行估计。极大似然估计法的原理通常用于观测值相互独立且具有同样分布的情形，此时联合概率函数被表示为：

$$L(y; \Psi) = \prod_{t=1}^{T} P(y_t)$$

其中，$P(y_t)$ 是第 t 个观测值的概率密度函数，$L(y; \Psi)$ 是样本 y_1，y_2，…，y_T 的联合概率密度函数；一旦得到样本观测值，$L(y; \Psi)$ 就可以被解释为似然函数，并且可以通过关于求偏导数，使函数 $L(y; \Psi)$ 达到最大来求出 Ψ 的极大似然估计。

然而本章所使用的财务时间序列数据的一个重要特征是财务指标变量间不独立，因此不能利用联合概率密度函数，而是利用条件概率密度函数代替联合概率密度函数将极大似然估计表示为：

$$L(y; \Psi) = \prod_{t=1}^{T} P(y_t | Y_{t-1})$$

其中，$P(y_t | Y_{t-1})$ 表示 y_t 以直到时刻 $t-1$ 的信息集合为条件的条件分布，即 $Y_{t-1} = \{y_{t-1}, y_{t-2}, \cdots, y_1\}$，$P(y_t | Y_{t-1}) = P(y_t | y_{t-1}, y_{t-2}, \cdots, y_1)$。

在总体正态的假定下，可将上式的似然函数取对数：

$$\ln L(y; \Psi) = -\frac{TK}{2}\ln 2\pi - \frac{1}{2}\sum_{t=1}^{T} \ln |F_t| - \frac{1}{2}\sum_{t=1}^{T} v'_t F_t^{-1} v_t$$

其中，$v_t = y_t - \bar{y}_t|_{t-1}$，$t = 1, 2, \cdots, T$。

$\bar{y}_t|_{t-1}$ 是 y_t 的最小均方误差最有意义的估计量，所以向量 v_t 可以作为一个预测误差向量来解释。

本章参数的极大似然估计可通过极大似然函数 $\frac{\partial L}{\partial y} = 0$ 表示或者极大似然函数对数 $\frac{\partial \ln L}{\partial y} = 0$ 得到。

极大似然估计量的计算方法有许多种，有解析法，也有数值求解法。EViews 可以处理大量的单方程和多方程状态空间模型，提供了指定系统方程、协方差矩阵和初始条件控制的详细方法。本章应用 EViews6.0 建立空间状态来对模型参数进行极大似然估计。

第二节 指标体系及样本选择

一、样本数据的选择

本章建立财务预警模型的基本思路是：根据上市公司的基期特征财务指标，建立动态财务预警状态空间方程模型，充分考虑财务困境的累积性特征，根据 2001~2010 年的指标数据应用 Kalman 滤波理论对模型的参数进行估计。为了保证模型的专一性，本章以我国制造业 A 股上市公司为例。

1. 样本数据的选取原则

本章选择制造业的原因：①根据证监会的分类，上市公司中制造业公司数量较多，因此可以为本书提供充足的数据量；②同一行业的公司可比性较强。

选择 A 股上市公司的原因：①我国 A 股上市公司资料较完整。②A 股上市公司执行国内的会计准则和会计制度，由国内的会计师事务所审计；B 股上市公司采用国际会计准则，由外资会计师事务所审计。这两种会计制度和审计制度所计算出来的业绩及其他相关资料有很大的偏差,从而导致 B 股公司财务资料与 A 股公司资料不可比,不能将其简单地堆砌在一起作为实证研究的对象。

在本章的研究中,将"特别处理"作为上市公司陷入财务困境的标志,特别处理公司选择标准如下:①连续两年净利润为负;②连续经营超过 4 年;③最近一份经审计的财务报告对上年度利润进行调整,导致连续两个会计年度亏损。

2. 样本数据来源及确定

根据样本选取的原则,本章的样本及数据从北京色诺芬公司的中国证券市场数据库的沪深两市制造业上市公司 A 股市场中,选取研究所需的训练样本和检验样本。

(1) 危机公司样本选择。截至 2011 年 3 月 10 日,制造业 A 股上市公司总共 1077 家,其中沪市共 275 家,深市 802 家;本章选择 2008~2010 年三年首次被 ST 公司为财务困境公司样本,因为一年的公司样本过少。为了保证公司数据在上市时间的完整性,剔除创业板公司。2010 年制造业首年被 ST 公司 33 家,2009 年制造业首次被 ST 公司 18 家,2008 年制造业首次被 ST 公司 13 家(其被 ST 原因如表 8 - 1 所示)。选择最近两个会计年度净利润为负和最近一个会计年度的股东权益为负值的公司为财务困境样本公司。最终确定 ST 样本公司为 54 家,其中 2008 年 11 家,2009 年 16 家,2010 年 27 家。本章以 2008 年和 2009 年的 27 家 ST 公司数据为建模样本,以 2010 年的 27 家 ST 公司数据为检验样本。

表 8 - 1　制造业上市公司 2008~2010 年被 ST 原因分布

被 ST 原因	最近两个会计年度净利润为负	最近一个会计年度的股东权益为负值	无法表示审计报告	重整程序	其他特别处理
2010 年	27	0	1	3	2
2009 年	16	0	0	0	2
2008 年	11	1	1		

(2) 配对公司样本选择。配对样本的选择解决的是两组样本数量的配比问题,在财务预警中指对财务健康公司的选择。配对选择情形下,财务困境公司和财务健康公司数量相等,依据包括行业、资产规模等因素。本章考虑严谨性和样本充足性,剔除行业因素的影响,在制造业中选择资产规模相当的财务健康公司,与财务困境公司分别一一配对。选择54家上市时间长达10年,在2001年资产规模与财务困境公司相当的公司作为配对样本。危机公司和样本公司选择结果如表8-2和表8-3所示。

表8-2 财务困境公司样本信息

股票代码	公司简称	股票代码	公司简称	股票代码	公司简称
000004	ST国农	000908	*ST天一	600444	*ST国通
000010	SST华新	000935	*ST双马	600462	*ST石岘
000036	*ST华控	000953	*ST河化	600490	*ST合臣
000068	ST三星	000955	*ST欣龙	600562	*ST高陶
000518	*ST生物	000971	*ST迈亚	600609	*ST金杯
000576	*ST甘化	000976	*ST春晖	600617	ST联华
000585	*ST东电	000995	*ST皇台	600678	ST金顶
000629	*ST钒钛	600057	*ST夏新	600727	*ST鲁北
000657	*ST中钨	600091	*ST明科	600740	*ST山焦
000676	*ST思达	600149	*ST建通	600771	ST东盛
000697	*ST偏转	600179	*ST黑化	600792	*ST马龙
000751	*ST锌业	600253	*ST天方	600793	*ST宜纸
000760	*ST博盈	600299	*ST新材	600860	*ST北人
000818	ST锦化	600301	*ST南化	600870	*ST厦华
000820	*ST金城	600329	*ST中新	600876	*ST洛玻
000831	*ST关铝	600355	*ST精伦	600885	*ST力阳
000856	*ST唐陶	600372	*ST昌河	600887	ST伊利
000902	*ST中服	600373	*ST鑫新	600984	*ST建机

表8-3 财务健康公司样本信息

股票代码	公司简称	股票代码	公司简称	股票代码	公司简称
000157	中联重科	000816	江淮动力	600300	维维股份
000401	冀东水泥	000837	秦川发展	600302	标准股份
000423	东阿阿胶	000878	云南铜业	600336	澳柯玛
000518	四环生物	000935	四川双马	600338	珠峰
000523	广州浪奇	000982	中银绒业	600339	天利高新
000545	吉林制药	000988	华工科技	600372	昌河
000615	湖北金环	600061	中纺投资	600380	健康元
000678	襄阳轴承	600070	浙江富润	600385	金泰
000687	保定天鹅	600090	啤酒花	600558	大西洋
000702	正虹科技	600117	西宁特钢	600636	三爱富
000717	韶钢松山	600146	大元股份	600676	交运股份
000723	美锦能源	600165	宁夏恒力	600677	航天通信
000729	燕京啤酒	600177	雅戈尔	600678	金顶
000725	京东方A	600203	福日电子	600722	金化
000752	西藏发展	600213	亚星客车	600757	源发
000792	盐湖钾肥	600222	太龙药业	600761	安徽合力
000801	四川九洲	600260	凯乐科技	600802	福建水泥
000812	陕西金叶	600291	西水股份	600869	三普药业

(3) 时间跨度选择。公司出现财务困境具有累积性,通过考察财务困境公司多年的数据提取公司出现财务困境的特征。但是时间跨度太大影响模型的效果及效率,在总结前人研究的基础之上综合考虑选择财务困境发生前5年的数据。由于财务困境公司是在年报公布后,因财务状况异常而被特别处理的,在选择观测年限时,本研究设被特别处理当年为T年,前1~6年分别为T-1年、T-2年至T-6年,本章取T-6年至T-2年的季度财务数据作为研究变量,即2010年ST的公司选择2004~2008年的季度财务数据,2009年被ST的公司选择2003~2007年的季度财务数据,2008年被ST的公司选择2002~2006年季度财务数据。对应的配对样本取同期的指标数据。

二、特征指标选取

财务预警研究主要包括预警建模方法研究和预警指标研究两个部分，通过选择更具预测效力的指标，可以提高模型的预测效率和精度。虽然多角度、全方位的指标选择能够提高模型的效果，但会违背建模方法的理论假设，并且会影响模型的运行效率，所以对指标的筛选对于模型的建立至关重要。

综合研究国内外相关预警文献，结合我国实际情况，本章首先选取了反映上市公司各个方面的23个财务指标，从偿债能力（4个）、盈利能力（4个）、营运能力（4个）、成长能力（5个）和市场价值（6个）五个方面反映公司的财务状况，如表8-4所示。

表8-4 上市公司财务预警备选指标体系

偿债能力状况	盈利能力状况	营运能力状况	成长能力状况	市场价值状况
流动比率	净资产收益率（营业利润）	应收账款周转率	主营业务增长率	每股收益（摊薄营业利润）
速动比率	净资产收益率（净利润）	流动资产周转率	总资产增长率	每股收益（摊薄净利润）
现金负债比率	资产收益率	资产周转率	净资产增长率	每股净资产
债务资产比率	净利润率	存货周转率	营业利润增长率	每股营业收入
—	—	—	净利润增长率	市净率
—	—	—	—	托宾Q值
适度指标	正向型指标	正向型指标	正向型指标	正向型指标

三、动态数据的描述性统计及检验

1. 样本数据均值比较、差异性检验

（1）均值比较。从各年正常交易和ST状态的股票各指标的均值来看，股票正常交易的公司偿债能力、盈利能力、营运能力、成长能力和市场价值状况等明显强于ST状态的公司。初选指标以及不同交易状态股票各指标第T

年均值如表 8-5 所示。

（2）差异性检验。以往的研究结果表明我国财务比率总体上不符合正态分布假设，对本章选取的样本通过图形分析发现财务指标也不符合正态分布，因此，为探讨两类公司财务指标均值是否存在显著性差异，对财务比率平均数的检验使用非参数检验，即任意分布检验——Mann-Whitney 检验。本研究通过股票交易状态将样本组分为两组（非 ST 取值为 0，ST 取值为 1），计算检验统计量：

$$U_1 = n_1 n_2 + \frac{n_1(n_1+1)}{2} - T_1$$

$$U_2 = n_1 n_2 + \frac{n_2(n_2+1)}{2} - T_2$$

其中，n_1 表示样本 1 的样本容量；n_2 表示样本 2 的样本容量。

选择 U_1 和 U_2 中较小者作为最终的检验统计量。

如果 P 小于或等于显著性水平 a，应拒绝原假设 H_0，认为两个样本的总体均值有显著性差异；如果相反，概率值大于显著性水平，则应接受原假设 H_0，认为两个样本的总体均值无显著差异。

表 8-5　样本公司均值比较及非参数检验表

类别		预警指标	ST	非 ST	MW 检验 Asymp. Sig
偿债能力情况	X_1	流动比率	1.33	1.44	0.000
	X_2	速动比率	0.97	1.01	0.000
	X_3	现金负债比率	0.31	0.41	0.000
	X_4	债务资产比率	0.60	0.58	0.000
盈利能力状况	X_5	净资产收益率（营业利润）	-0.32	-0.07	0.000
	X_6	净资产收益率（净利润）	0.14	-0.59	0.000
	X_7	资产收益率	-0.02	0.01	0.000
	X_8	净利润率	-0.15	-0.47	0.000

续表

类别		预警指标	ST	非ST	MW 检验 Asymp. Sig
营运能力状况	X_9	存货周转率	4.38	4.51	0.920
	X_{10}	应收账款周转率	27.52	27.27	0.900
	X_{11}	流动资产周转率	1.33	1.43	0.002
	X_{12}	资产周转率	0.62	0.69	0.000
成长能力状况	X_{13}	净资产增长率	-0.17	0.31	0.000
	X_{14}	总资产增长率	0.05	0.14	0.000
	X_{15}	营业收入增长率	0.34	0.20	0.010
	X_{16}	营业利润增长率	-3.09	-0.49	0.000
	X_{17}	税后利润增长率	-3.10	-0.75	0.000
市场价值状况	X_{18}	每股收益（摊薄营业利润）	-0.10	0.13	0.000
	X_{19}	每股收益（摊薄净利润）	-0.08	0.10	0.000
	X_{20}	每股净资产	2.04	2.51	0.000
	X_{21}	每股营业收入	3.92	4.11	0.005
	X_{22}	市净率	22.81	3.43	0.113
	X_{23}	托宾Q	1.72	1.92	0.159

资料来源：色诺芬数据库、锐思数据库、上市公司年度报告。

通过 Mann – Whitney 检验，发现在5%显著性水平下，除了存货周转率、应收账款周转率、市净率和托宾Q四个指标以外，其他19个指标都通过了 Mann – Whitney 检验。通过差异性检验，本章在建模时初步剔除两组样本中差异不明显的存货周转率、应收账款周转率、市净率和托宾Q四个指标。

2. 数据规范化处理

Kalman 滤波的基本假设条件为输入的噪声和观测值需满足正态分布的要求，本章先对动态数据进行标准化正态转化处理。从数据库得到的各个公司财务指标原始数据，为了提高模型的准确率和全方位的比较，需要对指标原始数据进行一定的规范化的无量纲处理。以标准差为单位表示某个个体在全部样本中所处位置的相对位置量数。

标准正态分布的标准样本 Z 计算公式为：

$$Z = \frac{X - \overline{X}}{S}$$

其中，X 代表原始数据，$\overline{X}$ 为平均数，S 为标准差。标准化后的所有指标数据的均值为 0，方差为 1。

参与建模的各个指标的原始数据的标准化处理的步骤具体如下：

(1) 计算财务预警指标中某一指标的平均值，$\overline{X} = \dfrac{\sum_{i=1}^{n} X_i}{n}$；

(2) 计算每项指标的标准差，$S = \sqrt{\dfrac{\sum_{i=1}^{n}(X_i - \overline{X})^2}{n}}$；

(3) 计算每项指标的标准值，$Z_i = \dfrac{X_i - \overline{X}}{S}$。

3. 稳定性检验

由于只有平稳的时间序列才能建立空间状态模型，因此在建立模型之前，先对建模样本序列样本的单位根进行检验，本章采用 ADF 单位根检验。

该检验法的基本原理是通过 n 次差分的办法将非平稳序列转化为平稳序列，具体方法是估计回归方程式：

$$\Delta Y_t = \beta_1 + \beta_2 t + \sigma Y_{t-1} + \alpha_i \sum_{i=1}^{k} \Delta Y_{t-i} + \varepsilon_t$$

其中，β_1 为常数项，t 为时间趋势项，k 为滞后阶数（最优滞后项），ε_t 为残差项。该检验的零假设 H_0：$\delta = 0$；备择假设 H_1：$\delta \neq 0$。如果 δ 的 ADF 值大于临界值则拒绝原假设 H_0，接受 H_1，说明 $\{X_t\}$ 是平稳序列。否则存在单位根，即它是非平稳序列，需要进行进一步检验。

本章运用 EViews6.0 软件，进行时间序列数据的单位根（ADF）稳定性检验。

第三节 实证分析

一、全局主成分分析动态财务数据

1. 主成分分析法的原理

主成分分析（Principal Component Analysis）也称主分量分析，通过考察变量之间的相关性，找到少数几个主成分来代表原来的多个变量。主成分分析是利用降维的思想，在损失很少信息的前提下把多个指标转化为几个综合指标（转化生成的综合指标称为主成分）的多元统计方法。

主成分分析是由霍特林（Hotelling）于1933年首先提出的。每个主成分都是原始变量的线性组合，且各个主成分之间互不相关。这样在研究复杂问题时就可以只考虑少数几个主成分而不至于损失太多信息，从而更容易抓住主要矛盾，揭示事物内部变量之间的规律性，同时使问题得到简化，提高分析效率。在统计学中，主成分分析是一种简化数据集的技术。它是一个线性变换。这个变换把数据变换到一个新的坐标系统中，使得任何数据投影的第一大方差在第一个坐标（称为第一主成分）上，第二大方差在第二个坐标（第二主成分）上，依次类推。主成分分析经常用减少数据集的维数的思想，同时保持数据集对方差贡献最大的特征。这是通过保留低阶主成分、忽略高阶主成分做到的，这样低阶成分往往能够保留住数据的最重要方面。

两个变量存在着相关关系，这意味着两个变量提供的信息有重叠。如果把两个变量用一个新的变量来表示，同时这一个新变量又尽可能包含原来的两个变量的信息。

用 X_i 代表原始评价指标，则 Y_i 表示原始标量的第 i 个主成分：

第八章 基于 Kalman 滤波的财务困境动态预警

$$\begin{cases} Y_1 = u_{11}X_1 + u_{12}X_2 + \cdots + u_{1p}X_p \\ Y_2 = u_{21}X_1 + u_{22}X_2 + \cdots + u_{2p}X_p \\ \quad\vdots \\ Y_p = u_{p1}X_1 + u_{p2}X_2 + \cdots + u_{pp}X_p \end{cases}$$

通过以上的线性变化，选择出能代表原始指标的前几个主成分，从而简化指标，提高模型效率。

2. 全局主成分分析法的指标简化模型

全局主成分分析法是经典的主成分分析法和时间序列分析方法的结合，它是在经典的主成分分析法的基础上用一个综合变量取代原有的全局变量，同时描绘出系统的总体水平随时间的变化轨迹。

（1）建立全局数据表。若使用相同的 P 个指标 x_1, x_2, $\cdots$, x_p 描述 T 年 n 个样本的相关信息，则在第 t 年度就有一张数据表 $X_t = (x_{ij})_{n \times p}$，其中，$0 < t \leq T$。每一年有一张数据表，T 年共有 T 张数据表，将 T 张数据表按时序从上到下排在一起构成一个 $n \times T \times p$ 的三维时序立体数据表，可将这个矩阵定义为全局数据表，记为：

$$X = (x_1, x_2, \cdots, x_T)_{n \times T \times p} = (X_{ij})_{n \times T \times p}$$

矩阵中的每一行为一个样品，共有 $n \times T$ 个样品。全局主成分分析实质上是将时序立体数据表按时间纵向展开，然后对全局数据表实施经典主成分分析。

（2）将原始数据标准化。由于指标体系中各指标的量纲不同（不同指标的衡量标准不同）。不同量纲的数量就会得到不同的协方差矩阵或相关矩阵。为确保评价结果的客观性和科学性，对原始数据要进行如下标准化处理：

$$y_{ij} = \frac{x_{ij} - \bar{x}_j}{\sigma_j} \quad (i=1, 2, \cdots, n; j=1, 2, \cdots, p)$$

其中，x_{ij} 表示原始指标变量数据；$\bar{x}_j$ 表示 n 个样本第 j 个指标的平均值，$\bar{x}_j = \frac{1}{n}\sum_{i=1}^{n} x_{ij}$ （j=1, 2, $\cdots$, p）。σ_j 表示第 j 个指标的标准差，$\sigma_j = $

$$\sqrt{\frac{1}{n-1}\sum_{i=1}^{n}(x_{ij}-\bar{x}_j)} \quad (j=1, 2, \cdots, p).$$

(3) 计算全局方差矩阵 R。

$$R = (r_{ij})_{p\times p} = \frac{Y^T \times Y}{n-1} \quad (i, j = 1, 2, \cdots, p)$$

其中，$r_{ij} = \frac{1}{n-1}\sum_{i=1}^{n}(y_{ij}y_{ij})$ （$i, j = 1, 2, \cdots, p$）。

(4) 计算相关矩阵的特征根 λ_i 和特征向量 H_i。首先对 R 的特征方程式 $|\lambda_i - R| = 0$（E 为 P 的单位矩阵）求解，可得 R 的特征根 λ_i（$j = 1, 2, \cdots, p$），并且 $\lambda_1 > \lambda_2 > \cdots > \lambda_p > 0$。再由方程组 $|\lambda_i - R|H_i = 0$ 可求得特征根 λ_i 对应的特征向量 $H_i = (H_{i1}, H_{i2}, \cdots, H_{ip})$（$i = 1, 2, \cdots, p$）。

(5) 计算各个主成分的方差贡献率 α_i。

$$\alpha_i = \frac{\lambda_i}{\sum_{i=1}^{p}\lambda_i} \quad (i = 1, 2, \cdots, p)$$

选出前 m 个最大的特征值对应的主成分，一般使得累计方差贡献率 $\sum\alpha_i >$ 85%（$i = 1, 2, \cdots, m$）。

(6) 计算综合得分。

$$Z_t = \sum_{i=1}^{k}\alpha_i F_{ti} \quad (t = 1, 2, \cdots, n)$$

运用 SPSS17.0 对前文确定的 19 个财务预警指标规范化处理后的数据进行全局主成分分析，分析结果如下：

表 8-6 解释的总方差

成分	初始特征值			提取平方和载入			旋转平方和载入		
	合计	方差的%	累积%	合计	方差的%	累积%	合计	方差的%	累积%
1	3.923	20.646	20.646	3.923	20.646	20.646	2.978	15.674	15.674
2	3.110	16.367	37.013	3.110	16.367	37.013	2.650	13.949	29.623
3	1.789	9.413	46.426	1.789	9.413	46.426	2.438	12.832	42.455
4	1.583	8.331	54.758	1.583	8.331	54.758	1.798	9.464	51.918

续表

成分	初始特征值			提取平方和载入			旋转平方和载入		
	合计	方差的%	累积%	合计	方差的%	累积%	合计	方差的%	累积%
5	1.452	7.641	62.399	1.452	7.641	62.399	1.476	7.768	59.686
6	1.079	5.680	68.079	1.079	5.680	68.079	1.468	7.728	67.414
7	1.000	5.265	73.343	1.000	5.265	73.343	1.126	5.929	73.343
8	0.953	5.015	78.359	—	—	—	—	—	—
9	0.819	4.311	82.670	—	—	—	—	—	—
10	0.685	3.603	86.273	—	—	—	—	—	—
11	0.578	3.044	89.317	—	—	—	—	—	—
12	0.539	2.839	92.157	—	—	—	—	—	—
13	0.490	2.580	94.737	—	—	—	—	—	—
14	0.309	1.627	96.364	—	—	—	—	—	—
15	0.272	1.429	97.793	—	—	—	—	—	—
16	0.208	1.096	98.889	—	—	—	—	—	—
17	0.118	0.621	99.510	—	—	—	—	—	—
18	0.071	0.375	99.885	—	—	—	—	—	—
19	0.022	0.115	100.000	—	—	—	—	—	—

注：提取方法为主成分分析。

表 8-7 成分矩阵 a

		成分						
		1	2	3	4	5	6	7
X_1	流动比率	0.362	-0.721	0.348	-0.214	0.302	-0.057	0.122
X_2	速动比率	0.341	-0.725	0.349	-0.194	0.297	-0.056	0.135
X_3	现金负债比率	0.408	-0.551	0.256	-0.168	0.172	0.010	-0.021
X_4	债务资产比率	-0.624	0.440	0.031	0.094	0.140	-0.045	0.294
X_5	净资产收益率营业利润	0.119	0.021	-0.250	0.428	0.653	0.026	-0.209
X_6	净资产收益率净利润	0.007	-0.039	0.232	-0.436	-0.668	-0.062	0.187
X_7	资产收益率	0.831	0.071	-0.300	0.143	-0.093	0.013	0.136
X_8	净利润率	0.436	0.087	-0.270	0.170	0.051	-0.090	0.521
X_{11}	流动资产周转率	0.253	0.707	0.079	-0.395	0.238	-0.019	0.054

续表

		成分						
		1	2	3	4	5	6	7
X_{12}	资产周转率	0.312	0.684	0.213	-0.394	0.332	-0.058	0.126
X_{13}	净资产增长率	0.138	0.073	0.184	0.154	-0.073	-0.211	-0.264
X_{14}	总资产增长率	0.295	0.280	0.632	0.488	-0.123	-0.066	-0.027
X_{15}	营业收入增长率	0.111	0.223	0.622	0.502	-0.112	-0.173	0.095
X_{16}	营业利润增长率	0.024	0.014	0.059	-0.033	-0.017	0.843	0.078
X_{17}	税后利润增长率	0.201	0.135	0.366	0.227	-0.012	0.503	0.098
X_{18}	每股收益摊薄营业利润	0.827	0.072	-0.199	0.032	-0.189	-0.051	0.083
X_{19}	每股收益摊薄净利润	0.860	0.072	-0.313	0.163	-0.106	-0.007	0.107
X_{20}	每股净资产	0.611	0.063	-0.027	-0.105	-0.221	0.092	-0.593
X_{21}	每股营业收入	0.327	0.647	0.229	-0.352	0.209	-0.013	-0.167

注：提取方法为主成分。

a. 已提取了 7 个成分。

$$F_1 = 0.362x_1 + 0.341x_2 + 0.408x_3 - 0.624x_4 + 0.119x_5 + 0.007x_6 + 0.831x_7 + 0.436x_8 + 0.253x_{11} + 0.312x_{12} + 0.138x_{13} + 0.295x_{14} + 0.111x_{15} + 0.024x_{16} + 0.201x_{17} + 0.201x_{17} + 0.827x_{18} + 0.860x_{19} + 0.611x_{20} + 0.327x_{21}$$

$$F_2 = -0.721x_1 - 0.725x_2 - 0.551x_3 + 0.440x_4 + 0.021x_5 - 0.039x_6 + 0.071x_7 + 0.087x_8 + 0.707x_{11} + 0.684x_{12} + 0.073x_{13} + 0.280x_{14} + 0.223x_{15} + 0.014x_{16} + 0.135x_{17} + 0.072x_{18} + 0.072x_{19} + 0.063x_{20} + 0.647x_{21}$$

$$F_3 = 0.348x_1 + 0.349x_2 - 0.256x_3 + 0.031x_4 - 0.250x_5 + 0.232x_6 - 0.300x_7 - 0.270x_8 + 0.079x_{11} + 0.213x_{12} + 0.184x_{13} + 0.632x_{14} + 0.622x_{15} + 0.059x_{16} + 0.366x_{17} - 0.199x_{18} - 0.313x_{19} - 0.027x_{20} + 0.229x_{21}$$

$$F_4 = -0.214x_1 - 0.194x_2 - 0.168x_3 + 0.094x_4 + 0.428x_5 - 0.436x_6 + 0.143x_7 + 0.170x_8 - 0.395x_{11} - 0.394x_{12} + 0.154x_{13} + 0.488x_{14} + 0.502x_{15} - 0.033x_{16} + 0.227x_{17} + 0.032x_{18} + 0.163x_{19} - 0.105x_{20} - 0.352x_{21}$$

$$F_5 = 0.348x_1 + 0.349x_2 - 0.256x_3 + 0.031x_4 - 0.250x_5 + 0.232x_6 - 0.300x_7 - 0.270x_8 + 0.079x_{11} + 0.213x_{12} + 0.184x_{13} + 0.632x_{14} + 0.622x_{15} + 0.059x_{16} + 0.366x_{17} - 0.199x_{18} - 0.313x_{19} - 0.027x_{20} + 0.229x_{21}$$

$F_6 = -0.057x_1 - 0.056x_2 + 0.010x_3 - 0.045x_4 + 0.026x_5 - 0.062x_6 + 0.013x_7 - 0.090x_8 - 0.019x_{11} - 0.058x_{12} - 0.211x_{13} - 0.066x_{14} - 0.173x_{15} + 0.843x_{16} + 0.503x_{17} - 0.051x_{18} - 0.007x_{19} + 0.092x_{20} - 0.013x_{21}$

$F_7 = 0.122x_1 + 0.135x_2 - 0.021x_3 + 0.294x_4 - 0.209x_5 + 0.187x_6 + 0.136x_7 + 0.521x_8 + 0.054x_{11} + 0.126x_{12} - 0.264x_{13} - 0.027x_{14} + 0.095x_{15} + 0.078x_{16} + 0.098x_{17} - 0.083x_{18} + 0.107x_{19} - 0.593x_{20} - 0.167x_{21}$

通过全局主成分分析，取得了7个主成分因子载荷量，对提取的7个主成分建立原始因子载荷矩阵。可以构造上市公司财务状况综合指标，即各主成分的线性组合：

$Z = a_1F_1 + a_2F_2 + a_3F_3 + a_4F_4 + a_5F_5 + a_6F_6 + a_7F_7$

依据解释总方差表可以得到线性表达式的系数：

$Z = 0.20646F_1 + 0.16367F_2 + 0.09413F_3 + 0.08331F_4 + 0.07641F_5 + 0.0568F_6 + 0.05265F_7$

综上所述，通过全局主成分分析将19维指标进行降维处理，得到一个可以综合反映上市公司综合财务状况的总指标Z。检测样本的状况值如表8-8所示。

表8-8 检验样本2010年Z值

序号	ST公司代码	Z值	非ST公司代码	Z值
1	000004	1.3262	000157	3.0943
2	000010	2.4339	000523	2.4535
3	000068	0.3988	000545	1.9906
4	000629	0.9348	000615	2.5071
5	000676	0.2024	000678	2.7079
6	000760	1.8068	000687	3.9503
7	000820	0.2763	000702	2.8068
8	000831	1.1244	000752	4.3143
9	000902	1.6202	000801	2.2045
10	000908	1.5239	000812	2.0989
11	000953	1.0394	000837	2.8804
12	000976	1.5332	000935	2.0653

续表

序号	ST公司代码	Z值	非ST公司代码	Z值
13	600091	1.2585	600061	3.1285
14	600179	1.1104	600070	1.8006
15	600299	1.0669	600146	4.0224
16	600301	1.0595	600165	1.7030
17	600338	0.9626	600203	1.8297
18	600355	1.7647	600213	1.9175
19	600373	2.3185	600222	1.8776
20	600444	0.6846	600300	1.9496
21	600462	0.3503	600336	1.3661
22	600490	1.9068	600339	1.9626
23	600562	1.2707	600380	3.6656
24	600609	1.6693	600558	3.0819
25	600740	1.1079	600676	1.8086
26	600860	1.0449	600677	2.3973
27	600984	1.8517	600889	1.5500
均值	—	1.2462	—	2.4865
标准差	—	0.5778	—	0.8015

二、预警阈值的确定

根据建模样本提取 ST 财务状况判断阈值，将建模样本 54 组公司的财务数据输入模型，得出每个公司综合财务状况得分值 Z，在置信概率 $\alpha = 95\%$ 的条件下：

对于 ST 公司，$n = 27$，置信系数为 $\mu_0 = 1.64$，求出状态均值为 $\bar{Z}_{ST} = 1.2462$，标准差 $S_{ST} = 0.5778$，则 ST 样本公司发生财务困境的置信上限为：

Threshold_ NST $= 1.2462 + 1.64 \times 0.5264 = 2.1937$

对于财务健康公司，$n = 27$，置信系数为 $\mu_0 = 1.64$，求出状态均值为 $\bar{Z}_{ST} = 2.4865$，$S_{ST} = 0.8015$，则非 ST 样本公司发生财务困境的置信下限为：

Threshold_ ST $= 2.4865 - 1.64 \times 0.8015 = 1.1720$

由此可以得出结论,当上市公司的财务状况综合得分 Z < 1.1720 时,上市公司可能发生财务困境;当综合得分 Z > 2.1937 时,上市公司财务状况良好,不会发生财务困境;而当得分 Z 落在 [1.1720, 2.1937] 区间内时,上市公司的财务状况处于不稳定状态。

三、基于 Kalman 滤波财务预警模型的运用

1. 模型参数估计

选取前文处理过的建模样本规范化序列数据构建状态空间模型,首先建立以下状态空间方程:

量测方程:

$$CWBV_t = A_t \times CWZK_t + u_t$$

状态方程:

$$CWZK_t = B_t \times CWZK_{t-1} + \varepsilon_t$$

$$\begin{pmatrix} u_t \\ \varepsilon_t \end{pmatrix} \sim N\left(\begin{pmatrix} 0 \\ 0 \end{pmatrix}, \begin{pmatrix} \sigma_u^2 H_t \\ H_t \sigma_\varepsilon^2 \end{pmatrix} \right)$$

其中,CWBV 为上一节中确定的主成分,共 7 个主成分。

(1) 由于协方差矩阵 H≠0,在 EViews 空白窗格中建立以下语句:

@ signalcwbv = cwzk × c (1) + [ename = e1]

@ statecwzk = cwzk (-1) × c (3) + [ename = e2]

@ evarvar (e1) = exp (c (2))

@ evarvar (e2) = exp (c (4))

(2) 指定未知参数(超参数)的初始值。对建模样本公司的财务数据进行平稳性检验。由于篇幅的限制,以 ST 三星(000068)为例,首先计算对第一个主成分(FZCF)进行单位根平稳性检验,对指标数据进行图形分析,对其进行单位根检验,检验结果如下:

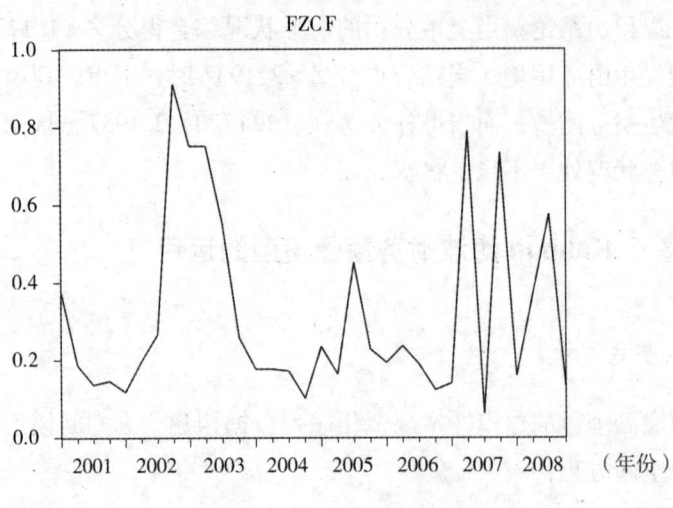

图 8-1 序列数据折线图

表 8-9 流动比率的 ADF 检验结果

		t - Statistic	Prob.*
Augmented Dickey - Fuller test statistic		-4.994916	0.0003
Test critical values:	1% level	-3.661661	
	5% level	-2.960411	
	10% level	-2.619160	
*MacKinnon (1996) one - sided p - values.			

由于检验统计量为 -4.994916，小于显著性水平 0.01 时的临界值 -3.661661，可以认为 ST 三星的第一主成分为平稳序列。同理，对其他样本的其他指标进行平稳性检验，其结果如表 8-10 所示。

表 8-10 平稳性检验 P 值

主成分	F_1	F_2	F_3	F_4	F_5	F_6	F_7
P 值	0.002	0.001	0.000	0.000	0.010	0.003	0.000

注：所有指标均在水平值下进行单位根检验，显著性水平为 1%。

通过对以上样本公司的主成分序列数据进行稳定性检验，发现该序列数据是一阶单整的,如表 8-10 所示。

当 $\{CWBL_t\}$ 为一阶单整时间序列时,可设其服从 ARIMA (1, 1, 1) 过程,则可根据 ARIMA 过程的系数建立与之等价的简单状态空间模型:

$$\{CWBL_t\} = (1, 1) CWZK_t$$

$$CWZK_t = \begin{pmatrix} 1 & 0 \\ 0 & \lambda \end{pmatrix} CWZK_{t-1} + \begin{pmatrix} u_t \\ \varepsilon_t \end{pmatrix}, \begin{pmatrix} u_t \\ \varepsilon_t \end{pmatrix} \sim N(0, \Omega)$$

当 λ 为 AR (1) 的过程系数,Ω 为噪声序列的协方差矩阵。通过 EViews6.0 软件,则可获得超参数的初始值,如表 8-11 所示。

表 8-11 状态空间模型估计结果

	Coefficient	Std. Error	z - Statistic	Prob.
C (1)	-0.227672	125.4270	-0.001815	0.0086
C (2)	-3.322818	0.484367	-6.860128	0.0000
C (3)	0.937648	0.125136	7.493020	0.0000
C (4)	-1.372959	1102.044	-0.001246	0.0090
	Final State	Root MSE	z - Statistic	Prob.
CWZK	-1.162941	0.716164	-1.623848	0.0044
Log likelihood	-1.603998	Akaike info criterion		0.350250
Parameters	4	Schwarz criterion		0.533467
Diffuse priors	0	Hannan - Quinn criter.		0.410981

从表 8-11 输出结果中可以看出在 5% 的显著性水平上,可以得到各参数的估计量和各状态变量的估计结果。图 8-2 为财务状况的一步向前预测图,虚线为 2 倍均方标准差带。

运用 EViews6.0 状态空间窗格中的 Forecast 按钮,可直接对财务比率(即本章提取的主成分)进行预测,EViews6.0 的 Forecast 方法中提供了三种预测方法,即动态预测、平滑预测和 n 步向前预测,本章选择动态预测,设定预测样本期为 2001~2010 年,可以得到各主成分的动态预测结果。表 8-12 为 ST 三星(000068)样本的主成分预测结果。

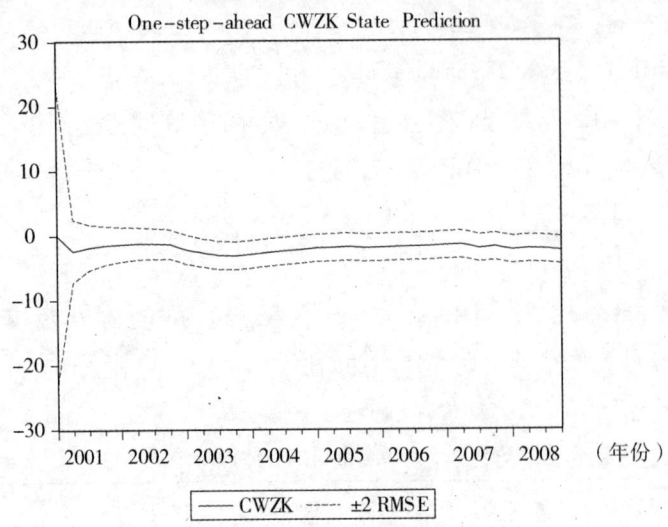

图 8-2 财务状况的一步向前预测图

表 8-12 ST 三星 2010 年预测结果

主成分	F_1	F_2	F_3	F_4	F_5	F_6	F_7
预测值	0.6829	0.3478	0.6718	0.4167	0.1220	0.9233	0.1799

将上述结果代入 Z 值计算公式,可得:

$$Z(pre)_{ST三星} = 0.20646F_1 + 0.16367F_2 + 0.09413F_3 + 0.08331F_4 \\ + 0.07641F_5 + 0.0568F_6 + 0.05265F_7 = 0.3671$$

2. 检验样本财务状况预测

通过上述方法,运用 EViews6.0 软件,对其他 53 家检验样本公司进行参数估计,得到检验样本的财务状况预测值如表 8-13 所示。

表 8-13 检验样本 2010 年 Z 值

ST 公司代码	Z(rel)值	Z(pre)值	误差率(%)	非 ST 公司代码	Z(rel)值	Z(pre)值	误差率(%)
000004	1.3262	1.3302	0.30	000157	3.0943	3.1005	0.20
000010	2.4339	2.335	-4.06	000523	2.4535	2.4525	-0.04

第八章 基于Kalman滤波的财务困境动态预警

续表

ST公司代码	Z(rel)值	Z(pre)值	误差率(%)	非ST公司代码	Z(rel)值	Z(pre)值	误差率(%)
000068	0.3988	0.3671	-7.95	000545	1.9906	2.0012	0.53
000629	0.9348	1.001	7.08	000615	2.5071	2.5204	0.53
000676	0.2024	0.2222	9.78	000678	2.7079	2.7245	0.61
000760	1.8068	1.7902	-0.92	000687	3.9503	4.0654	2.91
000820	0.2763	0.2555	-7.53	000702	2.8068	2.8078	0.04
000831	1.1244	1.1115	-1.15	000752	4.3143	4.3212	0.16
000902	1.6202	1.5998	-1.26	000801	2.2045	2.2044	0.00
000908	1.5239	1.5761	3.43	000812	2.0989	2.0898	-0.43
000953	1.0394	1.101	5.93	000837	2.8804	2.9801	3.46
000976	1.5332	1.6203	5.68	000935	2.0653	2.9868	44.62
600091	1.2585	1.2565	-0.16	600061	3.1285	2.9986	-4.15
600179	1.1104	1.2001	8.08	600070	1.8006	1.8206	1.11
600299	1.0669	1.0696	0.25	600146	4.0224	3.9563	-1.64
600301	1.0595	1.0605	0.09	600165	1.703	1.7001	-0.17
600338	0.9626	0.9923	3.09	600203	1.8297	1.8302	0.03
600355	1.7647	1.7896	1.41	600213	1.9175	1.9563	2.02
600373	2.3185	1.7865	-22.95	600222	1.8776	1.8775	-0.01
600444	0.6846	0.8761	27.97	600300	1.9496	1.9765	1.38
600462	0.3503	0.3303	-5.71	600336	1.3661	1.4331	4.90
600490	1.9068	1.9923	4.48	600339	1.9626	1.9601	-0.13
600562	1.2707	1.3201	3.89	600380	3.6656	3.998	9.07
600609	1.6693	1.6876	1.10	600558	3.0819	3.9876	29.39
600740	1.1079	1.1032	-0.42	600676	1.8086	1.8069	-0.09
600860	1.0449	1.0672	2.13	600677	2.3973	2.5242	5.29
600984	1.8517	1.877	1.37	600889	1.55	1.6578	6.95

四、模型检验结果分析

通过与2010年检验样本公司的Z值比较发现，对于ST样本公司财务困境预测平均误差率1.26%，对于非ST样本公司财务预测平均误差率为

3.95%。结果显示,对于 2010 年 ST 公司,有 13 家公司 Z(pre)<1.1720,即可预测出 13 家公司发生财务困境;有 13 家公司 Z(pre)值在 [1.1720,2.1937]区间内,即可预测 13 家公司财务状况处于不稳定状态;有一家公司(公司代码为 000010)的 Z(pre)>2.1937,误判为该公司财务状况良好,不发生财务困境,即误判率为 3.7%。

对于 2010 年 ST 公司,有 0 家公司 Z(pre)<1.1720,即可预测没有公司发生财务困境;有 12 家公司 Z(pre)值在 [1.1720,2.1937]区间内,即可预测 12 家公司财务状况处于不稳定状态;有 14 家公司 Z(pre)>2.1937,预测出该 12 家公司财务状况良好,不发生财务困境。

第四节 本章小结

上市公司财务状况反映了上市公司状况,在我国,上市公司的财务困境以是否被证监会特别处理为标准划分。从定量分析来看,处于财务困境状态的上市公司与财务健康的上市公司在财务指标方面存在显著差异,本章通过差异性检验验证。可见财务状况的好坏可以通过合适的财务指标衡量。然而一个上市公司陷入财务困境并不是短时间所能导致的,一般上市公司的财务状况是多年来累积的结果,那么财务指标也有一定的累积性。然而这些财务指标随着时间的推移发生变化并不是遵循一定的趋势规律变化的,而是受到各种不确定的因素影响。因此依据一定的方法建立一个可行的上市公司财务预警模型尽早地预测出上市公司这些特征财务指标未来的状况,使公司经营者及财务管理人员能尽早得知潜在的危机而采取相应的措施就显得十分必要。

本研究以财务困境长期性和累积性为出发点,在对国内外已有的财务困境预警研究进行分析的基础上,针对我国目前上市公司的具体情况,综合运用 SPSS 统计技术、状态空间方程模型、Kalman 滤波理论、财务困境预警理论和 EViews6.0 软件技术,从时间序列角度和横截面角度建立了基于状态空间方程的财务困境动态预警模型。认真选取样本数据,对预警模型进行了实证分析。首先选取因为财务恶化(连续两年净利润为负或者一年净资产低于账面价值）导致被特别处理的公司为样本，以特别处理年之前的数据为基础对模型进行参数估计。最终本章选取了 108 家样本公司，其中 54 家为建模样本，另外 54 家为检验样本。

本章经过研究，主要得出以下结论：

（1）基于状态空间模型建立财务预警模型可以提高财务困境预警的精确度，由于财务困境的累积性，需要多年的数据分析，并且状态空间模型可以做长期预测，对于参数估计可通过 Kalman 滤波技术实现。随着我国证券市场的发展，可以提供更长久的数据，模型的预测精度就会越高。

（2）通过 ST 公司和非 ST 公司两组样本公司的财务数据统计分析发现，两组样本的财务指标存在显著差异，这说明上市公司的财务指标可以反映公司财务状况。

（3）指标选取是财务预警模型的重点也是难点，本章首先全面选取上市公司财务指标，从 5 个方面反映上市公司财务状况。但是冗余的信息也会影响模型的效率和准确度，本章采用主成分分析法对特征财务指标来降维并建立危机判别模型，将得到的各主成分贡献率作为各主成分在上市公司财务状况综合评分模型中的权重，消除了以往研究中人为赋值对模型的主观性影响，使得所建立的模型更科学更客观。

（4）本章对基于状态空间方程和 Kalman 滤波理论的财务预警模型通过检验样本检验发现预警准确率较高，建立的预警模型适合用于上市公司长期财务预警。

但是，本章在研究上也存在一定的局限性，具体如下：

（1）本章采取我国证监会对上市公司财务状况判断标准，即 ST 和非 ST 样本组，但是有些健康公司已经存在财务困境信号，却没有在报表中暴露出来，影响模型准确度。

（2）本章只选择了财务指标建立预警模型，虽然本章对财务指标进行了降维处理，但是本章仅运用财务指标，指标间的相关性较高，选择主成分时，累计贡献率未达到预期的要求。

（3）我国证券市场历史较短，时间序列数据不是很充足，因此时间跨度选择具有一定的主观性。

第九章 基于 EWMA 控制图模型的财务困境动态预警

第一节 EWMA 控制图模型相关理论

一、向量自回归移动平均模型

1. 模型理论基础

时间序列分析法由 Yule 和 Slutsky 两位教授于 1920 年发明,直到 1970 年由 George E. P. Box 和 Gwilym M. Jenkins 提出自回归单整移动平均模型(Autoregressive Intergrated – Moving Average Models,ARIMA),近年来,统计学家致力于这方面的研究加上计算机的发展,使得时间序列分析法已经普遍应用于经济、工程、自然与社会科学领域。

单变量自回归移动平均模型(以下简称 ARMA)为一个具有平稳的随机行为。一般单变量 Z_t 的 ARMA(p,q)模型的随机差分方程形式为:

$$\phi(B)Z_t = C + \theta(B)a_t \qquad (9-1)$$

式中:

$$\phi(B) = 1 - \phi_1 B - \phi_2 B^2 - \cdots - \phi_p B^p$$

$$\theta(B) = 1 + \theta_1 B + \theta_2 B^2 + \cdots + \theta_q B^q$$

其中,B 为后移运算子(Backshift Operator),即 $B^1 Z_t = Z_{t-1}$;$C = (1 -$

$\phi_1 - \phi_2 - \cdots - \phi_p) \mu$，$\mu$ 为 Z_t 的平均数，如果以一个向量序列 $\underline{Z}_t$ 来代替一个序列 Z_t，即 $\underline{Z}_t = [Z_{1t}, Z_{2t}, \cdots Z_{kt}]$，其 VARMA 模型的随机差分方程的形式为：

$$\underline{\phi}(B) \underline{Z}_t = C + \underline{\theta}(B) \underline{a}_t \qquad (9-2)$$

式中：

$\underline{\phi}(B) = 1 - \underline{\phi}_1 B - \underline{\phi}_2 B^2 - \cdots - \underline{\phi}_p B^p$

$\underline{\theta}(B) = 1 + \underline{\theta}_1 B + \underline{\theta}_2 B^2 + \cdots + \underline{\theta}_q B^q$

其中，$\underline{\phi}$ 和 $\underline{\theta}$ 为 $K \times K$ 矩阵，B 为后移运算子，即 $B^l \underline{Z}_t = \underline{Z}_{t-l}$；常数项 C 为 $K \times I$ 固定值向量，可表示为 $C = (1 - \underline{\phi}_1 - \underline{\phi}_2 - \cdots - \underline{\phi}_p) \mu$，$\mu$ 为 $\underline{Z}_t$ 的平均数，$\underline{a}_t$ 为一个序列独立常态分配随机震动向量，平均值为 0，互变异矩阵为 Σ，若假设 $\underline{Z}_t = \underline{Z}_{t-\mu}$，则 VARMA 模型可以简化为 $\underline{\phi}(B) \underline{Z}_t = \underline{\theta}(B) \underline{a}_t$。

2. 模型的应用

Theodossiou 指出，假设 $X_{i,1}$，$X_{i,2}$，$\cdots$，$X_{i,t}$ 为公司的财务指标向量，其中涵盖了影响公司财务状况的重要财务指标。对一个财务正常的公司而言，其财务指标向量具有正常的联合概率分布 gh（·），但对一个财务困境公司而言，其财务指标向量从某一时点（t）起，即由 gh（·）移向财务困境公司的联合概率分布 gf（·）。如果想了解公司财务困境发生的动态变化，必须探讨财务指标向量 $X_{i,t}$ 的随机行为在何时发生变动，首先要对于 $X_{i,t}$ 在财务正常公司和危机公司的随机过程有所了解。财务指标向量 $X_{i,t}$ 的平均数在财务正常公司中是稳定的，即 $E(X_{i,t}/\text{health}) = \mu_h$。在财务困境公司中 $X_{i,t}$ 的平均数将从正常公司的财务平均数 μ_h 逐渐退化到 μ_f，即 $\mu_h \to \mu_{f,s} \to \mu_{f,1} \to \mu_f = \mu_{f,0}$，其中平均数 $\mu_{f,m} = E(X_{i,t}/\text{failure}, m)$，$m = 1, 2, \cdots, s$ 表示危机发生前 m 期 $X_{i,t}$ 的平均数。因此，用时间序列的方法可以了解公司发生财务困境的动态过程。

在处理财务困境发生的过程中，Theodossiou 以多维 ARMA 时间序列分析作为企业财务指标随机过程的主要模式，通过多维 ARMA 模型的建立计算出财务指标的条件概率密度函数，代到 CUSUM 模型中，建立动态预警模型。他以公司财务指标作为财务状况的观测值，把公司财务指标观测向量 $X_{i,t}$ 与

财务指标平均数 μ_h 和 μ_f 之差,表示为多维 ARMA (p, q):

对于正常公司:

$$X_{i,t} - \mu_h = \sum_{k=1}^{p} \Phi_K (X_{i,t-k} - \mu_h) + \varepsilon_{i,t} - \sum_{s=1}^{q} \Theta_S \varepsilon_{i,t-s} \qquad (9-3)$$

对于危机公司:

$$X_{i,t} - \mu_{f,m} = \sum_{k=1}^{p} \Phi_K (X_{i,t-k} - \mu_{f,m+k}) + \varepsilon_{i,t} - \sum_{s=1}^{q} \Theta_S \varepsilon_{i,t-s} \qquad (9-4)$$

$$E(\varepsilon_{i,t}) = 0, \quad E(\varepsilon_{i,t}\varepsilon'_{i,t}) = \begin{cases} \Sigma \\ 0, & i \neq j \text{ 或 } t \neq s \end{cases}$$

i, j = 1, 2, ···, N; N = N_f + N_h。

其中,$X_{i,t}$ 为 i 公司在 t 时刻的财务比率,P 为滞后阶数,m 为距离宣布危机前的季度数,μ_h 为正常公司财务比率在所有季度的平均值,μ_f 为危机公司在宣布为危机时的财务比率平均值,$\mu_{f,m}$ 为危机公司在宣布为危机前 m 季度的财务比率平均值。Φ_K 和 Θ_S 为多维 ARMA 过程的系数矩阵,$\varepsilon_{i,t}$ 为白噪声误差项服从 N (0, Σ),而 N_f 和 N_h 为危机公司和正常公司的个数。对 $i \neq j$ 或 $t \neq s$,方程式 $E(\varepsilon_{i,t}\varepsilon'_{j,s}) = 0$,表明误差项在不同公司及不同时间之间没有相关性。为了实际应用上的方便,Theodossiou 设定两公司群的误差项共同协方差阵相同,即 $\Sigma_h = \Sigma_f = \Sigma$,以便于预警模型的处理。本章也将这种方法应用于指数加权移动平均(EWMA)模型,建立财务困境动态预警模型。

二、EWMA 控制图模型基本原理

1. 质量过程控制理论

现代生产流程中生产线已经得到普及,但随即也产生了如下问题:如果不能及时发现生产流程中的问题,会导致同期的所有产品质量出现同样的问题,因此,如何及时发现生产过程出现的问题,并进行调整就成为工厂质量管理部门的首要任务,在这种环境下,质量过程控制的理论便应运而生,该理论认为产品在生产过程中质量特性总是存在着差别。没有两件产品的特性是完全相同的,因为任何过程都存在许多变异。产品间或过程的变异也许很大,也许小的无法测量,但这些变异总是存在的。这些变异有什么区别和特点,如何发现和研究变异的趋势,进而通过改进或纠正措施减少或控制变异,是统计过程控制的任务。

一切产品制造过程中呈现出的变异有两个分量：第一个分量是由过程内部引起的稳定分量，即正常变异；第二个分量是可查明原因的间断变异，即异常变异。那些可查明原因的间断变异可用有效的方法来发现，并可被纠正，但正常变异不会消失，除非改变基本过程。理论和实践表明，在正常变异出现时，虽然每个质量测量值是不同的，但是一组测量值总呈现稳定的分布，这个分布不会随时间的改变而改变。这个过程被称为受控过程。一般情况下，在出现正常变异时，不需要对生产流程做出改变。在判断生产流程是否出现异常变异时，统计过程控制有很多的方法，如计量型控制图、计数型控制图、累积和控制图、指数加权移动平均控制图、预控制图等方法。

CUSUM（累积和）控制图和EWMA（指数加权移动平均）控制图是质量管理学上统计过程控制（SPC）的两种模式，用于产品质量形成过程累积变异的识别和预警。1993年，Theodossiou首次将CUSUM控制图思想用于企业财务困境预警，取得良好效果。但CUSUM模型将各阶段信息等同看待，没有考虑企业近期经营变异对企业失败影响较大而远期影响相对较小这一事实。EWMA模型则是将过去样本所具有的信息利用加权累计的概念来考虑，即给予不同时期观察样本一个权数，使得权数呈指数递减的形式，且使距最近较新的样本得到较大的权重，即近期的观察结果有较大的影响，而早期的观察样本则给予较小的权重。因此，EWMA模式不仅考虑了多阶段动态信息，对小变异特别敏感，在企业危机形成上也更接近企业经营系统的演变规律。基于此，本章结合多维ARMA时序分析技术，提出基于EWMA控制图的财务困境动态预警模型。

2. 模型理论基础

EWMA控制图的原理是通过对质量变异的加权累计来判断过程是正常还是异常。其基本原理是不应以一次抽样的结果判断一个生产线是否出现问题，而应对截至目前的所有信息进行判断。在实际应用中将历史累积值和当前值各给予一个权重，现在的累积值要受到当期值和前期历史累积值的影响。应用到财务困境预测中的基本思想是：判断一个公司是不是危机公司，要根据截至目前所选择的财务比率的所有时间序列的信息，而不能仅仅根据单期的财务状况做出判断。

定义 h 为决策空间，k 为参照值（通常为目标值或平均值），对于观察值 X_t，如果控制图中任意一点与最后一点的垂直距离大于或等于 h 时，则判断过程已经发生异常。用 C_m 表示观察值对参照值 k 的偏差累积和（m 表示样本批量），那么 CUSUM 控制图的决策规则可以表示如下：对任一点（i，C_i），i = 1，2，…，m - 1，有 $C_m - C_i \geq h$，即当：

$$C_m = \sum_{j=i+1}^{m} (X_j - k) \geq h \tag{9-5}$$

则判断过程发生异常。把上式写成指数加权移动平均形式，其 EWMA 模式为：

$$Y_t = \lambda X_t + (1 - \lambda) Y_{t-1} \geq h \tag{9-6}$$

当累积的 EWMA 值超过控制限时表示过程发生异常。其中，λ 为权重因子，其值落在（0，1）区间内；X_t 为第 t 次抽取的观察值，通常假设 X_t 服从 $N(\mu, \sigma^2)$；Y_t 为当前 t 时刻的指数加权平均值，服从 $N[\mu, \lambda\sigma^2/(2-\lambda)]$；$Y_{t-1}$ 为 t - 1 时刻的指数加权平均值；Y_0 为初始值，通常取均值 μ 或 0。

在质量管理学上，式（9-5）通常写成控制线的形式：

$UCL = \mu + L \times \sigma_Y$

$CL = \mu$

$LCL = \mu - L \times \sigma_Y$

其中，L 是敏感系数，为任意大于零的常数，可以用来控制监测过程的敏感性。在控制图应用上，通常假设过程处于控制状态（稳态），这时 μ = 0 且 $\sigma^2 = 1$，因此控制线又可改为：

$UCL = L \times \sqrt{\dfrac{\lambda}{2-\lambda}}$

$CL = 0$

$LCL = -L \times \sqrt{\dfrac{\lambda}{2-\lambda}}$

当统计量 $Y_t >$ UCL 或 $Y_t <$ LCL 时，表示在第 t 次的观察时过程可能发生变异，偏离目标值，预示产品质量将出现不合格或企业经济过程将出现危机。

3. 模型的应用

EWMA 控制图模型采用加权的概念，首先利用多维 ARMA 中参数估计的结果代入公式中求得 EWMA 值,而当 EWMA 值落到 $-L$ 以下时,则会被判定为危机公司。

参考 Theodossiou 将 CUSUM 模型应用于财务困境预警模型的方式,研究中指出观测值 $Z_{i,t}$ 服从正态分布,并且正常公司的平均数为 $D/2$,危机公司的平均数为 $-D/2$。两群体的方差均为 1,即 $E(Z_{i,t}/h) = D/2$、$E(Z_{i,t}/f, m) = -D/2$,$\text{var}(Z_{i,t}/h) = \text{var}(Z_{i,t}/f, m) = 1$。因此,本章将所有 $Z_{i,t}$ 减去 $D/2$,使得正常公司的均值为 0,危机公司的均值为 $-D$,以便于预警模型的处理。以 $Z_{i,t} - D/2$ 作为观测值代入 EWMA 模型中,则其模型为:

$$Y_{i,t} = \min[\lambda(Z_{i,t} - D/2) + (1-\lambda)Y_{i,t-1}, 0] < -L \quad (9-7)$$

其中:

$$Z_{i,t} = \beta_0 + \beta_1 \left[X_{i,t} - \sum_{k=1}^{p} \phi_k X_{i,t-k} + \sum_{S=1}^{q} \vartheta_S \varepsilon_{i,t-S} \right] \quad (9-8)$$

$$\beta_0 = \left(-\frac{1}{2D}\right) \left[(\mu_h - \mu_f) - \sum_{k=1}^{p} \phi_k (\mu_h - \mu_{f,k}) \right]' \Sigma^{-1} \left[(\mu_h + \mu_f) - \sum_{k=1}^{p} \phi_k (\mu_h + \mu_{f,k}) \right] \quad (9-9)$$

$$\beta_1 = (1/D) \left[(\mu_h - \mu_f) - \sum_{k=1}^{p} \phi_k (\mu_h - \mu_{f,k}) \right]' \Sigma^{-1} \quad (9-10)$$

$$D^2 = \left[(\mu_h - \mu_f) - \sum_{k=1}^{p} \phi_k (\mu_h - \mu_{f,k}) \right]' \Sigma^{-1} \left[(\mu_h - \mu_f) - \sum_{k=1}^{p} \phi_k (\mu_h - \mu_{f,k}) \right] \quad (9-11)$$

D^2 为宣布为危机公司时刻,即 $m = 0$ 时刻,正常公司和危机公司两群体之间的距离。λ 为当期值所占的权重;$Z_{i,t}$ 为 t 时点时刻,第 i 家公司的当期值;$Y_{i,t}$ 为在 t 时点的 EWMA 的当期历史累计值。

对于 EWMA 模型的建立,首先利用式(9-10)计算出 D 值,将其代入式(9-8)、式(9-9)计算出 β_0、β_1,然后将其代入式(9-7)计算出 $Z_{i,t}$,最后直接代入式(9-6),计算 EWMA 值。

4. 模型参数的确定

权重因子 λ 和临界值 L 的确定采用最小期望成本法(Minimite Expected Cost)决定。定义:

$P_h = P(Y_{i,t} \leq -L/\text{实际上为正常公司})$

$P_f = P(Y_{i,t} > -L/\text{实际上为危机公司})$

在这里，P_h 为第一类错误的概率，P_f 为第二类错误的概率。最小期望成本为：

$$\min_{\lambda,L} EC = w_f P_f(\lambda, L) + (1 - w_f) P_h(\lambda, L) \quad (9-12)$$

w_f 为与第二类错误有关的权重系数，Theodossiou 建议 w_f 取 $0.4 \sim 0.6$，此时对第二类错误概率的影响不大，这里取等值 $w_f = 0.5$。

λ 值主要反映了移动平均值 $Y_{i,t}$ 当前值和历史值的加权平均，L 主要反映了模型的敏感性。设 $\lambda = 0.1, 0.2, \cdots, 0.9$，分别计算出 $Y_{i,t}$ 值，再根据误差最小原则确定 L 值，即是不是危机公司的阈值，通过不同的 λ 和 L 的组合代入式（9-11）计算出期望成本，以最小期望成本决定最适合的权重系数 λ 和危机警戒线 L。一旦一个公司的累计值小于 L，就判断该公司进入危机状态。

第二节 指标体系及样本选取

一、研究思路设计

财务预警研究中的各种计量方法作为分析工具都有各自的适用条件以及优缺点。如果不加分析地盲目使用可能导致预测不准确，甚至得出错误的结论。因此，选择何种方法应考虑样本数据的特点。本章以面板数据为样本，根据我国上市公司财务数据的特点，结合粗糙集理论和 EWMA 控制图模型进行财务困境预警。

1. 基于粗糙集理论进行指标约简

由于财务指标的多样性与信息性，其包含的经济意义不尽相同。一个好的指标体系能够恰如其分地反映企业的财务状况，既没有冗余的指标，也没有缺失的信息。选多个指标固然比单个指标好，但是指标太多会加大同类指标间的多重共线性，加大数据处理的难度和结果的准确度。因此，如何筛选指标是数据处理的重要步骤。

以往文献中的指标约简方法多种多样，大部分是基于指标之间的相关性进行筛选，对于筛选的标准没有固定的规则，故包含一定的主观决定因素。人工智能里的粗糙集理论，是一种处理不确定性的数学工具，它无需其他先验信息，仅根据提供的待处理数据本身，可在保留关键数据信息的基础上对数据进行化简并求出知识约简，运用粗糙集理论处理指标筛选问题更具客观性。因此，本章采用粗糙集理论中的重要度原理对指标进行约简，为后续采用 EWMA 建模提供良好的数据环境。实现该方法的工具为 Rosetta。Rosetta 是由挪威科技大学 Aleksander Ohrn 开发的一个基于粗糙集理论框架的表格逻辑数据分析工具包，包括了计算核和图形用户界面。设计实现了对数据挖掘和知识获取。

2. 运用统计方法对数据进行差异性和平稳性检验

为构建准确的动态预警模型，所挑选的财务变量必须在危机公司和正常公司之间有显著的不同，因此需要进行差异性检验。如果财务变量服从正态分布，则采用两总体均值相等的 t 检验的方法选择财务变量；如果财务变量的分布未知，则采用比较两总体中位数相等的 Mann – Whieney 检验。国内关于财务困境预测的文献表明，我国上市公司的财务比率不服从正态分布，故本章使用 Mann – Whieney 秩和检验方法进行差异性检验。

Mann – Whitney 检验是一种常用的非参数检验法。其原假设为两配对样本组的均值没有显著性差异。当原假设被拒绝时，认为两配对组均值有显著性差异。应用此方法可以将没有显著性差异的指标删除。实现该方法的工具为 SPSS。

此外，由于动态面板有一个假设条件即只能处理稳态数据，因此需要根据面板数据的单位根检定来检验数据是否具有平稳性。考虑到残差项的自相关性，在原始 DF 检定法的基础上，Said 和 Dickey（1984）提出了 ADF 单根检定法，是残差项符合白噪声过程。Maddala – Wu（1997）提出了组合 P 值检验，其中 P 表示 ADF 检验的显著性水平。这种方法称为 ADF – fisher 检验。应用此方法可以将不符合平稳性的财务指标删除，达到二次筛选的功能。实现该方法的工具为 EViews。

3. 基于 EWMA 控制图原理建模

我国上市公司财务数据有如下特征：财务比率不服从正态分布，而有明显的高峰后尾的特征；财务困境公司和正常公司的财务比率协方差矩阵不全相同。因此，传统的统计方法不适用于处理我国上市公司财务数据。虽然部分人工智能模型能解决上述问题，但是和传统统计方法一样，二者都属于静态预警模型，没有考虑到财务状况的时间延续性，导致危机预测的准确率较低。因此本章将考虑财务指标的时序性特点，重视其历史累积影响，运用质量管理理论中的指数加权移动平均（简称 EWMA）控制图原理，并结合时间序列分析进行建模。实现该方法的工具为 Matlab 和 Excel。

Matlab 提供了一个人际交互的数学系统环境，并以矩阵作为基本的数据结构，可以大大节省编程时间。建模后，运用检验样本对模型进行检验，对检验结果进行统计分析，验证模型的有效性等。

本章的实证研究流程设计如图 9 – 1 所示。

二、样本数据的选取

1. 样本选取的原则

在选择样本时，要考虑样本的数量特征，即样本数量应该满足大样本要求，即超过 30 个。此外，还应考虑三个方面：样本的客观性、可比性与可验证性。客观性，是指数据的内容真实、数字准确、资料可靠。财务数据要满足客观性，即上市公司的财务报表要客观地反映企业的财务状况、经营成果，准确反映企业的实际情况。可比性，是指数据编制口径一致、相互可比。可获得性，任何第三方均可通过公开渠道获得该资料，以便接受验证。

2. 样本的选择

根据样本选取原则，本研究从锐思数据库中选取了沪深两市制造业 A 股市场中的 122 家上市公司。其中 61 家为 2008～2010 年新增的 ST 或 *ST 公司，已剔除因注册会计师出具否定意见或无法表示意见而被特别处理的上市

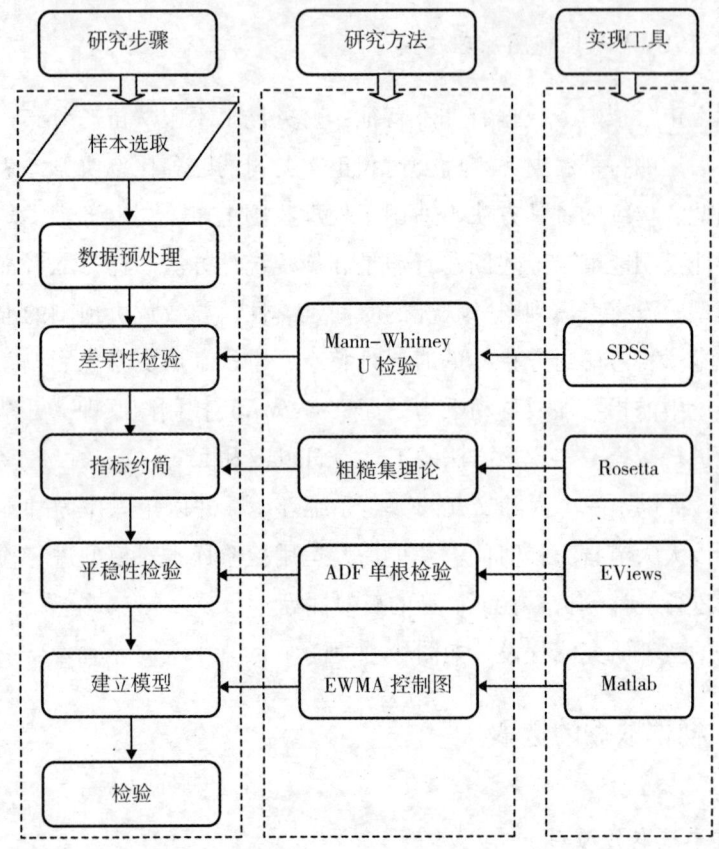

图 9-1 实证研究流程图

公司，因为这样的公司报表有造假的嫌疑。这 61 家公司称为危机公司，财务数据的时间跨度分别为 2004~2007 年、2005~2008 年和 2006~2009 年，即被特别处理当年的前四年。同时选取制造业同一子行业（按证监会行业代码分类）、规模相近（资产总额）的 61 家制造业公司作为配对样本，财务数据的时间跨度与财务困境公司样本相同，且配对样本公司在 2004~2010 年未被特殊处理。本研究将配对样本称为正常公司。上市公司的数据满足客观性、可比性和可获得性三个数据基本特征。

由于财务困境公司是在年报公布后，因财务状况异常而被特别处理的，在选择观测年限时，本研究设被特别处理当年为 t 年，取前 4 年，共 16 个季度的财务指标作为研究变量，对应的配对样本取同时期的指标。这 16 个季度

按时间顺序分别以 T_1 至 T_{16} 表示。

这 122 家公司被分为两组,第一组由 80 家公司组成,其中有 40 家危机公司和 40 家配对的正常公司,这组样本作为推导建立模型的原始样本。这两类公司又被分为 0,1 编码的两组变量类别。其中,危机公司所属类别的变量被定为 1,正常公司所属类别的变量被定为 0。第二组由 42 家公司组成,其中 21 家危机公司和 21 家配对的正常公司,这组样本用作检验模型的预测效果。

三、指标体系的建立

基于前人的研究以及我国上市公司的实际情况,本章从锐思金融研究数据库中初选取 26 个指标对企业的财务状况进行评价。这些备选指标反映了上市公司的偿债能力、营运能力、盈利能力和成长能力,下面分别作简要说明。

(1) 企业偿债能力。企业保持适当的偿债能力,具有重要意义。对于债权人和股东来说,企业偿债能力不足可能导致债权人无法及时、足额收回债权本息。对于股东来说,不能及时偿债可能导致企业破产。由于债务按到期时间分为短期债务和长期债务,所以偿债能力也分为短期偿债能力和长期偿债能力。

(2) 企业营运能力。营运能力比率是衡量企业资产管理效率的财务比率。营运能力强说明企业资金利用的效率高,这将有助于提高企业的盈利能力,从而有助于企业偿债能力的增强。

(3) 企业盈利能力。盈利能力指标主要分析企业取得利润的能力,一个企业的盈利能力越好,说明其有可能获得足够的现金来偿还到期债务,其资信状况就会越好。

(4) 企业成长能力。成长能力说明企业的长远扩展能力,企业未来生产经营实力。成长能力较强的企业能保证盈利的持续性,其财务状况才会好。初选取的财务指标及其计算公式如表 9-1 所示。

表 9-1 财务预警备选指标体系

指标类别	符号	指标名称	计算公式
短期偿债能力	C_1	流动比率	流动资产/流动负债
	C_2	速动比率	速动资产/流动负债
	C_3	现金比率	(货币资金+交易性金融资产)/流动负债
	C_4	现金流量比率	经营净现金流量/流动负债
长期偿债能力	C_5	资产负债率	负债总额/资产总额
	C_6	产权比率	负债总额/所有者权益总额
	C_7	长期资本负债率	非流动负债/(非流动负债+股东权益)
	C_8	利息保障倍数	息税前利润/利息费用
	C_9	现金流量利息保障倍数	经营现金流量/利息费用
	C_{10}	现金流量债务比	经营活动现金流量净额/债务总额
营运能力	C_{11}	存货周转率	销售收入/平均存货
	C_{12}	应收账款周转率	销售收入/平均应收账款
	C_{13}	流动资产周转率	销售收入/平均流动资产
	C_{14}	固定资产周转率	销售收入/平均固定资产
	C_{15}	营运资本周转率	销售收入/平均营运资本
	C_{16}	总资产周转率	销售收入/平均总资产
盈利能力	C_{17}	净资产收益率	净利润/净资产
	C_{18}	资产净利率	净利润/平均资产总额
	C_{19}	资产报酬率	息税前利润/总资产
	C_{20}	销售净利率	净利润/销售收入
	C_{21}	营业利润率	营业利润/营业收入净额
成长能力	C_{22}	营业收入增长率	当期营业收入增长额/上期营业收入
	C_{23}	营业利润增长率	当期营业利润增长额/上期营业利润
	C_{24}	利润总额增长率	当期利润总额增长额/上期利润总额
	C_{25}	总资产增长率	当期总资产增长额/期初资产总额
	C_{26}	净资产增长率	当期净资产增长额/期初净资产

第三节　实证分析

一、数据预处理

1. 数据标准化

在进行数据分析之前，我们通常要将数据进行标准化，利用标准化后的数据进行数据分析。数据的标准化处理主要包括同趋化处理和无量纲化处理两个方面。数据同趋化处理主要解决不同性质数据问题，对于不同性质指标直接加总等不能正确反映不同作用力的综合结果，必须先考虑改变逆向指标数据性质，使所有指标对于评测方案的作用力同趋化。数据的无量纲化处理主要解决数据的可比性。数据标准化的方法有很多种，常用的有"离差标准化法"，又称"最小—最大标准化"。

在对数据进行标准化处理时，对于效益型指标如净资产收益率、资产净利率、现金流量债务比、流动比率和营业收入增长率等，以及对于成本型指标如资产负债率和产权比率等，分别采用式（9–13）、式（9–14）进行标准化处理，以保证所有指标标准化后方向上的一致性。

$$Z_{i,j} = (Data_{i,j} - MinData_j) / (MaxData_j - MinData_j) \qquad (9-13)$$

$$Z_{i,j} = (MaxData_j - Data_{i,j}) / (MaxData_j - MinData_j) \qquad (9-14)$$

其中，$Data_{i,j}$为实验数据表中第 i 行的第 j 列数值，$MaxData_j$为该项指标的最大值，$MinData_j$为该列指标的最小值。考虑各项指标的经济含义，$MaxData_j$和$MinData_j$均为固定值，依行业特点设定。由于篇幅所限，处理结果简略显示如表 9–2，本节数据分析所使用的工具为 Excel。

表 9-2 经标准化处理后的数据

股票代码	C_1	C_2	C_3	C_4	C_5	C_6	…	C_{26}
600001	0.2051	0.1551	0.1440	0.8000	0.5750	0.9031	…	0.5100
600055	0.2407	0.1592	0.1840	0.6389	0.7125	0.9418	…	0.5150
600069	0.1153	0.0959	0.1160	0.6833	0.4125	0.8071	…	0.5250
600091	0.1356	0.1551	0.1880	0.5278	0.8875	0.9786	…	0.4850
600112	0.2814	0.2429	0.0840	0.7389	0.7875	0.9571	…	0.5000
600161	0.3373	0.2286	0.2480	0.9000	0.8375	0.9653	…	0.5100
600179	0.0746	0.0469	0.0120	0.6611	0.6250	0.9184	…	0.5050
600235	0.0593	0.0469	0.0560	0.6167	0.5125	0.8602	…	0.4900
600260	0.4458	0.2429	0.1840	0.5778	0.9250	0.9847	…	0.5000
…	…	…	…	…	…	…	…	…

2. 数据离散化

依据粗糙集理论，需建立决策系统，进而进行数据分析。决策系统中连续属性（取值连续的属性）的离散化，对后续阶段的数据挖掘过程而言具有非常重要的意义。数据离散化过程本质上就是采用一定的断点集合对决策系统的属性空间进行划分。为了提高系统的聚类能力，增强系统对数据噪声的鲁棒性，应该采用尽可能少的断点来完成划分过程。

在进行离散化时，传统的做法是将 [0，1] 区间均分成若干等。观察行业总体标准化结果发现，数据分布并不均匀。为合理区分公司差异，本章使用聚类的原理进行离散，对每一项指标值，进行系统聚类，离散成 5 等，分别用数字 1、2、3、4、5 代替，作为粗糙集决策表的条件属性。数字 1~5 分别表示这项指标值为低、较低、中等、较高、高。26 个指标构成条件属性集，财务状况为决策属性（ST 公司为 1，正常公司为 0），与离散后的财务数据共同构成决策表。处理结果简略为表 9-3，本节所用的工具为 SPSS。

表 9 - 3　经离散化处理后的决策表

代号	C_1	C_2	C_3	C_4	C_5	C_6	C_7	...	C_{26}	D
1	2	1	1	5	3	4	3	...	3	1
2	2	3	1	4	4	5	5	...	4	0
3	1	1	3	4	3	3	3	...	3	1
4	1	1	1	5	5	5	5	...	5	0
5	2	2	1	4	4	5	5	...	3	0
6	2	2	2	5	5	5	4	...	4	0
7	1	1	1	4	3	2	5	...	3	1
8	1	1	1	4	3	4	5	...	3	1
...	...	...	...	...	...	...	...	...	...	...

二、指标数据的差异性检验

根据前人检验结果显示，我国财务比率总体上不符合正态分布假设。因而，财务比率平均数差异应使用非参数检验法。非参数检验中的 Mann - Whitney 检验可以用于判断两组样本是否存在差异。原假设 H_0 为：两个样本组的均值没有显著性差异。其步骤为将两组样本混合并由最小值到最大值依次排列，并将排序后的值从小到大依次赋予其顺序号 1 至 N（N 为混合后样本总容量），然后分别计算两组样本的序号和，并记为 T_1 和 T_2，根据 T_1 和 T_2 计算 Mann - Whitney 检验统计量：

$$U_1 = n_1 n_2 + \frac{n_1(n_1+1)}{2} - T_1 \tag{9-15}$$

$$U_2 = n_1 n_2 + \frac{n_2(n_2+1)}{2} - T_2 \tag{9-16}$$

其中，n_1 表示样本 1 的样本容量；n_2 表示样本 2 的样本容量。

选择 U_1 和 U_2 中较小者作为最终的检验统计量。对于两样本容量均大于 30 的大样本的 Mann - Whitney 统计量，对应的均值和标准差为：

$$\mu_u = \frac{n_1 n_2}{2}; \quad \sigma_u = \sqrt{\frac{n_1 n_2(n_1+n_2+1)}{12}} \tag{9-17}$$

相应得 Z 统计量为：$Z = \sqrt{\dfrac{U - \mu_u}{\sigma_u}}$

Z 统计量的相伴概率为 P。如果 P 小于或等于显著性水平 a，应拒绝原假设 H_0，认为两个样本的总体均值有显著性差异；如果相伴概率值大于显著性水平，则应接受原假设 H_0，认为两个样本的总体均值无显著差异。本研究选用 SPSS17.0 中的 Mann – Whiteney 检验法对样本的指标进行检验，取显著性水平 a 为 5%，检验结果如表 9-4 所示。

表 9-4 指标的 Mann – Whitney 检验结果

指标名称	符号	Z 统计量	P 值	判定
流动比率	C_1	-15.579	0.000	*
速动比率	C_2	-14.855	0.000	*
现金比率	C_3	-16.513	0.000	*
现金流量比率	C_4	-7.476	0.000	*
资产负债率	C_5	-15.769	0.000	*
产权比率	C_6	-9.732	0.000	*
长期资本负债率	C_7	-3.717	0.000	*
利息保障倍数	C_8	-22.788	0.000	*
现金流量利息保障倍数	C_9	-6.953	0.000	*
现金流量债务比	C_{10}	-7.125	0.000	*
存货周转率	C_{11}	-2.987	0.003	*
应收账款周转率	C_{12}	-1.591	0.112	
流动资产周转率	C_{13}	-1.930	0.054	
固定资产周转率	C_{14}	-3.651	0.000	*
营运资本周转率	C_{15}	-3.618	0.000	*
总资产周转率	C_{16}	-1.844	0.065	
净资产收益率	C_{17}	-22.185	0.000	*
资产净利率	C_{18}	-27.588	0.000	*
资产报酬率	C_{19}	-25.240	0.000	*
销售净利率	C_{20}	-22.729	0.000	*
营业利润率	C_{21}	-1.000	0.317	
营业收入增长率	C_{22}	-0.032	0.975	

第九章 基于EWMA控制图模型的财务困境动态预警

续表

指标名称	符号	Z统计量	P值	判定
营业利润增长率	C_{23}	-1.801	0.072	
利润总额增长率	C_{24}	-2.511	0.012	*
总资产增长率	C_{25}	-11.089	0.000	*
净资产增长率	C_{26}	-16.717	0.000	*

注：标有*的表示指标在5%的水平上有显著性差异。

根据检验结果，本章将未通过显著性检验的6个指标应收账款周转率（C_{12}）、流动资产周转率（C_{13}）、总资产周转率（C_{16}）、营业利润率（C_{21}）、营业收入增长率（C_{22}）和营业利润增长率（C_{23}）删去。余下20个指标构成新的指标体系，更新决策表。

三、粗糙集属性约简

根据粗糙集属性约简方法，运用Rosetta软件对此决策表进行分析，查看各条件属性是否冗余。在分析过程中，首先以条件属性为基础求等价关系，形成关于条件属性的划分U/C以及对决策属性的划分U/D，并针对每一属性求解相关划分U/$\{X_i\}$以及U/C-$\{X_i\}$，在这些划分的基础上，求各属性以及去除某属性后条件属性集的正域。

显然，如果某条件属性的正域与去除该属性后条件属性集的正域相同，则该属性的属性重要度为0，该指标被约简。以此类推计算各属性重要度，并对属性重要度为0的条件属性进行约简，形成更加合理、精简的决策表。根据属性重要度公式及软件运行结果计算新指标体系各属性重要度，得出约简后的决策表条件属性集由速动比率、现金流量债务比和存货周转率等5个指标构成，各属性重要度如表9-5所示。

表9-5 属性重要度计算结果

指标类型	指标名称	指标符号	属性重要度
偿债能力	速动比率	C_2	0.1724
	现金流量债务比	C_{10}	0.2013

续表

指标类型	指标名称	指标符号	属性重要度
营运能力	存货周转率	C_{11}	0.2819
盈利能力	净资产收益率	C_{17}	0.4597
成长能力	净资产增长率	C_{26}	0.1372

四、模型的建立

1. 指标数据的平稳性检验

将前面所选的建模样本（40个危机样本，40个正常样本）的16个季度的财务比率组成一个 $80 \times 16 \times 5$ 的面板数据，按式（9-3）和式（9-4）进行处理，即将正常样本的财务比率减去所有正常样本所有季度的该比率的均值 μ_h，将危机样本的财务比率减去所有危机样本该季度的均值 $\mu_{f,m}$。因为大部分整体经济时间序列都有一个随机趋势，这些时间序列被称为"非平稳性"时间序列，当将平稳时间序列的统计方法运用于非平稳的数据分析时，人们很容易做出完全错误的判断。动态计量经济理论要求在进行实证分析时，必须进行变量的平稳性检验，否则分析时会出现"伪回归"现象，以此做出的结论很可能是错误的。

Dickey - Fuller（1981）提出自回归模型的单根检定（DF鉴定法），以检定时间序列是否需经一阶差分才达到平稳状态。在DF检定法中假设残差为白噪声过程，而事实上，残差项常会有自我相关的情况，因此，Said和Dickey（1984）提出ADF（Augmented Dickey - Fuller）单根检定法，考虑了残差项的自相关，在检定的方程式中，加入了应变数的落后项，以吸收残差项自相关的影响，使得残差项符合白噪声过程。该检验法的基本原理是通过n次差分的办法将非平稳序列转化为平稳序列，具体方法是估计回归方程式：

$$\Delta Y_t = \beta_1 + \beta_2 t + \sigma Y_{t-1} + \alpha_i \sum_{i=1}^{k} \Delta Y_{t-i} + \varepsilon_t \qquad (9-18)$$

其中，β_1 为常数项，t 为时间趋势项，k 为滞后阶数（最优滞后项），ε_t 为残差项。该检验的零假设 $H_0: \delta = 0$；备择假设 $H_1: \delta \neq 0$。如果 δ 的 ADF

值大于临界值则拒绝原假设 H_0,接受 H_1,说明 $\{X_t\}$ 是平稳序列。否则存在单位根,即它是非平稳序列,需要进行进一步检验。Maddala-Wu(1997)提出了组合 P 值检验,其中 P 表示 ADF 检验的显著性水平。这种方法称为 ADF-fisher 检验。本章以 EViews 6.0 中的 ADF-fisher 来检验数据是否具有平稳性,检验结果如表 9-6 所示。

表 9-6 指标的平稳性结果

指标名称	指标符号	ADF-fisher 统计量	P 值
速动比率	C_2	227.773	0.0003
现金流量债务比	C_{10}	469.688	0.0000
存货周转率	C_{11}	352.716	0.0000
净资产收益率	C_{17}	326.026	0.0000
净资产增长率	C_{26}	541.018	0.0000

注:所有指标均在水平值下进行单位根检验,显著性水平为 1%。

检验结果表明,所有指标数据的 P 值都小于 0.01,即在 1% 的置信水平下严格拒绝原假设 H_0(原假设为序列存在单位根),即序列是稳态时间序列,因此不再需要差分,可直接用动态面板估计。

2. $Z_{i,t}$ 值的求取

由前述的 80 家建模样本企业,将每家各 16 季度的 5 项财务指标,构成 $80 \times 16 \times 5$ 的矩阵,以此构建多维 ARMA 模型。在构建时间序列模型时,仍然先将原始数据按式(9-3)和式(9-4)进行处理,将正常样本的财务比率减去所有正常样本所有季度的该比率的均值 μ_h,将危机样本的财务比率减去所有危机样本该季度的均值 $\mu_{f,m}$。原始数据经过上述处理之后,才能进行多维 ARMA 分析。将上述经过处理的数据进行逐步自回归拟合,根据 AIC 准则,多维 ARMA 模型显示数据符合的模式为 VAR(4),以最大似然估计进行参数估计得到参数矩阵 Φ_1、Φ_2、Φ_3 和 Φ_4 以及协方差矩阵 Σ 如下所示:

$$\Phi_1 = \begin{bmatrix} 0.8167 & 0.1314 & -0.1414 & 0.0012 & 0.0385 \\ 0.0435 & 0.3829 & -0.0773 & -0.0092 & 0.2711 \\ 0.0035 & -0.0042 & 0.5410 & -0.0281 & 0.0097 \\ 0.0014 & 0.0272 & -0.0204 & 0.4878 & 0.1635 \\ 0.0022 & 0.0110 & 0.0287 & -0.1422 & -0.0730 \end{bmatrix}$$

$$\Phi_2 = \begin{bmatrix} 0.0260 & -0.0647 & 0.0842 & -0.0076 & -0.0118 \\ 0.0245 & 0.0604 & 0.0077 & -0.0176 & -0.0117 \\ -0.0231 & -0.0197 & -0.0186 & 0.0025 & 0.0345 \\ 0.0005 & -0.0132 & -0.0086 & 0.0155 & 0.0295 \\ 0.0198 & 0.0160 & 0.0241 & -0.0118 & -0.0544 \end{bmatrix}$$

$$\Phi_3 = \begin{bmatrix} 0.0495 & 0.1279 & -0.0132 & 0.0262 & -0.0409 \\ -0.0037 & -0.0779 & 0.0186 & 0.0001 & -0.0123 \\ 0.0250 & -0.1003 & -0.1106 & -0.0057 & -0.0019 \\ 0.0037 & -0.0585 & -0.0066 & 0.0498 & 0.0290 \\ 0.0162 & -0.0140 & -0.0024 & -0.1083 & 0.0401 \end{bmatrix}$$

$$\Phi_4 = \begin{bmatrix} -0.0360 & -0.1066 & 0.1314 & -0.0377 & -0.0001 \\ -0.0145 & 0.1872 & 0.0602 & 0.0852 & -0.0131 \\ -0.0247 & 0.1233 & 0.0484 & 0.0845 & 0.0367 \\ -0.0116 & 0.0718 & 0.0072 & 0.0800 & -0.0154 \\ -0.0133 & -0.0355 & -0.0051 & -0.0976 & 0.0153 \end{bmatrix}$$

$$\Sigma = \begin{bmatrix} 0.0051 & -0.0006 & -0.0013 & 0.0001 & 0.0011 \\ -0.0006 & 0.0185 & 0.0018 & 0.0025 & -0.0007 \\ -0.0013 & 0.0018 & 0.0141 & 0.0016 & -0.0006 \\ 0.0001 & 0.0025 & 0.0016 & 0.0221 & 0.0023 \\ 0.0011 & -0.0007 & -0.0006 & 0.0023 & 0.0099 \end{bmatrix}$$

将上述求出的参数代入式（9-11），求得参数 D = 2.2140，将 D 代入式（9-9）和式（9-10），得出 $\beta_0 = -5.6150$，$\beta_1 = [1.6577, 0.3901, 2.6474, 1.7862, 8.6018]$，将前述所求参数代入式（9-8），可求得动态模型中每一公司每一期的 $Z_{i,t}$ 值为：

$$Z_{i,t} = -5.6150 + [1.6577, 0.3901, 2.6474, 1.7862, 8.6018][X_{i,t} - \sum_{k=1}^{4}\Phi_k X_{i,t-k}] \quad (9-19)$$

其中，$X_{i,t} = [x_1, x_2, x_3, x_4, x_5]^T$ 表示 i 公司第 t 期的 5 个财务指标值，为 5 维列向量。根据式（9-19）可计算所有公司每一期的 $Z_{i,t}$ 值，以四个公司为例，计算结果简略如表 9-7 所示。

表 9-7 建模样本的 Z 值简表

时期	*ST 中华	*ST 中冠	长航凤凰	沙隆达
T01	0.2016	0.0452	3.9569	0.1515
T02	0.3945	-0.0203	1.2135	0.6055
T03	0.2624	-0.1583	-0.0835	0.9865
T04	1.2365	0.0929	1.5955	1.1727
T05	-0.2844	-0.3003	-1.6255	-0.1800
T06	0.6378	0.3551	1.1069	0.9532
T07	0.7109	0.0291	1.1587	1.0520
T08	0.3005	2.2591	2.4122	0.5095
T09	0.4535	-0.1800	0.8673	0.5271
T10	0.5227	-0.0371	0.8101	1.1180
T11	0.4638	-0.9959	1.2758	1.4006
T12	0.6249	-1.9825	0.5343	1.4357
T13	0.6555	-0.3443	0.5402	0.6920
T14	0.6709	-0.0098	0.2695	0.8712
T15	0.7050	-0.2644	-0.2965	0.9502
T16	*	*	*	*

注：T 表示公司的期数，T01 表示被 ST 年度的前 4 年第一季度，以此类推，T16 表示被 ST 年度的前 1 年第四季度，T16 为宣告被 ST 前的最后一季度，因此统一定为宣告被 ST 的时期。

3. 参数 λ 和 L 的确定

以 λ=0.1，0.2，…，0.9 逐一代入式（9-12）中进行测试，计算每一公司每一期的加权移动平均值 $Y_{i,t}$ 后，以能够区分正常公司与危机公司的最小值为基准来确定 L 值。再以最早能侦测出公司财务困境的 λ 为模型的最佳侦测标准。λ越小，表明本期$Z_{i,t}$值的比重越小，而上一期$Z_{i,t}$值的比重越大，本章得出λ=0.3，L=6.9830为模型最合适的参数，最小期望误差为0.6580。λ=0.3表明当期值对判断是否进入财务困境的影响小于前期历史累积值的影响，这也说明了历史累积值对当前判断的重要性。

4. EWMA值的取得

将上述求出的$Z_{i,t}$值以及λ值代入式（9-7）即可求得各公司每期EWMA模型的$Y_{i,t}$值（也称历史累积值），$Y_{i,t}$的初值取0，即$Y_{i,0}=0$。如果公司的历史累计值$Y_{i,t}<-L=-6.9830$，以此判定公司会被ST，即进入危机状态。将计算的数据代入式（9-7），得到最后的判别公式为：

$$Y_{i,t} = \min[0.3 \times Z_{i,t} + 0.7 \times Y_{i,t-1} - 0.3321, 0] < -6.9830 \quad (9-20)$$

以四个公司为例，建模样本的EWMA值简略如表9-8所示：

表9-8 建模样本的EWMA值简表

时期	*ST中华	*ST中冠	长航凤凰	沙隆达
T01	0.0000	0.0000	0.0000	0.0000
T02	-5.8706	-6.0431	-6.0779	-5.6722
T03	-6.2189	-6.1998	-5.4006	-6.2876
T04	-6.4401	-6.2210	-4.9882	-6.5738
T05	-6.8513	-6.2322	-5.4090	-6.5368
T06	-6.8932	-6.6846	-6.3047	-6.1109
T07	-7.2132	-6.7162	-5.2127	-5.5134
T08	-8.0448	-6.9978	-4.7729	-6.1930
T09	-9.1764	-7.3690	-4.7506	-6.4815
T10	-9.2976	-7.9802	-5.0111	-6.4013
T11	-9.3088	-8.0822	-5.6438	-5.4266
T12	-9.4108	-9.0902	-5.3080	-5.7467
T13	-9.4188	-9.1298	-5.3876	-5.4332
T14	-9.4584	-9.1694	-5.3575	-5.5287
T15	-9.4980	-9.2090	-5.6895	-5.2823

从表9-8可以看出，*ST中华和*ST中冠分别在第T07期、第T08期的EWMA值开始低于警戒线-L，显示公司出现异常情况，由于我国采用连续两年亏损进行ST处理，实际上公司的报表分别在第12期、第16期显示亏损，因此，EWMA模型提早预测出了公司财务状况发生异常。图9-2是财务困境公司的EWMA控制图，图9-3是财务正常公司的EWMA控制图，从图中可看出，每个公司在观察期内的EWMA值都高于警戒线-L，显示公司财务状况正常。

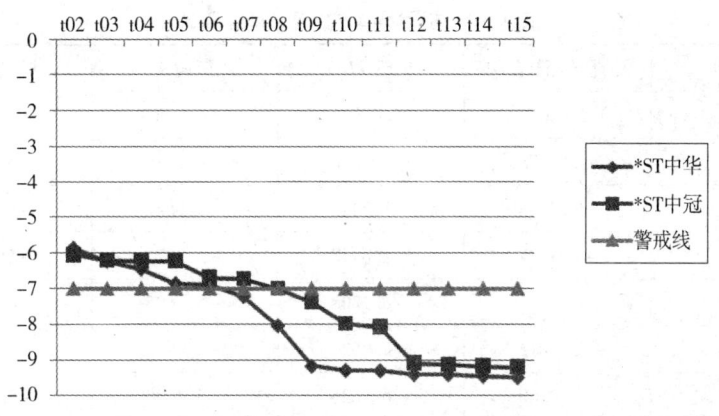

图9-2　财务困境公司的EWMA控制图

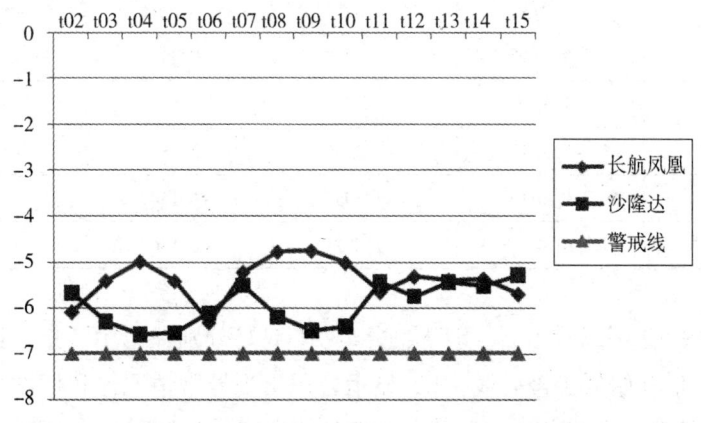

图9-3　财务正常公司的EWMA控制图

五、模型的检验

本章选取 42 家检验样本企业,其中 21 家为财务正常公司,21 家为财务困境公司,将每家各 16 季度的 5 项财务指标,构成 $42 \times 16 \times 5$ 的矩阵,将数据进行预处理后,计算检验样本各公司各期的 $Z_{i,t}$ 值,再将建模样本求得的 λ 和 L,连同检验样本求得的 $Z_{i,t}$ 值代入式(9-20),计算检验样本每期的 EWMA 值。以四个公司为例,检验结果简略如表 9-9 所示。

表 9-9 检验样本的 EWMA 值简表

时期	*ST 欣龙	*ST 双马	南玻 A	胜利股份
T01	0.0000	0.0000	0.0000	0.0000
T02	-5.9973	-5.7818	-6.3334	-6.6234
T03	-6.0783	-5.7480	-5.6641	-5.9992
T04	-6.1934	-5.8457	-5.2077	-5.7451
T05	-5.9812	-6.1308	-5.5225	-6.1671
T06	-5.7812	-6.2624	-6.4858	-6.3564
T07	-7.0100	-6.5624	-5.4230	-5.8407
T08	-7.1815	-6.9911	-4.7668	-5.5207
T09	-7.2027	-7.0123	-5.4750	-6.1622
T10	-7.2139	-7.0235	-6.6016	-6.9002
T11	-7.3159	-7.1255	-5.2793	-5.8296
T12	-7.3239	-7.1335	-4.5137	-5.6211
T13	-8.3635	-7.3535	-5.2812	-5.9898
T14	-9.4031	-8.3931	-6.1547	-6.5264
T15	-10.4427	-9.8931	-6.1464	-5.9587

从表 9-9 可以看出,*ST 欣龙和 *ST 双马分别在第 T07 期、第 T08 期的 EWMA 值开始低于警戒线 -L,显示公司出现异常情况。利用图形分别表示财务困境公司和财务正常公司的 EWMA 如图 9-4 和图 9-5 所示。

第九章 基于 EWMA 控制图模型的财务困境动态预警

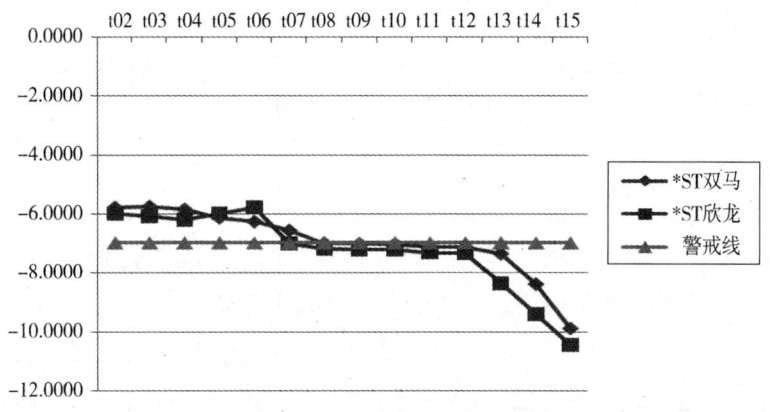

图 9-4 财务困境公司的 EWMA 控制图

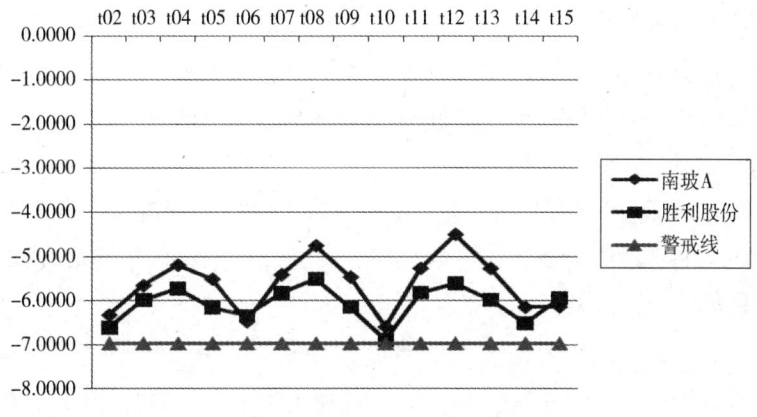

图 9-5 财务正常公司的 EWMA 控制图

据统计,在检验样本的 21 家危机公司中,有 17 家公司的 EWMA 值提前低于警戒线,另有 4 家危机公司被误判为正常公司;在 21 家正常公司中,有 18 家公司的 EWMA 值均在警戒线之上,另有 3 家正常公司被误判为危机公司。经检验,模型的预测准确率可达 83.33%。

第四节 本章小结

国内外有关财务困境预警模型的研究不胜枚举,从早期单纯的财务指标趋势分析到统计方法的应用,由单变量发展到多变量,由线性发展到非线性,而后又出现人工智能技术的各种方法集成建模。这些研究的发展,都是旨在提高预警模型的准确性,以期能够较早地预测出财务困境公司的异常状况,降低其造成的损害。

首先,现有研究大都是以公司的静态截面数据作为样本,从而忽略了公司财务指标的时间序列特点。如果一个企业的整体财务状况很好,只是某一个单期的表现不好,随后企业的财务状况很快恢复正常,这种暂时的偏离正常值不应该被归为危机公司。但静态模型不考虑历史的影响,会将这种公司归为危机公司,降低了模型的准确性。其次,以往文献中的指标约简方法大部分是基于指标之间的相关性进行筛选,对于筛选的标准没有固定的规则,故包含一定的主观决定因素。最后,现有研究基本都是以年度数据作为研究样本,模型的时效较差。

鉴于此,本章采用上市公司的季度数据来建立财务困境动态预警模型,考虑了财务指标的历史累积影响,结合粗糙集理论和指数加权移动平均控制图模型建模,并对建立的财务困境动态预警模型进行了测试,取得了比较理想的结果。本章的建模样本为80家,检验样本为42家。模型预测结果显示,该模型的预测准确率高达83.33%。

但是,目前的动态预警技术最好是要利用长达10年的所有样本数据来建立模型,用另外同样长度的样本数据来检验模型,以检验在长期动态环境下模型的稳定性。由于我国资本市场历程较短,市场不够成熟,在现有条件下,只能用一部分样本建立模型,再用另一部分样本对模型进行检验。因此,模型的长期有效性和稳定性等问题仍有待研究。

第十章 考虑集团化经营特征的企业财务困境预警

回顾现有研究,在企业财务预警研究领域多以单一企业为研究对象且研究技术方法也日趋完善和成熟,但针对企业集团的财务预警研究目前仍在探索阶段。本章考虑的就是企业在集团化经营环境下的财务困境风险预警问题。

第一节 集团化经营企业及其财务风险特征

一、集团化经营企业的界定

企业集团是经济社会发展到高级阶段的必然产物。对于企业集团内涵与外延的界定,学术界存在较大的分歧,到目前为止仍然没有形成统一的定义。有学者认为企业集团是指包括正式的股权结构和非正式的多种形式的社会联结与纽带。Leff 认为企业集团是多个公司的联合,在不同的市场上经营,但具有共同的经营管理者和财务控制者。一般来说,这种组织结构有两个本质特征。一是企业集团不同于家族企业,集团内公司之间的资本联系是建立在高层管理者之间相互信任的基础上。二是企业集团经营所涉及多元的产品市场,而不是单一的产品生产线。Granovetter 把那些通过正式或者非正式关系联系在一起的独立企业视为企业集团,集团内公司保留各自独立的法人地位。但并不包括短期战略联盟以及由多家公司合并的单一实体。Tarun Khanna 和 Jan W. Rivkin 评估企业集团在新兴市场中的业绩表现时,对企业集团做出了与 Granovetter 相似的定义，即企业集团是具有独立法人地位的企业的集合。集团内成员企业由正式或非正式的纽带形成一体，并在经营中相互协作，采取一致行为。王青认为企业集团是具备以下特征的组织机构：①股权或经营决策上直接或间接控制；②共同被第三方控制；③主要投资者个人、关键管理人员或者近亲属共同控制；④存在其他关联关系，可能不按公允价格原则转移资产和利润。

还有部分学者将成员企业间的联结形式认定为股权关系，日本公正交易委员会认为企业集团的本质是成员企业间在资本上的相互结合，因此把纵向资本系列的结合称作"企业集团"。韩国交易与贸易委员会将企业集团定义为"由公司组成的企业集团，其中超过 30% 的股份由某些个人或者这些个人控制的公司所有，因此整体管理，如任命执行官受到极大的影响"。

综合国内外学者对企业集团的定义，本章所研究的集团化经营企业是指具备以下特征的组织机构：①集团化经营企业是具有法人资格的经营实体；②企业集团内其他成员企业也具有独立法人资格；③集团化经营企业与集团内其他成员企业间一般通过交叉持股、参股和关联交易结合。

二、集团化经营企业的财务风险特征分析

企业集团以其资产规模大、经营范围广泛、股权结构复杂等原因，使其财务风险的来源和特征均与单一企业的财务风险存在一定的差异，因此准确计量企业集团财务风险的前提是可以正确探究其财务风险的根源。集团化经营企业财务风险的来源与特征可以归结为以下几点。

1. 企业集团复杂股权结构带来的财务风险

企业集团股权结构复杂，委托代理链过长，管理控制的复杂多变，使得财务管理主体的多元化难以统一财权的行使。同时由于企业集团母子公司间存在信息不对称，母公司处于信息劣势，无法对诸多的下属子公司实施有效的监督管理，因此，也就无法获得各子公司的各种真实信息，从而会影响到母公司做出的决策。母公司在信息不完整情况下所做出的投资决策和融资决策，可能导致企业效益的下降，从而诱发企业集团整体财务风险的产生。由

此可见，复杂股权结构所带来的隐蔽风险是企业集团财务风险的一个重要来源。

2. 企业集团内部频繁关联交易带来的财务风险

关联交易在集团母子公司之间普遍存在，关联交易分为正常关联交易和非正常关联交易，关联交易所带来的财务风险主要是指非正常关联交易带来的财务风险。关联交易引发企业集团财务风险的方式具体有：通过关联交易虚增销售收入和利润，粉饰经营业绩，骗取银行信用；相互投资，致使企业集团内部资本虚增，影响债务人对其偿债能力做出准确判断；通过内部转移价格或资产转让等方式，将资源在各成员企业之间分配，以达到掌控各关联方利润的目的。李丹通过实证分析证实了企业价值与关联交易呈负相关，集团客户关联交易具有增大违约风险的倾向。

3. 企业集团内部相互担保带来的财务风险

张晓玲认为企业集团连环担保现象十分普遍，成员企业通常采用相互担保形式向银行申请贷款。由于财务风险可以通过担保链条在企业集团内部不断传递，债权人的借款实质上处于担保不足或无担保状况，使借款的第二还款来源形同虚设。若担保链上任一环节断裂，将使处于担保链上的成员企业整体面临资金周转困境，致使企业集团陷入财务风险。甘丽凝通过对 2000～2004 年 A 股上市企业的实证研究分析了市场化程度、集团性质对关联担保的影响，其研究表明集团企业与关联担保规模具有正相关关系，同时集团企业对外担保对其业绩有负面影响，而接收担保对其业绩具有正面影响。通过上述分析可知，企业集团内部相互担保规模对企业集团整体财务风险具有重要的影响。

4. 企业集团投资多元化带来的经营风险

企业集团组建为抵消外部环境的复杂多变，多元化经营成为主要的经营模式。然而在此过程中，如果企业集团未能在其成员企业之间有效地防范和化解新涉足行业的财务风险，就会影响到企业集团整体的生产经营稳定。为满足企业集团多元化经营的需求，巨额的融资行为必不可少。如果企业集团内部融资权限划分紊乱、对内监管不力,可能导致企业集团过度负债、资本结构失衡、企业融资成本对利率变动更为敏感,抑或是因盲目融资、忽视效益而导致无法偿还到期债务,从而增大企业集团的财务风险。同时,如果企业集团在多元化投资过程中未能明晰投资主体和产权主体,将会导致投资责任不明确,投资决策权限划分不清与论证草率,从而使企业集团陷入扩张过度、竞争优势丧失、达不到相应的投资报酬,进而导致企业集团巨大的现金流压力。

综上所述,企业集团在其发展经营过程中会面临多方面的风险,导致企业集团不仅承担单一企业所具有的偿债风险、经营风险、营运风险等常规财务风险,还需承担因其复杂股权结构、频繁关联交易、内部相互担保以及投资多元化所带来的企业集团特有财务风险。因此,对集团化经营企业进行准确财务预警的前提是需要建立一套能够反映集团化经营企业全面财务风险特征的评价体系。

三、考虑集团化经营特征的企业财务预警指标体系

这里要构建能够反映集团化经营企业财务风险的评价体系。

首先,集团化经营企业同样具有单一企业经营过程中的常规财务风险,因此直接选择表10-1中的10个财务指标进入集团化经营企业财务预警指标体系。

其次,由于集团化经营企业合并财务报表中并无明确指标用以反映企业集团交叉持股、关联交易以及内部相互担保的情况,因此本章需定义指标以反映集团化经营企业所承担的特有财务风险。

集团化经营企业的财务风险是母公司财务风险和各成员企业财务风险的综合反映,而且母公司与成员企业之间普遍存在相互交叉持股现象。一般认为,当A公司对B公司的持股比例在20%以下时,A公司不具有对B公司的重大影响,其投资部分在会计核算上采用成本法确认为长期股权投资。当持股比例达到20%~50%时,A公司与B公司处于联营状态,A公司对B公司具有重大影响。当持股比例高于50%时,将B公司认定为A公司的子公司。

虽然不同集团化经营企业具有形式各样的产权结构,但无论何种形式均

不会影响集团内部可能发生的最大关联量,因此集团化经营企业产权结构并不是影响集团内部交叉持股复杂程度的因素。在此基础上,假设某企业集团 G 是由 n 家成员企业和 1 家母公司构成,此时可将集团 G 转化为一个拥有 n+1 个节点的网络,如图 10-1 所示。在此网络中,两两节点发生的最大连接量为 C_{n+1}^2。令集团内部两两企业之间存在的交叉持股关系用连接量 m 表示,同时定义变量 CorssS_ C 为集团内部交叉持股的复杂度,则存在以下公式:

$$\text{CorssS\_ C} = \frac{m}{C_{n+1}^2} \quad (10-1)$$

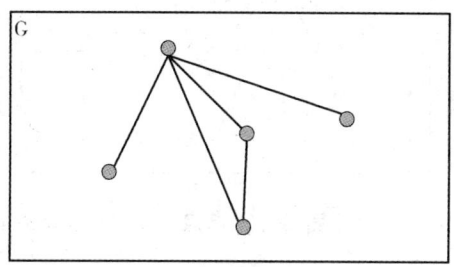

图 10-1 集团 G 的网络结构示意图

如图 10-2 所示,集团 G_1 由 5 家成员企业和 1 家母公司构成,两两企业之间存在的交叉持股关系共有 7 个(即 m=7),根据公式(10-1)计算得到集团 G_1 的内部交叉持股复杂度 CorssS_ C_{G_1} = 0.47。同理计算得到 CorssS_ C_{G_2} = 0.33,CorssS_ C_{G_3} = 0.5,CorssS_ C_{G_4} = 0.4。可以发现,虽然集团 G_1 的产权形式最复杂但其交叉持股的复杂度并不是最高。对比集团 G_1 和集团 G_2 可以发现,集团 G_2 的产权结构要简单于集团 G_1,同时 CorssS_ C_{G_2} 也小于 CorssS_ C_{G_1},所以公式(10-1)可以准确区分集团企业内部交叉持股的复杂度。

在关联交易方面,由于母公司与各分子公司之间的关联交易会导致母公司资产价值的虚增,因此本章定义变量 Vol_t^R 为时刻 t 母公司与各子公司发生的关联交易总额,变量 π_t^P 为母公司在时刻 t 的收入总额。由此定义变量 $Transaction_t$ 为 t 时刻母子公司之间的关联交易程度,计算公式为:

$$Transaction_t = \frac{Vol_t^R}{\pi_t^P} \quad (10-2)$$

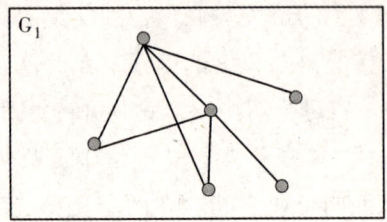

图 10-2 集团 G_1（6 节点）交叉持股示意图

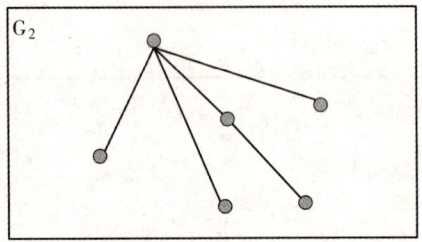

图 10-3 集团 G_2（6 节点）交叉持股示意图

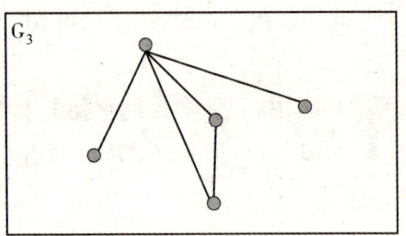

图 10-4 集团 G_3（5 节点）交叉持股示意图

在担保方面，定义变量 $Degree_t$ 为 t 时刻集团内部相互担保的程度。令 Vol_t^G、$Equity_t^G$ 分别为 t 时刻母公司与各子公司之间发生的担保总额与企业集团的年末净资产，则 $Degree_t$ 的计算公式为：

$$Degree_t = \frac{Vol_t^G}{Equity_t^G} \qquad (10-3)$$

由于企业间正常担保有利于集团化经营企业的发展，因此需要正确区分正常担保与非正常担保，根据 $Degree_t$ 的取值，定义虚拟变量 $Type_t$：

第十章 考虑集团化经营特征的企业财务困境预警

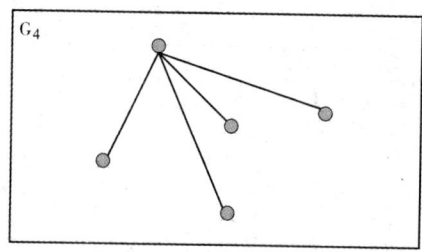

图 10-5 集团 G_4（5 节点）交叉持股示意图

$$\text{Type}_t = \begin{cases} 1 & \text{Degree}_t > 0.5 \\ 0 & \text{Degree}_t \leq 0.5 \end{cases}$$

因此，母子公司间担保状态对集团化经营企业财务造成影响的变量 Guarantee$_t$ 可表示为：

$$\text{Guarantee}_t = \text{Degree}_t \cdot \text{Type}_t = \frac{\text{Vol}_t^G}{\text{Equity}_t^G} \cdot \text{Type}_t \quad (10-4)$$

至此，本章构建的集团化经营企业财务预警指标体系如表 10-1 所示。

表 10-1 集团化经营企业财务预警指标体系

指标类型	指标名称	编号	计算公式
常规财务指标	净资产收益率	c_1	净利润/平均股东权益
	现金流动负债比	c_2	经营现金净流量/流动负债
	资产报酬率	c_3	息税前利润/平均资产总额
	销售毛利率	c_4	（销售净收入－产品成本）/销售净收入
	净利润增长率	c_5	（本期净利润－上期净利润）/上期净利润
	存货周转率	c_6	销货成本/平均存货余额
	应收账款周转率	c_7	当期销售净收入/平均应收账款余额
	速动比率	c_8	速动资产/流动负债
	利息保障倍数	c_9	EBIT/利息费用
	资产负债率	c_{10}	负债总额/资产总额

续表

指标类型	指标名称	编号	计算公式
集团经营企业特有财务指标	交叉持股复杂度（CorssS_C）	c_{11}	$\dfrac{m}{C_{n+1}^2}$
	关联交易程度（Transaction$_t$）	c_{12}	$\dfrac{Vol_t^R}{\pi_t^P}$
	相互担保程度（Guarantee$_t$）	c_{13}	$\dfrac{Vol_t^G}{Equity_t^G} \cdot Type_t$

第二节 研究方法与建模

一、信用事件计量模型

在描述企业信用事件时，正式的指在金融合同中任何会影响到合同方履行其合约承诺能力的随机事件，其中的合约承诺是指承担合同中所规定的责任。但需要强调的是信用事件的出现不一定对合约承诺方的能力有负面影响。例如，如果信用事件的发生源于公司债券的信用质量提高，很显然并不会降低合同方的履约能力。在对此领域进行建模的过程中，多数学者研究如何对违约事件发生的随机时间（即违约时间）进行建模，由此构建的模型称为简约模型。简约化方法不考虑违约发生的内在机制，而信用事件则根据某个外生确定的跳跃过程来设定。简约模型分为两类，一类研究如何对违约时间进行建模，称为基于强度模型；另一类则考虑信用评级类别之间的转移，称为信用转移模型。Jarrow 和 Turnbull 提出了首个简约化模型（JL 模型），该模型假设违约时间是由违约强度确定的齐次泊松过程，强度是单位时间内违约事件发生的次数。Lando 在对含信用风险金融工具定价模型的研究中放宽了常数违约强度的假定，将其看作随时间变动的随机变量，从而违约计数过程可用非齐次泊松过程描述。Jarrow 等学者在可赎回债权定价的研究中，分别引用了传统美式期权定价方法

第十章 考虑集团化经营特征的企业财务困境预警

和简约化方法，研究发现简约化模型能更好地拟合可赎回债权价格。

与此同时，另一个出现信用风险数量建模中的重要问题是对回收率进行建模。回收率明确了一旦发生违约应该支付给合约持有方的金额，回收支付和合约的名义量一起决定了与合约有关的潜在现金流。此种建模思想被称为结构化模型。结构化方法从公司的资本结构出发，认为公司价值服从某一特定的随机过程，当公司资产价值穿越某一特定的门限值时将发生违约事件。基于结构化方法 Merton 首次将 Black–Scholes 期权定价模型应用于公司信用风险的研究中。将公司股权价值看作是以公司资产价值为标的，以债券面值为执行价格的看涨期权，通过 Black–Scholes 期权定价模型得到不可直接观测获得的公司价值，进而根据结构化模型得到公司违约概率。但是由于 Black–Scholes 期权定价模型依赖较多严苛的假设条件，使其适用性受到限制，因此继 Merton 之后有许多学者致力于研究如何提高 Merton 模型的普适性，同时也促进了结构化模型在信用风险评估领域的应用。国内有学者针对企业集团的信用风险进行研究，周宗放引入故障树分析成员企业之间信用风险传递过程，同时确定影响集团整体风险的关键成员企业。冯一宁等学者针对现有信用风险模型无法反映集团信用风险状况的问题，提出基于支持向量机的企业集团信用风险预警模型。刘文蕊等学者在企业集团信用风险的研究中将关联交易作为特征指标，建立了基于 BP 神经网络技术的企业集团信用风险的评估模型。陈林等基于结构化模型研究了企业集团母子公司违约概率之间的函数关系。

通过前文论述，企业集团的财务状况不仅受到自身经营的影响，同时受到所处行业和社会经济周期波动的影响，因此本章将企业集团财务状况的变化视为一种符合布朗运动的随机波动，影响企业集团财务状况发生波动的事件称为信用事件。对企业集团财务状况发生危机进行预测的本质是探讨企业是否有能力按照债务合约履行义务，并判断企业是否愿意实施履约行为。由于这一过程更多地涉及对企业集团履约回收率及未来现金流量的影响，因此，对企业集团的财务预警建模将基于结构化模型开展。在众多结构化模型中，KMV 模型的使用最为广泛，且相关的技术方法也较为成熟，因此本章后续的研究将基于 KMV 模型展开。

KMV 模型由美国 KMV 公司创立并商品化，它的起源可追溯到 1972 年

Black、Scholes 和 Merton 有关期权定价模型的研究（即 BSM 模型）。KMV 模型的创新之处是从借款企业的股权所有者的角度来看待企业借款偿还的激励问题，即把股东对公司的股权看作一种期权。如果公司经营状况良好，资产价值大于负债（$V_A > B$），股东变卖公司资产并支付债权人 B 后，可获得支付 $V_A - B$。如果公司经营状况较差导致公司资不抵债（$V_A < B$），股东将选择把公司的所有权转让予债权人而不偿债，即不执行这个期权。因此，可以将公司股权价值 E_S 看作是一份执行价格为 B 的以公司资产价值为标的的欧式看涨期权。于是，只要确定了资产价值服从的随机方程，就可以利用期权定价方法得到股权价值。因此可以将计算公司的违约率的问题转换为计算公司不执行期权的概率，即公司资产价值小于负债账面价值的概率。

二、Logistic 回归模型

1977 年，Martin 率先使用 Logistic 模型预测了银行破产。之后有很多学者尝试使用 Logistic 模型对企业财务状况进行研究，其中以 Ohlson 的研究最为著名。在其研究中使用 1970～1976 年破产公司和与之相配对的非破产公司，分析样本公司在破产概率区间上的分布以及两类错误和分割点之间的关系，实证结果表明企业规模、资本结构和当前融资能力对企业财务困境的预测准确度达到 96%。Huffman 和 Ward、Laitinen、Westgaard 和 Van DerWijst、Matthieu 和 Marcel 等学者均使用 Logistic 模型进行信用评估的研究。

在企业财务困境预测方面，Logistic 回归模型是一种较为传统的二元分类模型，其核心分类思想为：$y_i = 1$ 时，企业发生财务困境；$y_i = 0$ 时，企业财务状况正常。根据前文论述及表 10-1，令指标 c_i 为 y_i 的解释变量，并用 $p(y_i = 1 c_i)$ 表示成员企业发生违约行为的概率，此时存在以下公式：

$$p(y_i = 1 c_i) = (1 + e^{\zeta + \Sigma \beta_i c_i})^{-1} \qquad (10-5)$$

其中，ζ 为随机干扰项；β_i 为各解释变量待定系数。由于 Logistic 回归模型的随机干扰项 ζ 服从二项分布，因此可以采用最大似然估计对 β_i 进行测算。

此时，对公式（10-5）做 Logistic 变化，可以得到概率 p 与解释变量 c_i 的线性回归方程：

$$\text{Ln}\left(\frac{p}{1-p}\right) = \zeta + \Sigma \beta_i c_i \qquad (10-6)$$

三、基于 KMV – Logistic 模型的财务预警模型

根据前文论述，企业集团母子公司之间往往存在复杂的股权结构、频繁的关联交易、过度的相互担保等行为，从而加大了企业集团发生财务困境的可能性。企业集团债权人从防范财务风险的角度出发，除考虑表 10 – 1 中所列事项外，需更进一步度量母子公司之间上述三种行为的存在对企业集团整体财务风险的影响。根据现有研究，违约距离 DD 在描述一个企业集团履行到期债务能力时具有很高的显著性，可以用来度量企业集团的财务风险大小。因此，本章使用 KMV 模型计算出企业集团的违约距离 DD，将其作为企业集团财务困境评价体系中的一个新解释变量，建立 Logistic 模型。

1. 基于 KMV 模型的违约距离 DD 计算

KMV 模型的创新之处是从借款企业的股权所有者的角度来看待企业借款偿还的激励问题，即把股东对公司的股权看作一种期权。该模型的核心思想是认为只有当企业的资产价值低于某个特定值时，才会发生违约行为，而此时的公司资产价值被定义为违约点（Default Point）。由于企业资产的市场价值和资产市场价值的波动率这两个变量不可观测，KMV 模型采用了两种途径来解决这个问题：第一，企业股票的市场价值和企业资产的市场价值的"结构"关系；第二，企业资产波动性与企业股票价值波动性之间的关系。由于本章的研究中仅需要计算出公司的违约距离 DD，因此根据 Black – Scholes 公式推算违约距离 DD 的计算公式。

令 t 时刻公司资产价值 V_A^t 和股权价值 E_S^t 之间的关系满足：

$$E_S^t = V_A^t \Phi(d_1) - Be^{r(T-t)} \Phi(d_2) \quad (10-7)$$

$$d_1 = \frac{\ln(V_A'/B) + (r + \sigma_A^2/2)(T-t)}{\sigma_A \sqrt{T-t}} \quad (10-8)$$

$$d_2 = d_1 - \sigma_A \sqrt{T-t} \quad (10-9)$$

其中，T 为公司对外发行债券到期日，r 为无风险报酬率，$\Phi(x) \sim N(0,1)$，E_S^t、V_A^t 均满足布朗运动：

$$dE_S^t = rE_S^t dt + \sigma_S E_S^t dW_1 \quad (10-10)$$

$$dV_A^t = rV_A^t dt + \sigma_S V_A^t dW_2 \tag{10-11}$$

其中，W_1、W_2 是相互独立的维纳过程，即 $dW_i \sim \Phi(0, dt)$ $(i=1, 2)$。

根据 Ito's Lemma 计算得到：

$$dE_S^t = \frac{\partial E_S^t}{\partial t}dt + \frac{\partial E_S^t}{\partial V_A^t}dV_A^t + \frac{1}{2}\frac{\partial^2 E_S^t}{\partial (V_A^t)^2}d(V_A^t)^2 \tag{10-12}$$

将公式（10-11）代入公式（10-12）计算并整理得到：

$$dE_S^t = \left(\frac{\partial E_S^t}{\partial t} + \frac{\partial E_S^t}{\partial V_A^t}rV_A^t + \frac{1}{2}\frac{\partial^2 E_S^t}{\partial (V_A^t)^2}\right)dt + \frac{\partial E_S^t}{\partial V_A^t}\sigma_A V_A^t dW_2 \tag{10-13}$$

对比公式（10-10）与公式（10-13），得到：

$$\frac{\partial E_S^t}{\partial V_A^t}\sigma_A V_A^t = \sigma_S E_S^t \tag{10-14}$$

公式（10-7）两边同时对 V_A^t 求偏导并整理得到：

$$\frac{\partial E_S^t}{\partial V_A^t} = \Phi(d_1) \tag{10-15}$$

将公式（10-15）代入公式（10-14），得到：

$$\Phi(d_1)\sigma_A V_A^t = \sigma_S E_S^t \tag{10-16}$$

公式（10-16）两边同除 E_S^t 得到：

$$\sigma_S = \frac{V_A^t}{E_S^t}\Phi(d_1)\sigma_A \tag{10-17}$$

根据 Ito's Lemma 计算公式（10-11）得到：

$$d(\ln V_A^t) = \left(r - \frac{1}{2}\sigma_A^2\right)dt + \sigma_A dW_2 \tag{10-18}$$

$$V_A^T = V_A^t e^{(r-\sigma_A^2/2)(T-t)+\sigma_A W_T} \tag{10-19}$$

T 时刻负债到期时公司资产价值 V_A^t 低于违约点 DPT 的概率（违约概率）为：

$$P(V_A^T < DPT) = P(V_A^t e^{(r-\sigma_A^2/2)(T-t)+\sigma_A W_T} < DPT)$$

$$= P\left(W_T < \frac{\ln(DPT/V_A^t) - (r-\sigma_A^2/2)(T-t)}{\sigma_A \sqrt{(T-t)}}\right)$$

$$= \Phi\left(\frac{\ln(DPT/V_A^t) - (r-\sigma_A^2/2)(T-t)}{\sigma_A \sqrt{T-t}}\right)$$

$$= \Phi\left(-\frac{\ln(V_A^t/DPT) + (r - \sigma_A^2/2)(T-t)}{\sigma_A \sqrt{T-t}}\right)$$

(10-20)

由上述可知，违约距离为公司资产价值偏离违约点的标准倍数，那么可得违约距离：

$$DD = \frac{\ln(V_A^t/DPT) + (r - \sigma_A^2/2)(T-t)}{\sigma_A \sqrt{T-t}} \quad (10-21)$$

2. 基于 Logistic 模型的集团化经营企业财务困境预测模型

根据前文论述，本章构建基于 KMV 模型与 Logistic 模型的集团化经营企业财务困境预测模型。首先基于 KMV 模型计算集团化经营企业的违约距离 DD，然后根据表 10-1 所列示指标体系确定其取值。由于企业在经营过程中会受到各种不确定因素的影响，会导致某些指标出现短暂的大幅度波动，若不加处理直接使用该取值将会影响模型最终的准确度，因此需要通过消除异常值来消除这种负面影响。在此基础上，使用数据标准化方法，对数据进行归一化处理，其目的是为了消除不同量纲对模型运算结果的负面影响，从而提高模型的预测精度。在对数据进行预处理之后，将其代入 Logistic 模型，计算各训练样本企业的财务困境发生概率，并选定分类值。最后通过检验样本的测试，完成对模型的修正。

第三节 实证研究

一、样本描述

沪深证券交易所在 1998 年 4 月 22 日宣布，将对财务状况或其他状况出现异常的上市公司的股票交易进行特别处理。"财务状况异常"，是因上市公司披露的最近连续两年经审计的年度净利润为负值或最近一个会计年度经审计后的股东权益为负值而被特别处理的情况。因此，本章从我国沪深两市A股中选取2009~2011年因"财务状况异常"而被特别处理的集团化经营企业作为财务困境样本，并根据上述集团化经营企业所处行业、资产规模等因素选取非ST集团化经营企业作为与之配对的财务正常样本，如表10-2、表10-3及表10-4所示。

表10-2 2009年样本集团化经营企业列表

当年被ST企业		配对企业	
股票代码	公司名称	股票代码	公司名称
000430	张家界	600138	中青旅
000856	冀东装备	002691	石煤装备
000925	众合机电	600835	上海机电
000955	ST欣龙	600866	星湖科技
000971	蓝鼎控股	600689	上海三毛
000995	皇台酒业	600197	伊力特
200168	雷伊B	600156	华升股份
600275	武昌鱼	000798	中水渔业
600419	新疆天宏	002067	景兴纸业
600506	香梨股份	600195	中牧股份

表10-3 2010年样本集团化经营企业列表

当年被ST企业		配对企业	
股票代码	公司名称	股票代码	公司名称
000068	ST华赛	002025	航天电器
000720	*ST能山	600236	桂冠电力
002072	ST德棉	600273	华芳纺织
600130	波导股份	002491	通鼎光电
600179	黑化股份	000762	西藏矿业
600299	蓝星新材	600096	云天化
600301	南化股份	600486	扬农化工
600444	国通管业	000859	国风塑业
600490	中科合臣	002068	黑猫股份
600538	*ST国发	002022	科华生物

第十章 考虑集团化经营特征的企业财务困境预警

表 10-4 2011 年样本集团化经营企业列表

当年被 ST 企业		配对企业	
股票代码	公司名称	股票代码	公司名称
000408	金谷源	000159	国际实业
000587	金叶珠宝	002443	金洲管道
000603	盛达矿业	300338	开元仪器
000908	ST 天一	002046	轴研科技
000953	ST 河化	002539	新都化工
000958	ST 东热	600310	桂东电力
600080	金花股份	002038	双鹭药业
600084	中葡股份	000858	五粮液
600091	ST 明科	600470	六国化工
600145	国创能源	600512	腾达建设

从上述 60 家企业中,随机选择 17 家当年被 ST 处理的集团化经营企业与 17 家与之配对的财务状况正常的集团化经营企业作为训练样本,剩下的 26 家企业作为检验样本,以完成对模型的检验。

在数据取值方面,常规财务指标 $c_1 \sim c_{10}$ 来源于企业年报中的合并财务报表,交叉持股复杂度 c_{11}、关联交易规模 c_{12}、相互担保规模 c_{13}、违约距离 DDc_{14} 使用样本集团化经营企业年报中的资料计算得到。上述 14 个指标使用 $t-3$ 年、$t-2$ 年、$t-1$ 年三年的平均值作为模型的输入量,以预测 t 年的财务状况。

二、数据预处理

在进行代入模型计算之前,为降低数据波动带来的影响,首先要剔除数据中的异常值,然后使用数据预处理方法对数据进行归一化处理,结果如表 10-5 所示。

表 10-5 数据标准化

样本	c_1	c_2	c_3	c_4	c_5	c_6	c_7	c_8	c_9	c_{10}	c_{11}	c_{12}	c_{13}	c_{14}
1	0.7715	0.0850	0.2906	0.7697	0.4226	1.0000	0.3544	0.0016	0.0654	0.5474	0.6667	0.5072	0.4435	0.7366
2	0.7926	0.0627	0.2279	0.4585	0.7795	0.0195	0.0133	0.0062	0.0631	0.4071	0.4674	0.5771	0.5994	0.3238
3	1.0000	0.0878	1.0000	0.5758	1.0000	0.0795	0.0158	0.0439	1.0000	0.2702	0.2168	0.6812	0.4166	0.2147
4	0.8242	0.0877	0.2333	0.4150	0.0000	0.0759	0.0193	0.0213	0.0617	0.2919	0.2576	0.9190	0.5744	0.0667
5	0.8201	0.0610	0.2731	0.0000	0.7310	0.0532	0.0074	0.0046	0.0641	0.3489	0.5726	0.1617	0.8780	0.0216
6	0.8337	0.0821	0.2635	0.4799	0.7249	0.0139	0.0000	0.0166	0.0631	0.2435	0.5646	0.1293	0.5581	0.2717
7	0.8305	0.0665	0.2763	0.5682	0.7574	0.0474	0.0054	0.0397	0.0648	0.2061	0.1001	0.5239	0.0825	0.3136
8	0.8274	0.0605	0.2906	0.5553	0.7833	0.0000	0.0017	0.0000	0.0596	0.4375	0.1528	0.3593	0.5467	0.3714
9	0.8317	0.0621	0.2833	0.3809	0.7335	0.0687	0.0765	0.0094	0.0633	0.3396	0.3956	0.0758	0.4493	0.9614
10	0.8336	0.0917	0.2459	0.4463	0.3524	0.0764	0.0005	0.0275	0.0618	0.1395	0.6048	0.1003	0.3823	0.1685
11	0.7825	0.1597	0.0000	0.3940	0.0495	0.1923	0.0245	0.0215	0.0550	0.2416	0.8028	0.8920	0.7913	0.3214
12	0.8353	0.0827	0.3196	0.3733	0.7560	0.2236	0.0396	0.0149	0.0658	0.3942	0.7527	0.7630	0.8804	0.4117
13	0.8305	0.0868	0.3034	0.3704	0.7502	0.0652	0.0234	0.0135	0.0653	0.3718	0.4317	0.5289	0.7422	0.6053
14	0.8404	0.0000	0.2925	0.3774	0.8034	0.2237	0.1109	0.0656	0.0499	0.1808	0.8670	0.8813	0.5307	0.1684
15	0.8330	0.0823	0.2725	0.3138	0.7151	0.1996	0.0300	0.0184	0.0633	0.2965	0.2638	0.2254	0.8422	0.0557
16	0.8268	0.0741	0.1984	0.3192	0.6568	0.0618	0.0069	0.0300	−0.0122	0.2403	0.6553	0.4497	0.2036	0.4203
17	0.8223	0.0898	0.2631	0.3013	0.7496	0.3006	0.1411	0.0206	0.0643	0.3103	0.4216	0.8580	0.5539	0.8867
18	0.7999	0.0574	0.1989	0.3459	0.5941	0.0972	0.0207	0.0103	0.0635	0.3915	0.0277	0.4609	0.8159	0.7575
19	0.8102	0.0549	0.1836	0.3742	0.7685	0.0867	0.0474	0.0269	0.0608	0.2980	0.2218	0.3687	0.2001	0.0564
20	0.8101	0.0691	0.2777	0.4181	0.7818	0.1250	0.0067	0.0130	0.0652	0.3519	0.6577	0.5762	0.8973	0.9545

续表

样本	c_1	c_2	c_3	c_4	c_5	c_6	c_7	c_8	c_9	c_{10}	c_{11}	c_{12}	c_{13}	c_{14}
21	0.8269	0.0763	0.2578	0.3459	0.7753	0.1940	0.0965	0.0507	0.0695	0.3141	0.6523	0.7927	0.0265	0.5901
22	0.9867	0.0490	0.2948	0.3496	0.7144	0.0401	0.0214	0.0224	0.0699	1.0000	0.0434	0.7262	0.5251	0.6508
23	0.8769	0.1741	0.6117	0.7944	0.7922	0.0478	0.0011	0.0652	0.0649	0.2221	0.4710	0.0806	0.4478	0.3495
24	0.7210	0.0641	0.2071	0.4034	0.5694	0.0977	0.0038	0.0246	0.0634	0.4451	0.9885	0.6554	0.0453	0.7093
25	0.8203	0.0757	0.2878	0.3166	0.7476	0.0841	0.0902	0.0158	0.0645	0.4125	0.0411	0.3555	0.6433	0.3788
26	0.0000	0.0739	0.1064	0.3168	0.6758	0.2353	0.0297	0.0084	0.0620	0.6593	0.4972	0.2893	0.2254	0.7976
27	0.8549	0.1113	0.3998	0.6180	0.8388	0.1454	0.1032	0.0228	0.0679	0.1738	0.4653	0.2394	0.4897	0.1142
28	0.7961	0.0395	0.3181	0.6496	0.7648	0.0059	0.0205	0.0273	0.0656	0.3234	0.6811	0.9118	0.2422	0.3682
29	0.8069	0.0328	0.1274	0.1022	0.6687	0.0035	0.0083	0.0065	0.0453	0.2619	0.6604	0.1739	0.2751	0.6589
30	0.8282	0.1187	0.2735	0.4048	0.7799	0.0501	0.0389	0.0542	0.0660	0.2682	0.0802	0.1523	0.7786	0.0172
31	0.8575	0.1138	0.4058	0.5062	0.7935	0.0944	0.0665	0.0305	0.0959	0.2147	0.9358	0.2176	0.3399	0.4465
32	0.8706	0.1539	0.5265	0.8116	0.7715	0.0196	0.0066	0.0474	0.0992	0.1994	0.4984	0.6686	0.0455	0.5508
33	0.8617	0.1082	0.4067	0.4895	0.7776	0.1087	0.0578	0.0556	0.0566	0.2070	0.8413	0.0903	0.0523	0.4491
34	0.8509	0.1359	0.3603	0.5321	0.7750	0.0938	0.0558	0.0346	0.0712	0.1849	0.1824	0.4243	0.6821	0.7456
35	0.8637	0.0552	0.3847	0.3881	0.7810	0.3629	0.1010	0.0464	0.0710	0.2696	0.4248	0.8398	0.5831	0.8569
36	0.8602	0.1464	0.4310	0.7135	0.7766	0.0322	0.1880	0.0699	0.1286	0.1284	0.3787	0.5860	0.6954	0.2458
37	0.8482	0.0689	0.3351	0.3882	0.8012	0.1058	0.2919	0.0471	0.0773	0.1370	0.6139	0.9777	0.1431	0.1179
38	0.8470	0.1697	0.3054	0.4912	0.7896	0.0584	0.0476	0.1383	0.0550	0.1319	0.9364	0.7805	0.9948	0.8914
39	0.8450	0.0661	0.3273	0.4351	0.7549	0.1375	0.0137	0.0453	0.0661	0.2480	0.1434	0.3384	0.2358	0.1585
40	0.8647	0.1222	0.4508	0.6525	0.7832	0.0819	0.0523	0.0329	0.0779	0.1757	0.1783	0.7352	0.9805	0.7898

样本	c_1	c_2	c_3	c_4	c_5	c_6	c_7	c_8	c_9	c_{10}	c_{11}	c_{12}	c_{13}	c_{14}
41	0.8568	0.1384	0.3831	0.7230	0.7786	0.0313	0.0087	0.1976	0.0432	0.0627	0.8374	0.2924	0.0840	0.6726
42	0.8558	0.1594	0.3764	0.6114	0.7937	0.3053	0.0324	0.0229	0.0672	0.3374	0.4330	0.6568	0.7233	0.5522
43	0.8508	0.0729	0.3421	0.3784	0.6332	0.0995	0.3671	0.0153	0.0674	0.2561	0.3209	0.6374	0.6908	0.3004
44	0.8690	0.0784	0.4512	0.5027	0.8197	0.0993	0.0177	0.0515	0.0711	0.2179	0.5135	0.0651	0.4687	0.8350
45	0.8527	0.1287	0.3505	0.7059	0.7816	0.0523	0.0748	0.0386	0.0708	0.1743	0.7786	0.3540	0.3971	0.7910
46	0.8555	0.1081	0.3602	0.5029	0.7921	0.1120	0.0658	0.0364	0.0673	0.3348	0.7361	0.5954	0.5993	0.7286
47	0.8623	0.1373	0.4042	0.4841	0.7798	0.1821	0.0555	0.0526	0.0948	0.1938	0.7081	0.2324	0.4423	0.2025
48	0.8431	0.1101	0.3089	0.4042	0.7881	0.2407	0.0344	0.0283	0.0660	0.1811	0.1218	0.5016	0.7341	0.8997
49	0.8552	0.0924	0.3631	0.4614	0.7926	0.2028	0.0198	0.0264	0.0673	0.3489	0.8722	0.5587	0.4815	0.9239
50	0.8796	0.3329	0.6122	0.8179	0.7815	0.0826	0.0277	0.2038	0.2388	0.0535	0.8416	0.3403	0.0886	0.2743
51	0.8752	0.0623	0.4975	0.6551	0.7981	0.0175	0.1305	0.0534	0.0773	0.2062	0.2360	0.4346	0.4423	0.6652
52	0.8613	0.0774	0.3890	0.3929	0.7739	0.1673	0.0619	0.0652	0.0742	0.2113	0.7991	0.9461	0.3184	0.6842
53	0.8669	0.1213	0.4630	0.7582	0.7891	0.0461	0.0043	0.0904	0.1215	0.1283	0.2135	0.0230	0.1384	0.1878
54	0.8571	0.0993	0.3880	0.5334	0.7812	0.0639	0.0234	0.0725	0.1342	0.1766	0.7876	0.2514	0.1695	0.2669
55	0.8684	0.0872	0.4180	0.4544	0.7817	0.1077	0.2544	0.0328	0.0779	0.2785	0.8015	0.6168	0.9586	0.6343
56	0.8558	0.1074	0.3849	0.4993	0.7842	0.6377	0.0301	0.0307	0.0674	0.3111	0.1724	0.4074	0.6727	0.8384
57	0.8807	1.0000	0.6522	1.0000	0.7849	0.0897	0.0108	1.0000	0.0000	0.0000	0.9794	0.4087	0.7088	0.4229
58	0.8775	0.2036	0.5721	0.8993	0.7886	0.0314	1.0000	0.0733	0.0137	0.1677	0.0089	0.4956	0.9342	0.7365
59	0.8523	0.0973	0.3440	0.3900	0.7839	0.1043	0.7039	0.0432	0.0802	0.2063	0.5485	0.4574	0.7688	0.9544
60	0.8495	0.0556	0.3325	0.4310	0.7757	0.0398	0.0068	0.0280	0.0674	0.3244	0.6651	0.5306	0.0021	0.3971

三、实证分析

1. 因子分析

为简化分析及消除指标间的共线性问题,需要对表 10-1 中的 13 个指标和违约距离 DD 共 14 个指标进行因子分析。在进行因子分析之前需要通过 KMO 和 Bartlett's Test 来判断是否适合因子分析,将表 10-5 中的数据代入 SPSS20.0 计算,结果显示 KMO 值为 0.602(大于 0.5),适合进行因子分析,通过因子分析提取了 5 个因子,累计贡献率为 71.77%。

表 10-6 KMO 和 Bartlett 检验

取样足够度的 Kaiser - Meyer - Olin 度量		0.602
Bartlett 的球形度检验	近似卡方	2103.872
	df	105
	Sig.	0.000

表 10-7 解释的总方差

成分	初始特征值			提取平方和载入		
	合计	方差的%	累积%	合计	方差的%	累积%
1	3.638	25.984	25.984	3.638	25.984	25.984
2	2.086	14.899	40.883	2.086	14.899	40.883
3	1.727	12.337	53.219	1.727	12.337	53.219
4	1.518	10.840	64.059	1.518	10.840	64.059
5	1.080	7.713	71.772	1.080	7.713	71.772
6	0.985	7.039	78.810	—	—	—
7	0.795	5.677	84.487	—	—	—
8	0.723	5.163	89.651	—	—	—
9	0.523	3.733	93.384	—	—	—
10	0.413	2.947	96.331	—	—	—
11	0.251	1.790	98.121	—	—	—
12	0.148	1.060	99.182	—	—	—

续表

成分	初始特征值			提取平方和载入		
	合计	方差的%	累积%	合计	方差的%	累积%
13	0.095	0.677	99.858	—	—	—
14	0.020	0.142	100.000	—	—	—

注：提取方法为主成分分析。

表 10-8 成分得分系数矩阵

	成分				
	1	2	3	4	5
c_1：净资产收益率	0.253	0.119	-0.083	0.018	-0.012
c_2：现金流动负债比	0.094	-0.226	0.230	0.191	0.290
c_3：资产报酬率	0.235	0.218	0.019	0.072	-0.056
c_4：销售毛利率	0.119	-0.045	0.359	0.244	0.054
c_5：净利润增长率	0.168	0.125	-0.036	-0.190	-0.261
c_6：存货周转率	-0.116	0.197	0.239	0.323	-0.298
c_7：应收账款周转率	-0.062	0.183	0.358	0.047	-0.252
c_8：速动比率	0.150	-0.268	0.159	0.012	-0.189
c_9：利息保障倍数	0.180	0.265	-0.107	0.128	0.111
c_{10}：资产负债率	-0.150	0.305	-0.041	0.027	-0.010
c_{11}：交叉持股复杂度	0.001	-0.065	-0.182	0.457	0.039
c_{12}：关联交易程度	0.030	0.169	0.104	-0.103	0.644
c_{13}：相互担保程度	-0.005	-0.040	-0.339	0.399	-0.054
c_{14}：违约距离	-0.095	0.088	0.077	0.134	0.385

注：提取方法为主成分。

根据表 10-8 得到公因子 $F_1 \sim F_5$ 的表达式为：

$F_1 = 0.253c_1 + 0.094c_2 + 0.235c_3 + 0.119c_4 + 0.168c_5 - 0.116c_6 - 0.062c_7 + 0.15c_8 + 0.18c_9 - 0.15c_{10} + 0.001c_{11} + 0.03c_{12} - 0.005c_{13} - 0.095c_{14}$

$F_2 = 0.119c_1 - 0.226c_2 + 0.218c_3 - 0.0459c_4 + 0.125c_5 + 0.197c_6 + 0.183c_7 - 0.268c_8 + 0.265c_9 + 0.305c_{10} - 0.065c_{11} + 0.169c_{12} - 0.405c_{13} + 0.088c_{14}$

$F_3 = -0.083c_1 + 0.23c_2 + 0.19c_3 + 0.359c_4 - 0.036c_5 + 0.239c_6 + 0.358c_7 +$

$0.159c_8 - 0.107c_9 - 0.041c_{10} - 0.182c_{11} + 0.104c_{12} - 0.339c_{13} + 0.077c_{14}$

$F_4 = 0.018c_1 + 0.191c_2 + 0.072c_3 + 0.244c_4 - 0.19c_5 + 0.323c_6 + 0.047c_7 + 0.012c_8 + 0.128c_9 + 0.027c_{10} + 0.457c_{11} - 0.104c_{12} + 0.399c_{13} + 0.134c_{14}$

$F_5 = -0.012c_1 + 0.291c_2 - 0.056c_3 + 0.054c_4 - 0.261c_5 - 0.298c_6 - 0.252c_7 - 0.189c_8 + 0.111c_9 - 0.01c_{10} + 0.039c_{11} + 0.644c_{12} - 0.054c_{13} + 0.385c_{14}$

2. Logistic 回归

首先，将随机选择的 34 家企业的数据代入上述 5 个公因子的公式计算，然后将上述 5 个公因子进行 Logistic 回归分析，利用 SPSS20.0 中的 Binary Logistic 命令进行回归分析并计算违约概率，得到：

$$p_L = \frac{1}{1 + \exp^{0.142F_1 + 2.475F_2 + 0.423F_3 + 0.115F_4 - 0.962F_5 - 1.47}} \tag{10-22}$$

在 Logistic 回归模型中的阈值的选择，会影响模型的使用效果。以往研究多将阈值直接设定为 0.5，为进一步提高模型的判定效率，本章以 0.01 为步长，测试阈值从 0.45 到 0.55 共 11 个取值时的模型综合判定率。综合判定率是指模型在区分 ST 企业与非 ST 企业的判正率的平均值。

表 10-9　不同阈值下的模型综合判正率

阈值	ST 判正率（%）	非 ST 判正率（%）	综合判正率（%）
0.45	85.33	75.28	80.31
0.46	88.71	80.83	84.77
0.47	93.25	85.33	89.29
0.48	95.72	88.4	92.06
0.49	90.65	82.19	86.42
0.50	88.76	80.92	84.84
0.51	83.98	78.92	81.45
0.52	80.11	73.88	77.00
0.53	73.65	72.17	72.91
0.54	70.66	71.42	71.04
0.55	72.73	68.88	70.81

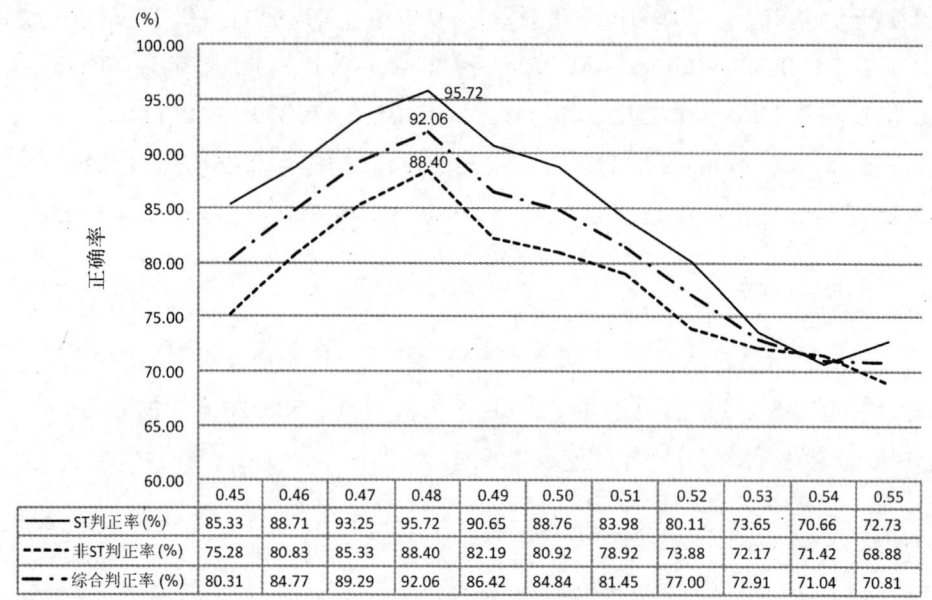

图 10-6 不同阈值下模型判正率走势图

通过图 10-6 可以看出当阈值 θ 为 0.48 时模型的综合判正率最高为 92.06%。因此本章构建模型选取 0.48 为阈值。

至此,本章构建的集团化经营企业财务困境预警模型为:

$$\begin{cases} p_L = \dfrac{1}{1+\exp^{0.142F_1+2.475F_2+0.423F_3+0.115F_4-0.962F_5-1.47}} \\ \theta = 0.48 \\ F_1 = 0.253c_1+0.094c_2+0.235c_3+0.119c_4+0.168c_5-0.116c_6-0.062c_7+ \\ \quad 0.15c_8+0.18c_9-0.15c_{10}+0.001c_{11}+0.03c_{12}-0.005c_{13}-0.095c_{14} \\ F_2 = 0.119c_1-0.226c_2+0.218c_3-0.0459c_4+0.125c_5+0.197c_6+0.183c_7- \\ \quad 0.268c_8+0.265c_9+0.305c_{10}-0.065c_{11}+0.169c_{12}-0.405c_{13}+0.088c_{14} \\ F_3 = -0.083c_1+0.23c_2+0.19c_3+0.359c_4-0.036c_5+0.239c_6+0.358c_7+ \\ \quad 0.159c_8-0.107c_9-0.041c_{10}-0.182c_{11}+0.104c_{12}-0.339c_{13}+0.077c_{14} \\ F_4 = 0.018c_1+0.191c_2+0.072c_3+0.244c_4-0.19c_5+0.323c_6+0.047c_7+ \\ \quad 0.012c_8+0.128c_9+0.027c_{10}+0.457c_{11}-0.104c_{12}+0.399c_{13}+0.134c_{14} \\ F_5 = -0.012c_1+0.291c_2-0.056c_3+0.054c_4-0.261c_5-0.298c_6-0.252c_7- \\ \quad 0.189c_8+0.111c_9-0.01c_{10}+0.039c_{11}+0.644c_{12}-0.054c_{13}+0.385c_{14} \end{cases}$$

3. 模型检验

将剩余 26 家集团化经营企业的数据代入模型计算其发生财务困境的概率 p_L，结果如表 10-10 所示。

表 10-10 模型检验结果

序号	代码	名称	ST 标示	p_L	检验标示
1	C600444	国通管业	1	0.87	1
2	C600490	中科合臣	1	0.78	1
3	C600538	*ST 国发	1	0.57	1
4	C000408	金谷源	1	0.76	1
5	C000587	金叶珠宝	1	0.88	1
6	C000603	盛达矿业	1	0.76	1
7	C000908	ST 天一	1	0.79	1
8	C000953	ST 河化	1	0.66	1
9	C000958	ST 东热	1	0.74	1
10	C600080	金花股份	1	0.44	0
11	C600084	中葡股份	1	0.57	1
12	C600091	ST 明科	1	0.44	0
13	C600145	国创能源	1	0.55	1
	ST 企业判正率			84.62%	
14	C000859	国风塑业	0	0.32	0
15	C002068	黑猫股份	0	0.42	0
16	C002022	科华生物	0	0.44	0
17	C000159	国际实业	0	0.46	0
18	C002443	金洲管道	0	0.57	1
19	C300338	开元仪器	0	0.39	0
20	C002046	轴研科技	0	0.37	0
21	C002539	新都化工	0	0.44	0
22	C600310	桂东电力	0	0.53	1
23	C002038	双鹭药业	0	0.21	0
24	C000858	五粮液	0	0.19	0

续表

序号	代码	名称	ST 标示	P_L	检验标示
25	C600470	六国化工	0	0.68	1
26	C600512	腾达建设	0	0.38	0
非 ST 企业判正率				76.92%	

通过表 10-10 可以看出，本章所构建模型对 ST 企业的判正率为 84.62%，对非 ST 企业的判正率为 76.92%，可以用于对集团化经营企业财务困境的预测。

第四节 本章小结

本章的研究对象是集团化经营企业，在考虑集团化经营特征的情况下分析企业的财务困境预警问题。企业的集团化经营已成为现代社会经济活动的重要组成部分，对其进行财务困境预测成为维护经济平稳健康运行的重要步骤。与以往研究的不同点在于，本章考虑到了集团化经营特征对企业财务困境风险的影响。在分析集团化经营企业财务风险特征的基础上，结合第三章提出的单一企业财务预警指标体系，考虑集团内部交叉持股复杂度、关联交易程度和相互担保程度对集团化经营企业财务状况的影响，并使用 KMV 模型计算集团化经营企业的违约距离，并将其作为新的集团化经营企业财务状况解释变量引入，构建了全新的集团化经营企业财务困境预警的评价体系。由于 Logistic 回归模型具有良好的二分类能力，本章建立了基于 Logistic 回归模型的集团化经营企业财务困境预警模型。实证结果表明该模型对 ST 企业的识别能力较高。

参考文献

[1] Ali Serhan Koyuncugil, Nermin Ozgulbas. Financial Early Warning System Model and Data Mining Application for Risk Detection [J]. Expert Systems with Applications, 2012, 39 (6): 6238 – 6253.

[2] Anderson J. H., Lee Y., Morrell P. Competition and Privatization Amidst Weak Institutions: Evidence for Mongolia [J]. Economic Inquiry, 2000, 38 (4): 527 – 549.

[3] Atiya A. F. Bankruptcy Prediction for Credit Risk Using Neural Networks: A Survey and New Result [J]. IEEE Transactions on Neural Networks, 2001 (12), 4: 929 – 935.

[4] BAO Xinzhong. Dynamic Financial Distress Prediction Based on Rough Set Theory and EWMA Model Set Theory and EWMA Model [J]. International Journal of Applied Mathematics and Statistics, 2013, 36 (47): 459 – 467.

[5] Berger A. N., Clarke R. G., Cull R., Klapper L., et al. Corporate Governance and Bank Performance: A Joint Analysis of the Static, Selection and Dynamic Effects of Domestic, Foreign and State Ownership [J]. Journal of Banking & Finance, 2005, 29 (5): 2179 – 2221.

[6] Beynon M. J., Peel M. J. Variable Precision Rough Set Theory and Data Discretization: An application to Corporate Failure Prediction [J]. Omega, 2001 (29): 561 – 576.

[7] Bucy R. S., Renne K. D. Digital Synthesis of Nonlinear Filter [J]. Automata, 1971, 7 (3): 287 – 289.

[8] Chunsheng Zhou. The Term Structure of Credit Spreads with Jump Risk [J]. Journal of Banking and Finance, 2001 (25): 2015 – 2040.

[9] Cornelis C., Jensen R., Hurtado G. et al. Attribute Selection with Fuzzy Decision Reducts [J]. Information Sciences, 2009 (180): 209 – 224.

[10] Cyrus A. Ramezani, Luc Soenen, Alan Jung. Growth, Corporate Profitability and Value Creation [J]. Financial Analysis Journal, 2002, 58 (6): 56 – 67.

[11] Dimitras, Slowinski, Susmaga, Zopounidis. Business Failure Prediction Using Rough Set [J]. European Journal of Operational Research, 1999 (114): 263 – 280.

[12] E. Briys, F. de Varenne. Valuing Risky Fixed Rate Debt: An Extension [J]. The Journal of Financial and Quantitative Analysis, 1997 (32): 230 – 248.

[13] Edward I. Altman. Financial Ratios, Discriminant Analysis and the Prediction of Corporate Bankruptcy [J]. The Journal of Finance, 1968 (4): 589 – 609.

[14] Edward I. Altman. Corporate Financial Distress and Bankruptcy: A Complete Guide to Predicting & Avoiding Distress and Profiting from Bankruptcy [M]. New York: John Wiley and Sons, 1993.

[15] Elloumi F., Gueyi J. P. Financial Distress and Corporate Governance: An Empirical Analysis [J]. Corporate Governance: The International Journal of Business in Society, 2001, 1 (1): 15 – 23.

[16] Feng YuLin, SallyMeClean. A Data Mining Approach to the Prediction of Corporate Failure [J]. Knowledge Based Systems, 2001 (14): 189 – 195.

[17] G. J. Bierman. Sequential Square – root Filtering and Smoothing of Discrete Linear Systems [J]. Automatic, 1974 (10): 147 – 158.

[18] G. S. Maddala, Shaowen Wu. Acomparative Study of Unit Root Tests with Panel Data and a New Simple Test [J]. Oxford Bulletin of Economics and Statistics, 1999, 61 (S1): 631 – 652.

[19] G. J. Bierman. Measurement Updating Using the U – D Factorization [J]. Automatic, 1976, 12 (3): 375 – 382.

[20] Gong Z. T., Sun B. Z., Chen D. G. Rough Set Theory for the Interval – Valued Fuzzy Information Systems [J]. Information Sciences, 2008 (178): 1968 – 1985.

[21] Grossman S. J., Hart O. D. Takeover Bids, the Free – rider Problem and the Theory of the Corporation [J]. Bell Journal of Economics, 1980, 11 (1): 42 – 66.

[22] H. W. Sorenson. Kalman Filtering: Theory and Application [M]. New York: IEEE Press, 1985.

[23] Hu Q. H., Liu J. F., Yu D. R. Mixed Feature Selection Based on Granulation and Happlication [J]. Knowledge – Based Systems, 2008 (21): 294 – 304.

[24] Huffman, Stephen P. and David J. Ward. The Prediction of Default for High Yield Bond Issues [J]. Review of Financial Economics, 1996 (5): 75 – 89.

[25] Jarrow R., S. Turnbull. Pricing Derivatives on Financial Securities Subject to Default Risk [J]. Journal of Finance, 1995, 50 (1): 53 – 86.

[26] Jensen R., Shen Q. Fuzzy – rough Attributes Reduction with Application to Web Categorization [J]. Fuzzy Sets and Systems, 2004 (141): 469 – 485.

[27] Kar Yan Tam, Melody Y. Kiang. Managerial Applications of Neural Networks: The Case of Bank Failure Predictions [J]. Management Science, 1992 (38): 926 – 947.

[28] L. Cong, W. Zhuang. Hybrid TDOA/AOA Mobile User Location for Wide Band CDMA Cellular Systems [J]. IEEE Transactions on Wireless Communications, 2002, 1 (3): 439 – 447.

[29] Laitinen, E. K. Predicting a Corporate Credit Analyst's Risk Estimate by Logistic and Linear Models [J]. International Review Financial Analysis, 1999, 8 (2): 97 – 121.

[30] Lando, David. On Cox Processes and Credit Risky Securities [J]. Review of Derivatives Research, 1998, 2 (2): 99 – 120.

[31] Mark Granovetter. Coase Revisited: Business Groups in the Modern Economy [J]. Industrial and Corporate Change, 1995, 4 (1): 93 – 130.

[32] Martin Daniel. Early Warning of Banking Failure [J]. Journal of Banking and Finance, 1977 (1): 249 – 276.

[33] Matthieu B. and Marcel F. Towards a New Early Warning System of Financial Crises [J]. Journal of International Money and Finance, 2006 (25): 953-973.

[34] Merton R. C. On the Pricing of Corporate Debt: The Risk Structure of Interest Rates [J]. Journal of Finance, 1974 (2): 449-470.

[35] N. A. Carlson. Federated Square Root Filters for Decentralized Parallel Processes [J]. IEEE Transactions on Aerospace and Electronic Systems, 1990, 26 (3): 517-525.

[36] Nancy Thorley Hill, Susan E. Perry, Steven Andes. Evaluating Firms in Financial Distress: An Event History Analysis [J]. Journal of Applied Business Research, 1996, 12 (3): 60-71.

[37] Nathaniel H. Leff. Industrial Organization and Entrepreneurship in the Developing Countries: The Economic Groups [J]. Economic Development and Cultural Change, 1978, 26 (4): 661-675.

[38] Odom M. D., Sharda R. 1990 International Joint Conference on Neural Networks. January 17-21, 1990 [C]. Stillwater: Oklahoma State Univ., 1990.

[39] Olson J. Financial Ratios and the Probabilistic Prediction of Bankruptcy [J]. Journal of Accounting Research, 1980 (18): 109-131.

[40] P. J. Fitzpartrick. A Comparison of Ratios of Successful Industrial Enterprises with Those of Failed Finns [J]. Certified Public Accountant, 1932 (10): 598-605.

[41] Paul Halpern, Robert Kieschnick, Wendy Rotenberg. Determinants of Financial Distress and Bankruptcy in Highly Levered Transactions [J]. The Quarterly Review of Economics and Finance, 2009, 49 (3): 772-783.

[42] R. E. Kalman. A New Approach to Linear Filtering and Prediction Problems [J]. Transaction of the ASME, Journal of Basic Engineering, 1960, 82 (1): 35-45.

[43] Robert Jarrow, Haitao Li, Sheen Liu, Chunchi Wu. Reduced-form Valuation of Callable Corporate Bonds: Theory and Evidence [J]. Journal of Financial Economics, 2010 (95): 227-248.

[44] S. A. Ross, R. W. Westerfield, J. F. Jaffe. Corporate Finance [M]. New York: McGraw-Hill Primis, 2003.

[45] Said E. Said, David A. Dickey. Testing for Unit Roots in Autoregressive-moving Average Models of Unknown Order [J]. Biometrika, 1984, 71 (3): 599-607.

[46] Shleifer A., Vishny R. W. Large Shareholders and Corporate Control [J]. The Journal of Political Economy, 1986, 94 (3): 461-489.

[47] Tarun Khanna, Jan W. Rivkin. Estimating the Performance Effects of Business Groups in Emerging Markets [J]. Strategic Management Journal, 2001 (22): 45-74.

[48] Tereza Tykvová, Mariela Borell. Do Private Equity Owners Increase Risk of Financial Distress and Bankruptcy? [J]. Journal of Corporate Finance, 2012, 18 (1): 138-150.

[49] Theodossiou P. Predicting Shifts in the Mean of a Multivariate Time Series Process: An Application in Predicting Business Failures [J]. Journal of the American Statistical Association, 1993, 88 (422): 441-449.

[50] Theodossiou P. Predicting Shifts in the Mean of a Multivariate Time Series Process: An Applicat Ion in Predicting Business Failures [J]. Journal of the American Statistical Association, 1993, 88 (422): 441-449.

[51] U. Shaked. H∞-Optimal Estimation: A Tutorial [C]. Proceeding of the 31th Confront Decision and Control, Tucson, Arizona, December, 1992 (2): 2278-2286.

[52] Westgaard S., Van Der Wijst N. Default Probabilities in a Corporate Bank Portfolio: A Logistic Model Approach [J]. European Journal of Operation Research, 2001, 135 (2): 338-349.

[53] William H. Beaver. Financial Ratios As Predictors of Failure [J]. Journal of Accounting Research, 1966 (4): 71-111.

[54] Y. Osehman. Square-Root Information Filtering Using the Covariance Spectral Decomposition [C]. 27th IEEE Conference on Decision and Control, Austin, Texas, December7-9, 1988 (1): 382-387.

[55] 蔡岩松,杨茁,王聪.基于系统动力学的企业财务危机预警模型研究[J].管理世界,2008(5):176-177.

[56] 陈静.上市公司财务恶化预测的实证分析[J].会计研究,1999(4):31-38.

[57] 陈磊,任若恩,曹汉平.公司多阶段财务危机动态预警研究[J].系统工程理论与实践,2008(11):29-35.

[58] 陈磊,任若恩.基于比例危险和主成分模型的公司财务困境预测[J].财经问题研究,2007(7):93-96.

[59] 陈林,周宗放,顾婧.基于复合期权、篮子期权及股权关系的企业集团母公司信用风险度量研究[J].中国管理科学,2011,19(5):167-172.

[60] 陈林,周宗放.基于多层模糊逻辑门FTA的企业集团控股公司信用风险评估[J].系统工程,2008(12):52-56.

[61] 迟国泰,顾雪松,王卫.基于关联分析的科技评价模型及典型省份实证[J].科研管理,2011,32(1):68-78.

[62] 崔学刚,王立彦,许红.企业增长与财务危机关系研究——基于电信与计算机行业上市公司的实证证据[J].会计研究,2007(12):55-63.

[63] 邓晓卫.面板Logit模型在控制权转移影响因素分析中的应用[J].数学的实践与认识,2010,40(11):47-55.

[64] 冯一宁,邵元海,陈静,王来生,邓乃扬.基于支持向量机的集团信用风险预警研究[J].中国农业大学学报,2008,13(2):94-98.

[65] 冯征.基于改进型神经网络的财务预警实证研究[J].山西财经大学学报,2007(29):120-124.

[66] 冯宗宪,向洪金,柯孔林.出口反倾销立案申请预警:基于面板数据Logit模型的研究[J].世界经济,2008(9):19-29.

[67] 甘丽凝.市场化程度、集团性质和关联担保——来自中国上市公司的经验证据[J].山西财经大学学报,2007,29(8):84-90.

[68] 谷祺,刘淑莲.财务危机企业投资行为分析与对策[J].会计研究,1999(10):28-31.

[69] 顾婧,周宗放.基于可变精度粗糙集的新兴技术企业信用风险识别[J].管理工程学报,2010,24(1):70-76.

[70] 郭德仁,王培辉.基于模糊聚类和模糊模式识别的企业财务预警[J].管理学报,2009,6(9):1194-1197,1235.

[71] 郭杭.迭代扩展卡尔曼滤波用于实时GPS数据处理[J].武汉测绘科技大学学报,1998,24(2):112-114.

[72] 韩立岩,李慧.CEO权力与财务危机——中国上市公司的经验证据[J].金融研究,2009(1):179-193.

[73] 郝项超,梁琪.企业财务危机预警:偏最小二乘Logistic方法的应用[J].管理工程学报,2010,24(4):100-103.

[74] 何源,黄庆,刘争春.财务困境分析中警兆指标的随机游动估计[J].系统工程理论方法应用,2005(14):335-342.

[75] 胡挺,廖爱清.基于状态空间模型的上市公司财务预警系统研究[J].科技情报开发与经济,2005,15(1):250-252.

[76] 贾志军,单甘霖,程兴亚,王洪锋.GPS动态定位中的自适应扩展卡尔曼滤波算法[J].军械工程学院学报,2001,13(2):39-43.

[77] 江向才,林玠.公司治理于财务困难公司效果之研究[J].南开管理评论,2006,9(1):91-97.

[78] 姜付秀,张敏,陆正飞,陈才东.管理者过度自信、企业扩张与财务困境[J].经济研究,2009(1):131-143.

[79] 姜秀华,孙铮.治理弱化与财务危机:一个预测模型[J].南开管理评论,2001(5):19-25.

[80] 李秉祥.基于期望违约率模型的上市公司财务困境预警研究[J].中国管理科学,2004(12):12-16.

[81] 李丹,廖春良.银行集团客户关联交易与信用风险相关性实证分析[J].西北大学学报,2007,37(6):156-158.

[82] 廖冠民,陈燕.国有产权、公司特征与困境公司绩效[J].会计研究,2007(3):33-44.

[83] 廖冠民,卢闯,陈勇.股权结构、财务困境成本与困境公司绩效[J].南开管理评论,2006,9(6):68-73.

[84] 林志宏,董学晨,乔宏. 基于粗糙集和熵模型的电力企业融资风险评价 [J]. 科技和产业,2008,8 (10):67-70,85.

[85] 刘国光,王慧敏,张兵. 考虑违约距离的上市公司危机预警模型研究 [J]. 财经研究,2005 (31):59-68.

[86] 刘红霞,张心林. 以主成分分析法构建企业财务危机预警模型 [J]. 中央财经大学学报,2004 (4):70-75.

[87] 刘京军,秦宛顺. 上市公司陷入财务困境可能性研究 [J]. 金融研究,2006 (11):44-52.

[88] 刘明辉,韩小芳. 财务舞弊公司董事会变更及其对审计师变更的影响——基于面板数据 Logit 模型的研究 [J]. 会计研究,2011 (3):81-88,95.

[89] 刘万春,贾云得,徐一华. 基于肤色的人脸实时跟踪方法 [J]. 北京理工大学学报,2000,20 (8):461-465.

[90] 刘文蕊,肖珉,周宗放. 基于 BP 神经网络的企业集团信用风险的实证研究 [J]. 管理学家,2010 (10):37-43.

[91] 吕长江,徐丽莉,周琳. 上市公司财务困境与财务破产的比较分析 [J]. 经济研究,2004 (8):64-73.

[92] 马超群,吴丽华. 基于邻域粗糙集和神经网络的财务预警研究 [J]. 软科学,2009,23 (11):123-126,139.

[93] 马林,何桢. 六西格玛管理(第二版) [M]. 北京:中国人民大学出版社,2007.

[94] 马若微. 基于 RS 与 ANN 的上市公司财务困境预测模型的实证研究 [J]. 南开管理评论,2006,9 (3):85-91.

[95] 马若微. 基于粗糙集与信息熵的上市公司财务困境预警指标的确立 [J]. 当代经济科学,2005 (2):45-51.

[96] 庞素琳. 概率神经网络信用评价模型及预警研究 [J]. 系统工程理论与实践,2005 (5):43-48.

[97] 钱爱民,张淑君,程幸. 基于自由现金流量的财务预警指标体系的构建与检验 [J]. 中国软科学,2008 (9):148-155.

[98] 宋鹏,梁吉业,曹付元. 基于邻域粗糙集的企业财务危机预警指

标选择 [J]. 经济管理, 2009 (8): 130-135.

[99] 孙季丰, 王成清. 基于特征点光流和卡尔曼滤波的运动车辆跟踪 [J]. 华南理工大学学报（自然科学版）, 2005, 33 (10): 19-23.

[100] 孙晓琳, 田也壮, 王文彬. 基于 Kalman 滤波的企业财务危机动态预警模型 [J]. 系统管理学报, 2010 (19): 408-427.

[101] 唐春艳, 彭继兵, 邓永辉. 卡尔曼实时跟踪模型在股票价格预测中的应用 [J]. 计算机仿真, 2005, 22 (9): 218-221.

[102] 唐恒, 张垒, 李军. 基于面板数据的专利与科技进步关联性研究 [J]. 科研管理, 2011, 32 (1): 147-152, 168.

[103] 万希宁, 王艳. 基于非财务指标的企业财务危机模糊预警模型研究 [J]. 管理学报, 2007, 4 (2): 195-200.

[104] 王克敏, 姬美光. 基于财务与非财务指标的亏损公司财务预警研究 [J]. 财经研究, 2006 (32): 63-72.

[105] 王璐, 王慧敏. 上市公司财务危机预警指标的预处理方法体系建立与应用 [J]. 商业研究, 2007 (8): 120-124.

[106] 王满玲, 杨德礼. 基于自适应性学习的财务预警机理研究 [J]. 管理学报, 2006 (3): 432-442.

[107] 王青. 商业银行集团客户授信的风险与防范 [J]. 中国金融, 2008 (4): 37-38.

[108] 王宗军, 李红侠. 上市公司治理因素与财务困境关系的实证研究 [J]. 管理学报, 2007, 4 (6): 803-814.

[109] 卫贵武, 魏宇. 对方案有偏好的区间数多属性灰色关联决策模型 [J]. 中国管理科学, 2008, 16 (1): 158-162.

[110] 吴超鹏, 吴世农. 基于价值创造和公司治理的财务状态分析与预测模型研究 [J]. 经济研究, 2005 (11): 99-110.

[111] 吴德胜, 殷尹. 不同模型在财务预警实证中的比较研究 [J]. 管理工程学报, 2004 (18): 105-108.

[112] 吴世农, 卢贤义. 我国上市公司财务困境的预测模型研究 [J]. 经济研究, 2001 (6): 46-55.

[113] 吴星泽. 财务危机预警研究: 存在问题与框架重构 [J]. 会计研

究, 2011 (2): 59-66.

[114] 杨位钦, 顾岚. 时间序列分析与动态数据建模 [M]. 北京: 北京理工大学出版社, 1988.

[115] 殷尹, 吴成庆. 财务困境概率贝叶斯估计 [J]. 系统工程理论方法应用, 2004 (13): 43-48.

[116] 张玲, 陈收, 张昕. 基于多元判别分析和神经网络技术的公司财务困境预警 [J]. 系统工程, 2005 (23): 49-56.

[117] 张玲. 财务危机预警分析判别模型 [J]. 数量经济技术经济研究, 2000 (3): 49-51.

[118] 张鸣, 程涛. 上市公司财务预警实证研究的动态视角 [J]. 财经研究, 2005 (31): 62-71.

[119] 张晓玲. 商业银行集团客户授信风险特征及风险控制 [J]. 金融教学与研究, 2010, 131 (3): 45-47.

[120] 章之旺. 现金流量在财务困境预测中的信息含量实证研究——来自2003~2004年度ST公司的新证据 [J]. 中国管理科学, 2004, 12 (6): 23-28.

[121] 周辉仁, 唐万生, 任仙玲. 基于递阶遗传算法和BP网络的财务预警 [J]. 系统管理学报, 2010 (19): 1-6.

[122] 朱世伟, 赛英. 基于主成分分析和粗径向基神经网络的财务预警模型研究 [J]. 山东大学学报 (理学版), 2008, 43 (11): 48-53.